觀仁論

杨虎 著

齊魯書社
·济南·

图书在版编目（ＣＩＰ）数据

观仁论 / 杨虎著. -- 济南 : 齐鲁书社, 2025.2.
ISBN 978-7-5333-5187-8

Ⅰ.B222.05

中国国家版本馆CIP数据核字第2025XC6388号

责任编辑　裴继祥
装帧设计　刘羽珂

观仁论

GUANREN LUN

杨虎　著

主管单位	山东出版传媒股份有限公司
出版发行	齐鲁书社
社　　址	济南市市中区舜耕路517号
邮　　编	250003
网　　址	www.qlss.com.cn
电子邮箱	qilupress@126.com
营销中心	（0531）82098521　82098519　82098517
印　　刷	山东星海彩印有限公司
开　　本	880mm×1230mm　1/32
印　　张	8.5
插　　页	4
字　　数	220千
版　　次	2025年2月第1版
印　　次	2025年2月第1次印刷
标准书号	ISBN 978-7-5333-5187-8
定　　价	78.00元

本书由兰州大学科研启动费资助出版

代序:"观仁"之"论"的引申之思

黄玉顺

杨虎君的新著《观仁论》杀青,令人高兴。展读之际,想到一些问题,在此与杨虎君以及读者诸君交流。

一

关于此书的宗旨,杨虎君说:"我们说本源仁爱领悟是一切存在者观念的基础,意味着本源仁爱领悟先行于一切存在者化的打量和把握方式。""这样的情感领悟先行于对天地万物的存在者化把握。"此书"只就本源存在领悟与存在者化打量和把握方式之层级性切转,成立广义存在论","给出本源存在领悟和存在者化打量和把握方式之切转的机制性说明"。当注意的是:这里的广义"存在论"不是"ontology",而是"the theory of Being"或更为简洁的"Being Theory";此"Being"不是"存在者",而是前存在者的"存在",乃是万事万物的大本大源。

显然,此书的宗旨是回答20世纪以来的哲学思想中的一个最根本的前沿问题,即追问"存在者何以可能";为此而追溯"前存在者"的"存在",即杨虎君所讲的"本源仁爱领悟"。(我的理解是爱即在,在即爱。)"观仁"之"所观",即此"仁爱"或"存在"。这就是说,"观仁论"首先是要"切入"前存在者的"观法",即避免"存在者化"。

质言之,"观仁"首先要避免"存在者化"。我们必须首先从惯常的存在者化的观法"切转"到前存在者的观法,然后重新"切转"到存在者化的观法,其实就是重新给出一切存在者,包括主体性的存在者,以此回答"存在者何以可能"的问题。

杨虎君的"观仁论"不但已自深邃,复可触发更进一步的深思。《易传》曰:"引而伸之,触类而长之,天下之能事毕矣。"①

二

在汉语的表达中,"观仁"是一个述宾短语,即及物动词"观"作为述语,是一种行为,它必定有一个主语,即"谁在观",亦即主体 subject,是为"能观";名词"仁"作为宾语,则是行为对象,即"观什么",亦即客体 object,是为"所观"。因此,"观仁"的语义结构就是:某个人在观仁,一个主体在看一个客体。在此"观"中,主体性的"人"无所隐匿,诚如孔子所说:"视其所以,观其所由,察其所安,人焉廋哉?人焉廋哉?"②这里不仅"所观"之人即对象无所隐匿,而且"能观"之人即主体同样无所隐匿。然而,这个主体及其对象,莫不是"存在者",而非"前存在者"的"存在"。这就是说,"观仁"这个表达意味着"主客"观念架构的先行;换言之,"观"的语义结构已经蕴含着杨虎君所极力避免的"存在者化"。所谓"现象学的看",亦复如此。

---

① 《周易·系辞上传》。
② 《论语·为政》。

不仅如此，上述"某个人在观仁"又进一步被"论"，即成为某个人所"论"的对象，即某个人在论"观仁"。这显然是另外一个层次的"主客"架构，即再一次对象化、存在者化。

但这并不是说"观仁"及"观仁论"这样的说法不行，恰恰相反，这正是《观仁论》给予我们的一个深层思考的契机。"观仁"及"观仁论"这样的表达所带来的问题，并非杨虎君的问题，而是语言本身的问题。这是因为：任何陈述都是存在者化的，因为任何陈述必定意味着被陈述的事情的对象化。不仅汉语如此，英语亦然，一切语言莫不如此。

唯其如此，杨虎君才提出"观法"的问题。杨虎君说，"本书所说的'观法'等同于'领悟'"，而"本书所使用的'领悟'观念，既包含前主体性的、前存在者化的语境，也包含主体性的、存在者化的语境"。显然，杨虎君的"领悟"不同于生活儒学的"生活领悟"①（尽管杨虎君也多次用到"生活领悟"这个措辞）。生活儒学的"领悟"专指前存在者的状态，而杨虎君的"领悟"则是既指前存在者状态，也指存在者状态。在杨虎君这里，不同的"领悟"是两种不同状态之间的"切转"。所谓"切转"（switch），就是不同"观法"（the way of watch）之间的切换、转换。

按杨虎君的思想，"观仁"有不同的"观法"；同理，"论观仁"也有不同的"论法"。就"仁"而论，既可以视之为形而上的本体，亦可以视之为形而下的主体道德原则；既可以视之为主体的情感即"人之情"，亦可以视之为前主体性的情感存在即"事之情"（庄子的说法）。这就是对"仁"的"观法之切转"。

---

① 黄玉顺：《爱与思——生活儒学的观念》（增补本），成都：四川人民出版社，2017，"增补本序"第4页。

甚至就"观"而论，杨虎君提到我的一种说法：既可以"观物"，也可以"观无"。①这就是对"观"的"观法之切转"。

由此可见，杨虎君的"观法之切转"确实是一个具有重要价值的独创性概念。当然，这里仍然面临着"存在者化"的诘问。当我们谈到"观法之切转"的时候，一个问题就会出现：是谁在对"观法"进行"切转"？显然，无论是谁，都是一个主体，而这时候，"观法"就是一个客体。这是更进一步的存在者化。但这同样不是杨虎君的问题，而是语言本身的问题，即任何一个陈述都是一种存在者化。这是语言的宿命、人类的宿命：人及其语言毕竟属于有限的存在者。

三

这很容易让人想起维特根斯坦的名言："一个人对于不能谈的事情就应当沉默。"②这其实是错误的翻译。这里根据英译版，原文是"What we cannot speak about we must pass over in silence"③，应当译为："对于我们不可言说的事物，我们必须默然置之。"这里的"不可言说的事物"，正是某种存在者化的东西。他说："There are, indeed, things that cannot be put into words. They make themselves manifest. They are what is mystical."④汉译就是："确实

---

① 黄玉顺：《论"观物"与"观无"——儒学与现象学的一种融通》，《四川大学学报（哲学社会科学版）》2006年第4期。

② ［奥］维特根斯坦：《逻辑哲学论》，郭英译，北京：商务印书馆，1985，第97页。

③ Wittgenstein. *Tractatus Logico-Philosophicus*. London and New York: Routledge & Kegan Paul, 1961, p89.

④ Wittgenstein. *Tractatus Logico-Philosophicus*. p89.

存在着不可言说的事物。它们使自己显现出来。它们是难以解释的事物。"这种"难以解释的事物",维特根斯坦所指的是先验的（transcendental）存在者,例如他认为,"作为伦理学的担当者的意志是我们不能谈的"①,因为伦理学是超验的（transcendental）。照他的说法,康德谈论"自由意志"也是错误的,杨虎君讨论"仁"也是错误的。

但我并不认为这些事物"不可言说"。实际上,维特根斯坦的意思也是：这些事物不能以经验主义的、逻辑实证主义的话语来加以言说。在我看来,不仅存在者,包括形而上的存在者是可以言说的,而且存在（Being）也是可以言说的,不必沉默。例如海德格尔的《存在与时间》就是对"存在"（Sein）的言说,《老子》则是对"道"的言说。

所以,这并不是"能否言说"的问题,即不是"语言"（language）问题,而是"言说方式"（utterance）问题。为此,我曾谈道：

> 饶有趣味的是,当维特根斯坦说"某物不可言说"的时候,他正在言说着某物。这看起来是很吊诡的,其实正是言说方式的问题——话语的问题。形而上学的话语——有"所指"的言说,确实是一件很吊诡的事情：形而上者乃是涵盖一切存在者的那个存在者。然而当我们把形而上者作为言说对象的时候,它就已经在"我们"及其"话语"之外,于是它也就不再是涵盖一切的形而上者了。这正是存在者化的言说方式的吊诡之处。②

---

① [奥] 维特根斯坦：《逻辑哲学论》,第 95 页。
② 黄玉顺：《生活儒学的话语理论——兼论中国哲学话语体系建构问题》,《周易研究》2021 年第 5 期；中国人民大学复印报刊资料《中国哲学》2022 年第 4 期转载。

我的意思是：不仅存在着对象化的、存在者化的言说方式，而且存在着非对象化的、前主体性的言说方式，如"情语"及"诗语"。①孔子说"不学《诗》，无以言"②，也可以在这个意义上理解。我曾以苏东坡的《水龙吟·次韵章质夫杨花词》为例：

> 似花还似非花，也无人惜从教坠。抛家傍路，思量却是，无情有思。萦损柔肠，困酣娇眼，欲开还闭。梦随风万里，寻郎去处，又还被、莺呼起。
>
> 不恨此花飞尽，恨西园、落红难缀。晓来雨过，遗踪何在？一池萍碎。春色三分，二分尘土，一分流水。细看来，不是杨花，点点是离人泪！

这是在写杨花吗？非也！"细看来，不是杨花。"那么，是在写"离人泪"吗？也不是。"花""泪"都是存在者化的"观法"。其实，苏东坡是在写"情""思"，这是"爱"，即"仁"；而且甚至不是"苏东坡"在"写"，而是"情思"的自己显现。这就是"情语"之"诗语"，即王国维所说的"无我之境"："不知何者为我，何者为物。"③

借用杨虎君的说法，这里需要的是"言说方式之切转"或"话语之切转"。

---

① 黄玉顺：《生活儒学的话语理论——兼论中国哲学话语体系建构问题》，《周易研究》2021年第5期。
② 《论语·季氏》。
③ 王国维：《人间词话》，见《蕙风词话 人间词话》，北京：人民文学出版社，1960，第191页。

四

以上例子表明，严格说来，这种"切转"并非哲学的事情。我的意思是：如果"哲学"是指那种关于"形而上者"或"本体"之类的存在者的言说方式，那么，它就永远无法"切入"前主体性、前存在者的存在。就此而论，海德格尔的《存在与时间》不足以言"存在"，《老子》不足以言"道"。杨虎君自己说"这本小书完全不干学术，纯属生活领悟"，盖亦此意？

然而此刻，我又想起《易传》里的一段话，是讲"圣人作《易》"的事情：

> 子曰："书不尽言，言不尽意。"然则圣人之意，其不可见乎？子曰："圣人立象以尽意，设卦以尽情伪，系辞焉以尽其言，变而通之以尽利，鼓之舞之以尽神。"①

这里一边说"书不尽言，言不尽意"，一边又说"立象以尽意""系辞焉以尽其言"，岂非自相矛盾？其实，如果换一个角度看，那么，过去的哲学家关于存在的言说，杨虎君关于"仁"与"观仁"的言说，对于我们来说也是具有重要意义的，如果我们能够像庄子所说的那样"得意忘言"：

> 荃者所以在鱼，得鱼而忘荃；蹄者所以在兔，得兔而忘蹄；言者所以在意，得意而忘言。吾安得忘言之人而与之言哉！②

---

① 《周易·系辞上传》。
② 《庄子·外物》。

或许，杨虎君在交付书稿之际，心中也有这样的感慨："吾安得忘言之人而与之言哉！"这本《观仁论》是一本精深的哲理著作，这是其"言"；杨虎君想要触及的是前存在者的存在、仁爱，这是其"意"。那么，我们阅读杨虎君这本《观仁论》，亦当采取"得意忘言"的"观法"。这同样是一种"观法"的"切转"问题：读书的"读法"问题。

书稿所思甚深，所涉甚广，此处不能一一，仅略述以上随想，是为序。

自　序

本论旨在开显非实体论视域，建构"观仁"进路的存在论，依循"观法之切转"的运作机制，敞开"返源"和"立相"两个向度，通贯存在、境界诸问题，证存在领悟、生活领悟之"一源三观"，显"无相之转"。

传统儒家哲学存在论以形上实体论为典范，其发问方式和思想模式落入了存在者层级上的因果性说明。本论阐明"领悟之外一无所有"，"运作背后别无实体"，只就本源存在领悟与存在者化打量和把握方式之层级性切转，成立广义存在论，此中"不立因果，不坏因果"。本源之"观仁"意谓本源仁爱领悟，这是前主体性、前存在者化的存在领悟、生活领悟，这对于存在者观念的奠基意义，只在于领悟方式、领悟视域的切转，而非因果性连结和根据性说明。

作为非实体形态的存在论之运作机制，"观法之切转"意谓存在领悟、生活领悟的切转，包括"返源"和"立相"两个向度，前者意谓切入本源存在领悟、生活领悟，后者意谓挺立性、相，又可以称之为总相和别相，由此转出存在者化打量和把握方式。自生活的"相与无相"说，有无相之境、总相之境和别相之境这三重观境，生活相续不息而观境切转不已。相应地，仁爱之观境有"以仁观仁"、"以性观仁"和"以相观仁"三重显现。"以仁观仁"者,以情观仁,仁之"自观自现"也,此中仁是情,也是境,情境不二;"以性观仁"者,即传统儒学"仁性""仁体"之说,我视之为一种形而上的领悟姿态,而非绝对实体;"以相观仁"者,凡一切相皆是仁爱之显现,故而不舍、不断万事万物。

自一般存在问题而言,返源观之,本源存在领悟、生活领悟即情即境,"情境不二"而无分别相。立相观之,当下生活需要某种普遍的乃至于形而上的绝对主体性,以及个体主体性的观念承诺。尽管人是有限性的存在者,却因仁爱感通而可以挺立某种绝对主体性,这不是绝对实体,只是一种领悟姿态和领悟视角。

究竟地说,三重观境不历次第,无须断除,故而可说"一源三观":一别一切别,一总一切总,一无一切无。就人的生活意义指向而言,人生境界只有高低,而没有实体形态的区隔,故而双向切转无碍,"观法切转无转相",这是"无相之转"。行住坐卧皆是工夫,日常生活莫非工夫。在当下生活中,"返源"解开阻碍相,不住于相则相即无相,故亦可说生活本无网罗;"立相"挺立自我主体性,自主启蒙,这是当下最需要做的工夫。

每个人的生活皆有其对自己而言的自足意义,每个人都可以在仁爱领悟中,在生活相续的观境切转中,找寻存在的意义,成就自己的生活。

以上是本论的主要思想观念。为了进一步展示本论的思想脉络及其深化历程,正文后特意附录了三篇我在《跋》中提及的思想框架建立和思想气质切转阶段的文章。

目　录

代序：“观仁”之“论”的引申之思 ……………… 黄玉顺 / 001
自序 ……………………………………………………………… / 001

一、朝向存在领悟的视域切转 …………………………… / 001
　（一）广义存在论的不同思想进路及其共通语境 …… / 003
　（二）运作背后别无实体 ………………………………… / 011
　（三）存在问题发问方式的切转 ………………………… / 030

二、作为"仁爱领悟"的"观仁"之道路 ……………… / 036
　（一）"观"的存在领悟意蕴 …………………………… / 037
　（二）"观仁"进路的存在论 …………………………… / 045

三、"观法之切转"的运作机制 ………………………… / 058
　（一）从"生存领会"道路到"观念的层级"
　　　　之思想转进 ………………………………………… / 059
　（二）从"观念的层级"到"观法之切转"
　　　　的思想衍进 ………………………………………… / 064
　（三）"观法之切转"的普遍意义 ……………………… / 076

四、仁爱之三重观境 ··· / 089
  （一）以仁观仁 ··· / 090
  （二）以性观仁 ··· / 103
  （三）以相观仁 ··· / 113

五、返源-立相：观法之两向切转 ································· / 120
  （一）返源观：存在与情境 ································· / 120
  （二）立相观：作为领悟姿态和领悟视角的主体性 ······ / 137

六、观法切转无转相 ··· / 164
  （一）一源三观 ··· / 165
  （二）无相之转 ··· / 183

附录 ··· / 191
  论观心与感通 ··· / 191
  论"生活领悟"与"形式显示"之道路 ···················· / 215
  "观仁论"释名篇 ··· / 240

参考文献 ··· / 250
跋 ··· / 259

一、朝向存在领悟的视域切转

只要人存在,只要人生活着就在"无始以来"的"领悟"(Comprehension)①之中,所谓存在(Being)、所谓生活(Life)不过就是一种领悟,若无领悟便无所谓存在、无所谓生活。在常态生活中,人面向的是有种种"相"的世界,或者说人以有相的"观法"②去看待这个世界,玄妙之处就在于,当我们领悟到这一点,已然显证了超出此常态领悟的可能性,亦即人也能以"无相"③的方式观此世界,尽管人依然在常态生活之中,在这个日常的生活世界中,然而领悟有所切转。领悟的切转就在生活相续中,人可以在领悟之中朝向领悟本身进行发问。

人生活着就有种种领悟,尽管其限度和方式有所不同,但是存在领悟总是先行的。这倒不难理解,作为有限性存在者的人,

---

① 本书所使用的"领悟"观念,既包含前主体性的、前存在者化的语境,也包含主体性的、存在者化的语境。我就此广泛意义使用,以凸显领悟之"切转"视域。

② 本书所说的"观法"等同于"领悟",旨在凸显领悟方式、领悟视域之切转。

③ 本书所使用的"无相"这一语词,均表达前主体性、前存在者化领悟之义。不过,传统哲学也使用"无相"描述形而上本体的超绝对待,虽然我的视域与之不同,但是我仍然使用这一语词。

具有追寻确定性的生命惯性。人对于"存在",不管是"我的存在"还是"存在一般"这件事情,或者有惊讶、有疑惑,或者无惊讶、无疑惑,他总能通过这样或那样的方式对这件事情有所领悟。存在领悟始终是生活的第一领悟,存在问题始终是第一哲学问题。不管"世界存在"这件事情的确定性如何,我们总是在某种存在领悟之中,而存在领悟并不是当下生活之外的事情,即便这个我们所生活于其中的世界真的像一些人所说的那样,是某些高维生命的意识图像,然而,只要"居有"当下的生活领悟,这就足以显露切近的存在领悟。

在本书的一贯用法中,"存在领悟"(the comprehension of Being)和"生活领悟"(the comprehension of Life)这两个语词是等同的,这或许与传统哲学关于"存在"观念的理解有所不同。"生活领悟"是我沿用业师黄玉顺先生的生活儒学的观念。在生活儒学的思想视域中,"生活"观念在形式上等同于"存在"观念,尽管在思想语义上有一定差异,"生活领悟"是指本源性的领悟,即前主体性、前存在者化的领悟。生活儒学有时使用"本源的生活领悟",有时直接使用"生活领悟",例如:"这就是庄子所谓'浑沌'(《庄子·应帝王》),也就是老子所谓'无'这个层级上的观念,我称之为'生活领悟'。领悟什么?不是领悟'什么',而是领悟存在本身、生活本身。这就是我所说的'生活本身的本源情境'。"①显然,这里的"生活领悟"是指本源性的、前存在者化的领悟。

需要说明的是,我使用"存在领悟"和"生活领悟"这两个语词,是就普泛的领悟语境而言的,有时是指本源性的领悟,亦

---

① 黄玉顺:《爱与思——生活儒学的观念》(增补本),成都:四川人民出版社,2017,第43页。

即前主体性、前存在者化的领悟；有时是指非本源性的领悟，亦即主体性、存在者化的打量和把握方式。当我没有做出"本源"或"本源性的"等相关限定时，就是在普泛意义上使用的。其原因在于，我是在"生活领悟、存在领悟有不同层级的显现"这一语境中使用的①，我想凸显领悟的切转、视域的切转，即后面集中谈到的"观法之切转"（the switching of comprehension）问题②，并且，一切层级和样式的领悟并无实体形态的区隔，故而就其普泛意义而言，也可以凸显其中只有"切转"而无"隔断"。③

（一）广义存在论的不同思想进路及其共通语境④

存在问题最终关涉的是存在领悟的事情，既然领悟本身可以切转，那么问题的发问方式也可以切转。不同的发问方式决定了不同的观念视域，从而成立不同的思想道路，这在哲学观念中的表现就是不同的存在论形态。

提到存在论，就不得不面临中西哲学观念比较和语词对译的问题，这是理论言说和学术话语的事实，既是一种历史发生的事实，也是一种思想原则的事实。从其历史发生看，西方哲学术语的译介对于中国哲学学科的建立起到了重要作用，这是不争的事

---

① 参见杨虎：《论"生活领悟"与"形式显示"之道路——生活儒学与海德格尔生存论的根本差异》，胡骄键、张小星主编：《生活儒学：研究·评论·拓展——第三届"生活儒学"全国学术研讨会论文集》，成都：四川人民出版社，2020，第224~242页。

② 参见本书第三讲。

③ 参见本书第六讲。

④ 本节的部分内容改写自我的《情感与存在——"观仁论"之思》一文中的一节，该文收入杨虎、赵嘉霖主编：《情感儒学与生活儒学的思想拓展》，济南：齐鲁书社，2023，第1~27页。

实。尽管如此,它之所以能够成为一种构筑一般性哲学话语平台的方式,其根本理据在于观念比较的思想原则。一种普遍性信念在人类观念中始终是不可避免的,只要人类生活着,普遍性信念就植根于生活之中。人类的生活、人类的领悟总有其共通性,至少,相较于普遍性信念,特殊论信念并不更加真实有效。我认为,在共通性和差异性这两个观念的协同作用中,共通性是基底,差异性并非完全隔绝的差异。在思想观念比较中,没有差异性的比较不能成立,没有共通性的比较意义不大,绝对的差异并不能带来有益的对话,只有在共通性基础上的差异性比较和融通性对话才能够开显新的可能视域。

当我们言说存在论时,厘清各种思想进路的差异固然重要,把握其共通语境更加重要,否则一般性的哲学思考和理论言说将成为一件不可能的事情。考虑到各自的文化语境,汉语系统中存在论一词与 ontology 在西方哲学中的使用语境并不完全一致,在当前的汉译语境中,比较流行的有存在论、本体论、存有论、是论这几个语词。既然翻译本身已然是一种诠释了,那么这几种译法就体现了不同的诠释进路,并最终体现了哲学存在论的不同思想进路。这四种译法大体可以分为三类:"本体论"和"存有论"是一类,体现了形上实体论的思想进路;"是论"是一类,体现了范畴学、语言学的思想进路,"存在论"是一类,这一译法在某些语境中与 20 世纪以来哲学存在论的生存论转向有关,并由这一思想效应而不断推广开来。

在通常的汉译用法中,本体论和存有论最为常见,这与其说是基于 ontology 的语境,毋宁说是因为它更贴合中国哲学传统形上学的主流语境,以及当前中国哲学研究和诠释的主流语境。"本体论"和"存有论"并无诠释上的思想差异,只是用语习惯的不同,它旨在超出形而下存在者,为一切存在者之存在找寻那形而上的终极根据、终极实在，乃至于发生性根源。这种思想典范多出自儒家哲学形上学和西方神学形上学及其文化语境中的相关哲学理论。"本体"作为一个复合语词，是由本与体组成的，本是指树根，引申为根源，体是指身体，二者组合表达的基本含义是"本然状态"或"本来面目"。直到宋明理学仍然保留着这一用法，例如，阳明先生所说的"知行本体"①，就是指"知行合一"的本然状态、本来面目。当前中国哲学研究和诠释中的"本体"观念形成于本末论与体用论。例如，王弼说："崇本以息末，守母以存子。"②王弼以母子比喻道与万物的关系，正相应于本与末乃是指树根与树枝的关系。当前流行的一种说法，即所谓"存在的连续观"或"存有的连续观"似乎很切合本末论的语境。当后世中国哲学开展了心性本体论的体用论模式，所谓"本体"就确切地表达了作为现象之终极性根据或终极性根源的意义。

总体而言，"本体"观念是对一切形而下存在者之存在的终极性根据或终极性根源之思，"根据"侧重原理或原则，"根源"侧重发生或实现，这一形而上的根据或根源（或二者合一的宇宙本体观念形态）被视为那唯一的、绝对的形而上存在者，这是一种典型的形上实体论。在儒家哲学发展历程中，随着心性与天道不二的思想逻辑衍进，本体论与心性论合而为一，甚至可以说实质上展现为心性论形态。在此之前的儒家哲学形上学中，如说本体，则可以天道泛言之，尽管说天道生生，但未尽主体化；如说主体，则可以心性言之，但心性未尽本体化。心性与天道不二既是本体的主体化，也是主体的本体化，于此说心性论就是本体论，

---

① 吴光等编校：《王阳明全集》（新编本）第一册，杭州：浙江古籍出版社，2010，第5页。
② 〔魏〕王弼注，楼宇烈校释：《老子道德经注校释》，北京：中华书局，2008，第196页。以下引用此版本《老子》原文，不再标注。

心性本体就是宇宙本体。

在先秦诸子文献中，天道观念的使用是很频繁的，其语义和语境也是多样的，即便是在孔子、孟子等儒家的思想中，也是如此。如果说天道有其心性化的倾向，比较明显的是在孟子的心性论中，天、天道作为一种价值悬设，人"尽心知性"而"知天""事天"。显然，在这种语境中，天道与心性毕竟有分，关于这一点，就连儒家心性学的现代集大成者牟宗三先生也承认，例如他说："孟子从道德实践上只表示本心即性，只说尽心知性则知天，未说心性与天为一。然'万物皆备于我矣，反身而诚，乐莫大焉'，则心即函一无限的申展，即具一'体物而不可遗'的绝对普遍性。是则心本可与天合一而为一也。"①从中可以看出，牟宗三先生想要证成心性与天道不二的思想意图，这同时也是儒家哲学发展史的一个思想事实。儒家哲学先由性摄天，再即心言性，最终完成了心、性、天不二的思想逻辑。②由此，论心性本体则不但是指心性的本然状态、本来面目，而且是一切形而下存在者存在的终极根据。牟宗三先生认为："中国的慧解传统亦有其存有论，但其存有论不是就存在的物内在地（内指地）分析其存有性，分析其可能性之条件，而是就存在著的物而超越地（外指地）明其所以存在之理。兴趣单在就一物之存在而明其如何有其存在，不在就存在的物而明其如何构造成。"③这里指出，中国哲学本体论不重分析存在者的存在结构或存在性，而着力于超出一

---

① 牟宗三：《心体与性体》（一），台北：联经出版事业公司，2003，第29页。

② 杨虎：《心性的牢笼——儒家心性形上学根本传统的一种阐明》，《当代儒学》第十辑，桂林：广西师范大学出版社，2016。

③ 牟宗三：《"存有论"一词之附注》，《圆善论》，台北：联经出版事业公司，2003，第327~328页。

切形而下的存在者，对其做出终极性根据的说明。这一说法就其思想事实而言不无道理，而就其思想方向而言，终极性的存在根据同时被理解和把握为那唯一的、绝对的形而上存在者，它既是体用之体，也是本末之本，于是才有所谓的"本体宇宙论"①，这无疑是一种形上实体论的思想进路。

如果我们着眼于存在者的存在结构或存在性分析，那么将ontology译为"是论"不无道理。然而，这伴随着存在问题从源始存在经验向存在者化把握方式的转变。海德格尔认为传统形上学存在论把实体、在场、本质当作了原初的"存在的意义"或"存在性"，而遮蔽了源始存在经验，遗忘了存在本身。当古希腊哲学追问"存在物的本原和原因"时，当我们追问为什么存在物如此这般地存在呢？我们说存在者存在、是者是，那么"存在"或"是"的意义是什么呢？这种发问在很大程度上取决于言说（语言、思维）的限度。这就是亚里士多德所说的存在（者）之为存在（者）、是之为是的问题，这被视为"第一哲学"的核心问题。亚里士多德认为："存在有多种意义，但全部都与一个本原相关。"② 这个本原就是实体（本体）。在我们的语言和思维限度中，关于存在者的存在问题，有两个优先性判定，其他的判定都要以此为基准，一是存在判定的优先性，一是存在同一性判定的优先性，比如我们说某物不存在，不存在是对存在的否定判断，这也是一种存在状态的判定；再比如我们说一个存在者存在，则这个存在者的存在具有自身同一性，不会因为一些偶性因素而成了另一个存在者，譬如我们说站着的苏格拉底和坐着的苏格拉底是同

---

① 牟宗三：《"存有论"一词之附注》，《圆善论》，第328页。
② ［古希腊］亚里士多德：《形而上学》，苗力田译，北京：中国人民大学出版社，2003，第59页。

一个人，不会因为他站着或坐着的姿态不同，而否认其同一性。而决定着存在者的存在具有同一性的因素，就是实体。亚里士多德说："因为事物被说成是存在，有些由于是实体，有些由于是实体的属性，有些由于是达到实体的途径，有些则由于是实体的消灭、缺失、性质、制造能力或生成能力；或者由于是与实体相关的东西，或者由于是对这些东西中某一个或对实体的否定。"①总而言之，就存在者的存在性而言，实体是第一性的。实体即独立自在的存在者，不依赖于在与其他因素或与他物的关联中存在的存在者，也正因此，关于存在者的存在界定都以实体范畴为基础。在我们的语言和思维限度中，"实体"的存在具有确定性，可以说实体表明了存在者之存在的确定性，我们说实体存在，乃是说它自身存在，而不是说它在某种条件下以某种状态才能存在，在这个意义上说它是确定的。

　　本来，存在的意义和具体存在者的"是什么"并不能完全等同，比如我们说"某物存在"，和说"某物是什么"这种表明存在者的存在规定性不同，"存在的意义"或"存在性"尚未落到一个存在者上得到确定，而在这种"是什么"的结构分析中，存在者的独立自在最具有确定性，这就是实体。关于存在者之存在，亚里士多德找寻的确定性原则或者说逻辑起点就是实体，于是，存在问题就转进到关于实体的范畴学、语言学分析道路上来了。早在柏拉图、亚里士多德之前，巴门尼德在谈论存在观念时就显示出这一思想进路的可能性，他有一段众所周知的名言："来吧，让我来告诉你，而你要谛听并传扬我的话，只有哪些探寻之路是可以思考的：一条路——［它］存在，［它］不可能不存在，这是皈依之路（因为它伴随着真理）；另一条路——［它］非存在，

---

① ［古希腊］亚里士多德：《形而上学》，苗力田译，第59页。

[它]需定非存在。我向你指出,这是完全不可认知的一条路,因为你无法认识非存在(这是不可行的),也不能指出非存在。……因为能被思考的和能存在的是在那里的同一事物。"① 存在者存在,非存在者不存在,不仅是因为"认识"亦即思维与存在的同一性,而且是因为"不能指出非存在",亦即语言与思维的同一性。由此可见,存在、思维、语言这三个西方哲学的关键语词在早期存在之思中就是密切相关的。

在某种程度上说,"存在论"译法的推广在思想诠释上得益于生存论现象学,至少是相关的。海德格尔"重提存在的意义问题"②,相比于对系动词"是"的语言分析,海德格尔更加重视"存在"领悟的生存论分析,凸显了"存在"的名词意义。正如蔡祥元所指出的:"海德格尔在《存在与时间》中要追问的、要揭示的恰是这个被遗忘的前提,这个前概念的、前领会的大写的Sein。在海德格尔的思想体系中,这个大写的Sein、作为名词的Sein自然要比作为系动词sein更根本。"③ 在海德格尔看来,不仅存在的意义问题需要重新发问,而且发问方式需要转变。如果说,传统形上学凸显了"存在"范畴的最高普遍性;那么,海德格尔则进一步通过人的生存领会开显"存在"或"是"的意义。就此而言,作为通用语词的"存在论"在某些语境中又可以特指生存论意义上的存在论。

---

① [古希腊]巴门尼德:《巴门尼德著作残篇》,[加]大卫·盖洛普英译/评注,李静滢汉译,桂林:广西师范大学出版社,2011,第73~75页。
② [德]马丁·海德格尔:《存在与时间》(修订译本),陈嘉映、王庆节合译,北京:生活·读书·新知三联书店,2006,第4页。
③ 蔡祥元:《"存在"译法是一种误译吗——回应王路先生对"存在"译法的质疑》,《中山大学学报(社会科学版)》2013年第3期。

显然，狭义语境中的"存在论"、"本体论/存有论"和"是论"不仅是译法的差异，而且体现了思想进路的差异。生存论的存在论指向了人对于世界的前存在者化领悟，本体论/存有论偏重于作为形而下存在者之根据或根源的形而上实体之思，是论偏重于存在者的存在性分析。反过来说，就广义的存在论（the Theory of Being）而言，传统形上学存在论主要有"本体论/存有论"和"是论"这两种思想进路，前者侧重于对超越一切形而下存在者的终极性存在者的追问，后者侧重于对存在者之存在性的分析。对存在者的存在性分析和形上根源之思固然有所差异，但并非不能融通，当我们追问存在者之存在的原因或根据时，都关乎存在者之存在的确定性原则或逻辑起点问题，只是把它安置在哪个层面上有所不同。三者的共通语境是追问存在者观念的基础，为存在者的存在做出奠基性说明，它们都属于广义的基础主义道路。哲学基础主义是不可避免的，在传统基础主义受到质疑和批判的今天，我们未必要走向反基础主义的道路，而可以尝试走向一种新基础主义道路。[①]因此，我们的目的不是放大当前广泛言说的存在论所包含的思想差异，而是导向一种共通的语境，否则关于存在问题的一般性讨论便成了奢望。

如无特殊说明，本书中"存在论"这一语词，仅在底层含义上使用，意谓为一切存在者观念做出奠基性说明的思想理论。至于说，在什么样的思想视域中，以何种发问方式做出说明，在这些问题上与传统形上学存在论有何不同，我接下来会进一步阐明。

[①] 杨虎：《哲学的新生——新基础主义道路：传统基础主义和反基础主义之"后"》，《江汉论坛》2016年第10期。

(二) 运作背后别无实体

在此基础上,当我们谈论存在论时,未必是形上实体论形态的,亦即传统形上学本体论。甚至可以说,无须通过形上实体论的奠基,一切存在者观念的可能性仍然可以得到系统性说明。在我的特定理解中,从本书一以贯之的思路中可以看出,奠基只是意谓领悟方式和领悟视域的切转,而不做出任何实体形态的关联性说明。

就这一问题而言,本书的主要着眼点是儒家哲学。关于儒家哲学的形上实体论,现代哲学家牟宗三先生的阐释是最系统、最深刻的,虽然这在普遍的观察中,亦即广泛的哲学史研究中有时未被提及——或许是忽略或许是默认,但是,儒家哲学形上学本体论是一种道德实体论,这一观念如此深入人心,确实与牟宗三先生的系统阐释不无关系。

道德实体论认为道德本心即形而上的实体,道德本心作为主体是道德价值的根源,作为本体是一切形而下存在者的终极性根据。这一思想视域在儒家哲学史的研究和诠释语境中是被广泛接受的。对此,只有极个别学者提出过异议,例如,蒙培元先生就反对把儒家哲学存在论归为道德实体论,他认为存在论不必是实体形态的,而可以是境界形态的:

> 境界形态的哲学是非实体论的,它不承认任何实体包括最高的绝对实体,也不承认心灵是实体(如灵魂之类)。道家所说的"道",儒家所说的"天",佛教所说的"佛性"、"法身"或"如如",是最高存在,但不是最高实体;他们所说的心,是神明,是灵明知觉,是明德,是良知良能,但不

是灵魂一类的实体。①

蒙培元先生认为，儒、道、释哲学都是非实体形态的哲学，并进一步批评牟宗三先生"把存在问题与实体论等同起来，认为存在就是实体，这就把儒家归之于道德实体论"②。在道德实体论语境中，道德实体是一切形而下存在者之存在的确定性起点、终极性根据。虽然在蒙培元先生的论述中没有关于"实体"这一观念的明确界定，但是按照我后面的论述，就其一般意义而言，实体有"独立自在""根据""本质""实有其体"等含义。在这里的语境中，"最高实体"有"根据"和"实有其体"的意思，意谓存在者之存在的确定性起点，意谓确定性的"何物存在"，就此而言，这里的说法是准确的。

中西哲学都有"实体"观念，而且都在形而上和形而下两个层级上使用过。在中国哲学史上，"实"和"体"连用主要有两种用法，一种是作为动词使用，一种是作为名词使用。作为动词的"实体"表达"真实体证""真切体认"之义。例如，朱子说："圣人言语，岂可以言语解过一遍便休了！须是实体于身，灼然行得，方是读书。"③再如，阳明先生在答林择之的书信中说："因思日前讲论，只是口说，不曾实体于身，故在己在人，都不得力。"④这两处的复合语词"实体"都是动词用法，可以看出，中国哲学在使用"实体"这一语词时的一个重要观念便是"体证""体认"，由此，则"实体"的名词义项所表达的形上学观念也带

---

① 蒙培元：《情感与理性》，北京：中国人民大学出版社，2009，第2页。
② 蒙培元：《情感与理性》，第3页。
③ 〔宋〕黎靖德编，王星贤点校：《朱子语类》，北京：中华书局，1986，第647~648页。
④ 吴光等编校：《王阳明全集》（新编本）第一册，第147页。

有这种本体与工夫的关联特征。

在一般语境中，作为名词用法的"实体"这一语词广泛地表示"实际存在的事物"，以及存在判定语境中的"实有其物"之义。例如，《太平御览》载："宋炳山《画叙》曰：竖画三寸，实当千仞之高；横墨数尺，实体百里之迥。"①这里的"实体"是指画中指涉的实际存在的事物。再如，禅宗公案有云："安禅师问：'道既假名，佛云妄立，十二分教亦是接物度生，一切是妄，以何为真？'师曰：'为有妄故，将真对妄。推穷妄性本空，真亦何曾有故。故知真妄揔是假名。二事对治，都无实体。穷其根本，一切皆空。'"②这里的"实体"是指自体、自性，真妄随设而不可执为实体，这也是广义的"实有其物"之义。在哲学意味上，"实体"在形而下层级表示事物的载体，在形而上层级表示实的本体、实有其体之义。例如，戴震在《孟子字义疏证》中解释孟子引用《诗经》的"有物有则"时说："物者，指其实体实事之名。"③ 这里的"实体"是形而下层级的观念。再例如，在朱子的用法中，"实体"有时表示"实的根据"，亦即本体之义。④这就是形而上层级的"实体"观念。

在西方哲学史上，实体观念奠基于亚里士多德哲学，经过近

---

① 〔宋〕李昉编纂，夏剑钦等校点：《太平御览》第七册，石家庄：河北教育出版社，1994，第53页。

② 〔宋〕普济著，苏渊雷点校：《五灯会元》（上），北京：中华书局，1984，第96~97页。

③ 〔清〕戴震撰，张岱年主编：《戴震全书》第六册，合肥：黄山书社，1995，第164页。

④ 赵玫指出，在朱子学中，"实体"通常表示形而下者，"本体"通常表示形而上者，在此语境中二者不可混用，只有在"实体"表示"实的根据"时，二者才可以通用。参见赵玫：《朱子思想中的"实体"与"本体"概念》，《学术交流》2018年第3期。

现代哲学的思想拓展，最终形成了一些普遍的含义，主要包括独立自在、本质、根据等含义。从"观念层级"①上划分，主要有形而上的绝对实体和形而下的相对实体；从有限主体的视角来看，主要有可感实体和不可感实体两类实体观念。从存在者的存在来说，实体表明的是确定性的"何物存在"，我们说一个存在者是实体，也就意味着它是确定性的存在者，这与语言逻辑上确定的"是什么"相应，比如我们说一个人他是一个人，这首先表明的不是他的偶性存在方式，而是本质存在方式，正如亚里士多德所说，这种意义上的"是什么"首先表示实体："尽管存在的意义有这样多，但'是什么'还是首要的，因为它表示实体。"②

亚里士多德认为，人们所说的实体的四种可能的意义，其中不符合表达确定性的自身存在意义的观念，并不具有实体的真正意义。这四种可能的意义包括"所以是的是、普遍、种被认为是个别事物的实体，还有第四种即载体"③。亚里士多德首先讨论了载体，这是因为"其他一切都述说载体，载体自身却不述说他物。从而必须首先对此加以界说，因为看起来原始载体最有资格是实体"④。在载体中，形式比质料更是实体，这与潜能性和现实性的区分是相应的，因为质料作为潜能性，如果没有形式的参与就不具有现实性，因此与"第一实体"亦即确定的这一个存在者相距甚远。亚里士多德进而认为普遍和种不是个别事物的实体，除了普遍总是述说载体或主体等理由之外，最主要的原因在于普遍不是个别事物独有的本性。那么，除了形式和质料组合的载体（基质）之外，就只有"所以是的是"亦即"本质"属于实体，亦即

---

① 黄玉顺：《爱与思——生活儒学的观念》（增补本），第50页。
② ［古希腊］亚里士多德：《形而上学》，苗力田译，第126页。
③ ［古希腊］亚里士多德：《形而上学》，苗力田译，第128~129页。
④ ［古希腊］亚里士多德：《形而上学》，苗力田译，第129页。

能够表明事物自身确定存在的那个东西。在亚里士多德哲学中，实体观念除了指向形而下的存在者，还有一种形而上的绝对实体观念，作为终极根据意义上的实体即"神"，它是不动的推动者，表示永恒的现实性。

亚里士多德所总结的实体的意义，对于后世西方哲学影响最大的两个观念，一是实体的独立自在性，一是永恒实体是不动的推动者。围绕着实体的独立自在性问题，近代西方哲学要么最终悬置了这样的实体观念，要么最终走向了形而上的绝对实体观念。

霍布斯认为哲学的对象是"物体"，物体是不依赖思想的客观实在，这就是一种独立自在的实体观念。物体有两种"偶性"，一种是属于物体自身的，比如广延，另一种是主观的映像、认识形式。洛克的"两种性质"说便由此而来，从感觉经验的原则出发，洛克批判了笛卡尔的天赋观念论，认为人的心灵就像一块"白板"，只有通过经验我们才能获得观念，观念的获得通过两种感觉即外感觉和内感觉，他又称为感觉和反省。我们通过感觉获得观念是由于事物的"性质"所致，"性质"有两种，一种是属于事物自身的，一种是借助于它在我们心中产生观念的能力。洛克所说的用来支撑感觉观念的"物质实体"是一种"感觉之外"的假定，正如他自己所承认的："我们在此只是含糊地假定一个自己所不知的东西。"① 这就成了贝克莱批判洛克，而进一步贯彻经验论原则的切入口。

贝克莱认为洛克说的"物质实体"是不可知的："纵然可以在心外存在，与我们所有的物体观念相符合，我们又如何能知道这一点呢？"②我们根本就无法确证这一点，因为我们没有感知到

---

① [英] 洛克：《人类理解论》，关文运译，北京：商务印书馆，1959，第58页。
② [英] 乔治·贝克莱：《人类知识原理》，关文运译，北京：商务印书馆，1973，第27页。

它。贝克莱认为"存在即是被感知",我们所能确证的只是感知到的东西。首先,观念的存在在于被感知。知识的对象是观念,而观念只能存在于心灵之中,我们感知到的只能是观念而非其他的东西。其次,事物是观念的集合。何谓"事物"呢?既然我们能够感知到的只能是观念,那么我们所感知到的事物也无非是各种观念的集合体。我们有不同的感知能力,比如视觉和听觉所感知到的观念是不同的,但心灵有把这些观念结合起来的能力。如此一来,贝克莱必然得出如下结论:事物,"所谓它们的存在(esse)就是被感知(percepi)"①。按照严格的经验论原则,既然我们感知不到物质实体,那么我们就既不能肯定它也不能否定它,只能够"存而不论"。但贝克莱不彻底的地方在于,他一方面否定了物质实体,另一方面却又肯定了心灵实体和上帝的存在。有鉴于此,休谟则进一步对心灵实体和"上帝"进行了解构,我们所知道的只是知觉、印象,对于心灵实体和事物我们一无所知,我们关于实体的观念,包括"上帝"观念都只不过是一种假定。

笛卡尔提出了两种实体观念,并通过"上帝存在"观念保证这一点。众所共知,笛卡尔通过普遍怀疑的方法得出"我思"的清晰性、确定性,"我思"被置为形而上学的根基,世界的可理解性便植根于此。而从"我思"到"我在"不过是一个"直觉"或者说"内在经验",笛卡尔接下来通过"观念的清晰"原则推出上帝的存在和真理,并以此来确保精神实体和物质实体。但这两种实体各有其本质而相互独立,如此一来,笛卡尔面临着"心物二元"的困境,即便是就同一个人而言,他的心灵也不能够切中他的身体,那么更不可能通达外部的实在了。斯宾诺莎针对笛卡尔的二元论提出了一元论的"实体"观念。斯宾诺莎所说的

---

① [英]乔治·贝克莱:《人类知识原理》,关文运译,第21页。

"实体"是指在观念中最清楚的"神""自然",而精神和广延是实体的两种样式,是平行的两个序列。由此,精神所代表的观念以及广延所代表的事物之间也是平行的两个序列。在这之后,莱布尼茨提出了单子论,单子就是"单一实体"①,单子具有"知觉"的能力、"表象"的作用。单子之间,比如构成人的心灵的单子和身体的单子遵循着"前定和谐"的规则,而这样的规则只能诉诸"上帝"这个"绝对单子",亦即形而上的绝对实体。

由此可见,人们通常区分的唯理论和经验论这两种思想道路,按其思想原则贯彻到底,前者最终诉诸某种形而上的绝对实体,正如笛卡尔所说:"我们只能设想有一个绝对独立的实体,那就是上帝。"② 而后者最终走向了对实体观念的悬置,正如休谟所说:"除了对知觉而外,我们对任何事物都没有一个完善的观念。一个实体是和一个知觉完全差异的。因此,我们并没有一个实体观念。"③在近代西方哲学的讨论中,既可以看到实体的形而下存在者指向,也能见到某种形而上的绝对实体的思想模式。我在前面说,形上实体论这一思想模式,多表现在儒家哲学形上学和西方神学背景的哲学理论中,此中可见一斑。

对于儒家哲学乃至于中国哲学的理解和诠释而言,比较切近的是形而上的绝对实体这一思想模式。我前面提到,蒙培元先生反对把存在观念理解为"最高实体",这里是指形而上的、终极性的确定之物,它是一切形而下存在者存在的终极性根据。在这

---

① [德]莱布尼茨:《神义论》,朱雁冰译,北京:生活·读书·新知三联书店,2007,第481页。
② [法]笛卡尔:《哲学原理》,关文运译,北京:商务印书馆,1958,第20页。
③ [英]休谟:《人性论》,关文运译,北京:商务印书馆,2016,第258页。

个意义上说,道家之"无"和佛家之"空"的基础观念,其思想形态都不能归之于形上实体论,不过,中国佛学所偏好的"佛性""本心"观念则存在争议的可能空间。整体来看,谈到佛家和道家的非实体论视域(the horizon that is different from ontology),这相对于儒家哲学而言,争议较小。我以为,这里面根本的问题还不在于我们是否承认儒家是道德论者,而在于儒家哲学存在论是实体论形态吗?退一步说,儒家哲学存在论是否只有实体论形态,而没有其他可能性?在第一种问法中,得出的答案只有两种,是或不是。我承认就第一种问法而言,在当前流行的儒家哲学诠释视域中,假如我持否定答案,其论证难度将是巨大的。我更倾向于从第二种问法中找寻方向,虽然这在某种程度上是在论证难度面前的退缩,但也是着眼于新的可能视域的打开。

坦诚地说,我习惯的处理方式是,在知识层面上接纳一种"流行的见解",但与此同时,我会说更认可另外一种可能的理解。在此,我想引用在评论蒙培元"情感儒学"时说的一段话,我说蒙培元先生在论述其思想时,总是带给人调和与主流见解之差异的印象,他总是有所调和地阐释其间的差异,其中一个重要因素是:"作为一种当代诠释,情感儒学力图打开情感的基础视域,但又难以在言说上完全避开传统儒学的话语,只有尽可能合适而有效地重置其话语系统。"①我觉得蒙培元先生因此而没能彻底打开一些原初洞见和思想视域,或许这种"同情之了解"是我的一厢情愿,这确乎是带有投射性的感受。

我认为,道德实体论的集大成者牟宗三先生本人也具有走向另一种道路的可能性,如果他能从仁心感通论(智的直觉创造

---

① 杨虎:《情感与存在——"观仁论"之思》,杨虎、赵嘉霖主编:《情感儒学与生活儒学的思想拓展》,第13页。

论），向着感通活动本身溯源，不再视感通为某种实体的运作机制，而视其为源始性的运作本身的话。我觉得牟宗三先生提到的一个语词大有深意，从中可以引发出新的可能性，就是他在讲道家哲学时说的"姿态"一词：

> 把这主观心境上的一个作用视作本，进一步视作本体，这便好像它是一个客观的实有，它好像有"实有"的意义，要成为实有层上的一个本，成为有实有层意义的本体。其实这只是一个姿态。①

显然，牟宗三先生的这一说法建立在"实有"和"作用"的逻辑关联中，从中可以看出"实有"的根本地位。我当时看到这一说法，并没有现成地接受其中所内含的"实有"与"作用"的逻辑设准，而是反倒觉得这里蕴含着新的可能性，亦即讲"作用"不必以"实有"为宏规，作用不必是某种实体的作用。由此，我提过一个说法"姿态性的存在论"②，意在阐明一种非实体形态的存在论，我是指不以某种形而上实体观念为一切存在者观念奠基，只通由存在领悟之切转说明存在者观念之可能性的存在论。

在汉语观念中，"姿态"这一语词多用来形容和概括人的容貌、气质、仪态等，汉语"姿态"用来对译亚里士多德范畴表中的一个非实体类范畴，用以指示偶性，这虽然与我所说的不是一个语境，但也有类似的地方。我当时拿着阳明心学的题材来谈，有些地方为了论题需要确实有意地做出了特殊解释甚至"错误的

---

① 牟宗三：《中国哲学十九讲》，台北：联经出版事业公司，2003，第125页。
② 杨虎：《阳明心物说的存在论阐释》，山东大学2014年硕士学位论文。

解释"。我当时也明确地提出:"无需首先肯定一超绝的实体来保证天地万物的存在论基础。"① 这一思路旨在经过进一步翻转,不再于实体论宏规下讲作用的"姿态",而着眼于哲学存在论本身,审视它并不局限于实体论形态的可能性,这与蒙培元先生所说的"境界形态的哲学"在思想方向上是一致的。

牟宗三先生强调道德实体的创造作用,旨在说明道德行为和道德价值的终极根源,这一道德理想主义的思想方向是可以理解的,但他把存在问题归于实体论却是可以商榷的。他认为境界形态的哲学只讲 how 的问题,不讲 what 的问题,而"what 的问题,即是一个存有问题"②。当牟宗三哲学把境界对应主观心境时,已然是在对象化的语境中谈论境界,遮蔽了境界作为存在方式的深层意蕴。关键之处就在于,存在问题是否只关涉 what 的问题。我以为,存在问题有侧重 what 的道路,有侧重 how 的道路,后者在东方哲学中本来就有突出的表现,在西方广义生命哲学和生存论哲学中也有类似的思想理路。实际上,牟宗三先生本人的"道德的形上学"所赖以建立的"智的直觉""仁心感通"的存在论机制也不是单纯的 what 问题,同样包含 how 的问题。我们知道,牟宗三先生对康德的现象与物自身之区分进行积极运用,他强调物自身的价值意味:"如果'物自身'之概念是一个价值意味的概念,而不是一个事实概念,则现象与物自身之分是超越的,乃始能稳定得住,而吾人之认知心(知性)之不能认知它乃始真为一超越问题,而不是一程度问题。"③我曾指出,这里的"价值意味"可以理解为:对同一存在物之不同的"观法"下,可以"现象"

---

① 杨虎:《阳明心物说的存在论阐释》,山东大学 2014 年硕士学位论文。
② 牟宗三:《中国哲学十九讲》,第 131 页。
③ 牟宗三:《现象与物自身》,台北:联经出版事业公司,2003,第 7 页。

观之，也可以"物之在其自己"观之。① 这里也体现了一种广义的"观法之切转"，亦即存在领悟之切转。只不过，在牟宗三哲学语境中，观法的不同取决于主体层面属于"知体明觉"还是"识心之执"，尚未切入前主体性的存在领悟层级。②就现象与物自身而言，取决于以何种主体观物，这不能说完全没有"how"的问题，甚至可以说，物之"what"取决于主体之"how"，如何观则有何种物。

这里的思路之所以曲折，正是因为牟宗三哲学并非那种直贯的实体生起论。这是因为，物自身的存在属于"无执的存有论"层面："儒者所谓体用，所谓即体即用，所谓体用不二等，并不可以康德所说的智思物（本体界者）与感触物（现象界者）以及其所说物自身与现象而视之。因为用并不是现象，而是'在其自己'之如相。……说到物自身与现象，此亦不是此处所谓体用。因为物自身并不是体（知体明觉之体），而现象亦不是这里所谓用。"③由"无执层"的体用论而说智的直觉之创造，形而上的本体与一切形而下存在者之间便不再是直贯的生起关系，智的直觉创造物自身其实就是仁心感通于天地万物，在此感通中不以对象化观物，故物无物相，即所谓"物之在其自己"。就智的直觉之创造、仁心感通的机制而言，对于实体论有所"虚化"但未必虚妄，我曾对此评论道："牟宗三讲仁心本体、知体明觉（智的直觉）的'创造性'（终极奠基性）更具有'实在性'，仁心真实，感应无妄故。然而，牟宗三最终还是归宗于实体论形而上学的思

---

① 杨虎：《现代新儒家的现代性哲学》，崔罡、黄玉顺主编：《儒学现代化史纲要》，济南：齐鲁书社，2022，第280页。
② 杨虎：《现象与物自身的"观法之切转"——在牟宗三与康德"之间"》，《当代儒学》第24辑，成都：四川人民出版社，2023。
③ 牟宗三：《现象与物自身》，第460~461页。

路，把仁心感通的存在论等同于道德创造的实体论，因此不得不面对在实体论语境下，'仁心本体如何创生万物'及'良知明觉如何创造物自身'等质疑。"①

当牟宗三先生在"无执的存有论"层面讲"即体即用""体用不二"时，与其师熊十力先生具有思想的接续开展关系。熊十力先生以"体用不二"立宗，狭义地说"用"属于宇宙论层面，"体"属于本体论问题，由于即体即用的思想特征，所以讲本体论必然给予宇宙论的展开，讲宇宙论需要明证本体论的问题，本体即宇宙实体。这里的"实体"一词与"本体"一词同义，表示"真实的本体"之义，牟宗三先生在谈到道德实体的创造性时使用"reality"表示实体、本体，也是同样的意思："创造性自己就是天地万物之本体，人格化就是上帝，不人格化就是创造性本身，亦即创造的实体（creative reality），是绝对的实体。"②如前所述，在熊十力哲学之前，中国思想史上的"实体"观念有时便表示"实有其体""真实的本体"之义。在熊十力先生的用法中，"实体"与"本体"名异而实同，实者表示真实、实在义，实体即指"真实的本体"。

熊十力先生认为，人类哲学史上讲形而上的本体、宇宙实体，主要有三种思想进路：

> 从来哲人之探求宇宙实体者，大概不外三种见。第一种见，计执实体是超脱乎法象之上而独在。其所执实体，或承袭宗教之上帝，或反对上帝而说为宇宙本体。如佛家破大自

---

① 杨虎：《现代新儒家的现代性哲学》，崔罡、黄玉顺主编：《儒学现代化史纲要》，第284页。
② 牟宗三：《中国哲学十九讲》，第115页。

在天而建立不生不灭的真如涅槃，即是一例。唯心论者之绝对精神，亦是此种见。第二种见，计执实体是潜隐于法象之背后。如佛家唯识论，一方承袭旧说之真如而不敢削除，一方又建立种子为诸行生起之因。……第三种见，计执实体是空洞寂寥，包含宇宙万象。如老子以太虚为神与气之所从生，即是无能生有。……上述三种见，同犯一大过，即皆脱离宇宙万有而纯任空想去造出一种宇宙实体。古代哲学之本体论，大概罕能拔出于三见窠臼之外，尤以第一见为大多数哲人所最易游履之通途。①

熊十力先生遍举中国道、释思想传统和西方神学形上学及理性形上学，来说明他所理解的以往关于本体、实体观念的三种道路，并视其为"计执"，亦即认为这些哲学都是执幻相为真实，不能通达真正的本体。其理据在于，这三种道路都不是即万物而探究本体，都是"体用隔绝"的，这其中，尤其是第一种道路最为流行。例如，神学形上学的本体观念是严格意义上的"超越者"，这样的本体观念完全超出了宇宙万物，作为一种同位观念，一般理性形上学的本体观念，也体现了超出宇宙万物而言说本体的思想方式。

我以为，熊十力先生所列举的佛家的涅槃观念，基于般若思想的大共法，未必要作这样的理解，若见实相无相，则不惟世间法不可得，涅槃亦究竟"不可得"，《大般若经》说一切世间、出世间法皆不可得、无所得，二者乃是就不同的向度说同一件事情，不是指两种事物或两个世界而言。《大智度论》说："何等是出世

---

① 熊十力：《体用论》，上海：上海书店出版社，2009，第218~219页。

间道？如实知世间即是出世间道。所以者何？智者求世间、出世间，二事不可得。若不可得，当知假名为世间、出世间。但为破世间故，说出世间。世间相即是出世间，更无所复有。所以者何？世间相不可得，是出世间。"此中不惟破假名无实，而且欲明世间与出世间不可作二事观。《中论》中也说："求涅槃相不可得。"涅槃与世间无二无别，不可作二事观。熊十力先生曾说："《中论·观涅槃》等品说涅槃与世间互不异，其旨在变世间为寂灭耳。读者不求甚解，好望文生义，以为即世间即出世间，可谓混乱至极。"①熊十力先生的这一论断也不无道理，我们说佛家侧重的人生体验之方向乃归向无执、无为没有问题，然而，熊十力先生所期许的"体用论"这一前提，并不完全适用于佛家般若学的语境，他从体用论性、相，认为般若学"破相显性"以至于性、相皆空，又或"割裂体用"，这些判断源自其实体形态的体用论的观察。我认为，佛家般若学不是要通过破相而证立一个"性"，一个"体"，只就相不可得言实相，实相即无相，不是要从这中间建立一套体用架构。在这个意义上，若说其性、相皆空，因为"性空"之故、"无性"之故，若说其"体用割裂"，正是因其不立体用故，实则无所谓割裂问题。

在这个问题上，牟宗三先生的观察更加准确，他认为佛家般若学并无体用问题，更没有实体生起问题，例如，他说："般若具足一切法，此并非说一切法皆竖生地根源于般若，以般若为最初的根源，一切法皆由之而得一生出之说明。龙树之论释以及《中论》之缘起性空皆不过秉承《般若经》之旨趣反覆申明诸法之实相，亦未曾以般若为最初之根源，一切法皆由之而生起也。依此而言，吾人可说：平常所谓空宗者实非一系统，一门户。说明一

---

① 熊十力：《体用论》，第37页。

切法之来源是另一问题。空宗无此问题。"①牟宗三先生所期许的同样是实体形态的体用论，若从这个标准看，般若学并无实体生起论，也没有任何体用思想架构可言，自然没有对于"一切法之来源"的说明，不能成立他所说的"存有论"。关于这一问题，我更倾向于从领悟方式的切转看，存在论系统的建立不必以实体论为宏规，而在于存在领悟是否有其不同层级的显现，而熊十力先生的"体用不二"思想本来也蕴含了这一可能性，但最终还是走向了实体论。

熊十力先生判释第二种和第三种思想道路分别为寻求现象背后的根据和虚摄万有，前者有二重本体之嫌，后者是无中生有。前者不论，后者或可商榷，若说老子思想中有"从无生有"的实体生起论，或许会有这种思想痕迹，但庄子所说"以道观之"和"以物观之"，明显带有领悟方式之切转的思想意味，而不是以某种形而上的实体为万物之根源的思想道路，但熊十力先生却认为老庄都以为道是天地万物之外的超越者，认为道家不明体用不二。实际上，庄子对于实体形态的体用问题以及发生问题"存而不论"，而只就领悟方式言说"道"与"物"的视域，在庄子思想中有这种"存在观法之切转"②，就此而言可以说道超出了"物"的领悟方式，而未必说道超越万物之上，是万物之外的某个实体。

熊十力先生认为，以上三种思想道路都不能明证实体，亦即真实的本体，由此他提出了体用不二的思想，认为本体即在大用流行中，不可向外寻求。熊十力先生说："实体，是万有的自身，

---

① 牟宗三：《佛性与般若》（上），台北：联经出版事业公司，2003，第79页。

② 杨虎：《存在观法之切转——庄子"环中"隐喻的"齐物"历程》，《国学论衡》第十四辑，北京：社会科学文献出版社，2023。

譬如大海水是众沤的自身。……从来学人谈及实体与现象，莫不说现象是变异，实体是真实。如此，便成两重世界。若依我说体用不二，则实体即是现象，（譬如大海水即是众沤。）现象即是实体。（譬如众沤以外，无有大海水。）"①这里以实体与现象说明体用不二，乃是就通常的形上学观念言之，实则"现象"归属于"用"，是就用所成就的状态而言："现象与功用二名，其称虽异，其实一也。从其变动不居而言，则名功用；从其变动不居，宛然有相状昭著而言，则名现象。（宛然，形容词。言虽有相状而不固定也。）故曰名异而实同也。"②"体用不二"思想既强调无体不成用，也强调用之外无体，可见，熊十力先生并不否认追溯原因和根据的形上学本体论模式，只是反对把本体视为超出万事万物之外的另一种实体，所以强调本体即万事万物之自身。这一方面是为了避免视"用"为虚幻而"体"为真实的割裂，一方面是为了避免视"体"为"用"之外的"超越者"的割裂，因此说除却功用、现象之外别无本体可言。

虽然熊十力先生强调体用不二，但是这样的本体观念仍然是一种形上实体论，即视本体为终极实在、终极实体，而为了不割裂为二重世界，故只就现象、功用之显现说本体，而不说本体是超出现象、功用之外的原因、根据。正如熊十力先生自己所言："云何知有实体？以万变不是从无中生有故。"③"当知是事自有真源。（真源，为本体之形容词。）譬如临洋海岸，谛观众沤，故故不留、新新而起，应知一一沤，各各皆由大海水为其真源。"④这

---

① 熊十力：《体用论》，第92页。
② 熊十力：《体用论》，第72页。
③ 熊十力：《体用论》，第10页。
④ 熊十力：《新唯识论》（语体文本），武汉：湖北教育出版社，2001，第93页。

其实仍然是找寻一切现象之终极根据的思想理路,虽然大海水显现为众沤,大海水不是众沤之外独存的实体,但毕竟不是众沤:"各个沤相(相字读为相状之相。)犹不即是大海水。"①这虽然不是向万相之外找寻本体,但本体显现为万相而毕竟不是万相,万相必有某种根据、某种根源才得以显现,换句话说,显现乃是实体的显现,若无实体则无显现。

在这个意义上说,虽然熊十力先生强调体用不二,但并不认为显现背后一无所有,并不认为显现本身就是本源性的事情,而是仍然肯认一个作为显现根据的终极实体、终极实在。换种方式说,正如熊十力先生所说,本体"不可措思",只能即用显体、于用识体,比如说,见众沤即见大海水,大海水即众沤的自身、本体,但本体不可在量智、习心的认知层面把握。熊十力先生认为这是"法尔道理",亦即自然如此、本来如此,本体由"性智"证立,而说为"乾元本心":"乾谓本心,亦即本体。……故此言心,实非吾身之所得私也,乃吾与万物浑然同体之真性也。然则反之吾心,而即已得万物之本体。"②最终,熊十力先生完成了儒家心性论的心性与天道不二、本体即主体的思想逻辑。熊十力哲学与牟宗三哲学完成了传统儒家心性形上学的思想逻辑③,最终呈现为一种主体性形上学形态,建构了兼具形式原则和动力原则的"本体宇宙论"模式之形上实体论。

形上实体论对存在问题的阐明方式,实际上展开为一种存在者层级上的根据性、因果性说明。形而上的实体被视为一切形而下存在者的终极根据或根源,尽管它不同于形而下存在者之间直

---

① 熊十力:《体用论》,第196页。
② 熊十力:《新唯识论》(语体文本),第19~20页。
③ 杨虎:《心性的牢笼——儒家心性形上学根本传统的一种阐明》,《当代儒学》第十辑,桂林:广西师范大学出版社,2016。

接的因果性连结，但仍然是对于本源存在领悟的存在者化把握，在这一思想视域中，本源存在领悟被把握为与形而下存在者不同的形而上存在者。关于这一问题，海德格尔的说法是可取的："形而上学以论证性表象的思维方式来思考存在者之为存在者。因为从哲学开端以来，并且凭借于这一开端，存在者之存在就把自身显示为根据【αρχη（本原），αιτιον（原因），Prinzip（原理）】。"根据之为根据，是这样一个东西，存在者作为如此这般的存在者由于它才成为在其生成、消亡和持存中的某种可知的东西，某种被处理和被制作的东西。"①这虽然是海德格尔针对源于古希腊的西方哲学形而上学的评论，但确实揭示了传统形上学的普遍特征。其中的根据性、因果性连结有两种可能的思想进路，一是就形而下存在者的存在而言其所以存在之理，最终设定终极性的形而上之理；一是兼具形式原则与动力原则的"本体宇宙论"，它认为本体不但是形而下存在者所以存在之理，而且是其发生根源。无论哪种思想进路，都把形而上的实体与形而下存在者归之于广义的因果性连结中了。然而，根据性、因果性说明始终属于存在者层级上的言说，它所关涉的是存在者领域的事情，因此，形上实体论也属于存在者层级的观念，所谓形而上的实体只是一种不同于形而下存在者的另一种存在者观念罢了，即形而上的存在者观念。

本源存在领悟本来不"着物"，而传统形上学把存在观念落脚在存在者之存在中，致思于存在者之存在的确定性原则或逻辑起点，从而陷入了存在者层级上的根据性、因果性说明，开启了"着物"的道路。当我说本源存在领悟、本源生活领悟时，它与

---

① ［德］海德格尔：《哲学的终结和思的任务》，《面向思的事情》，陈小文、孙周兴译，北京：商务印书馆，1999，第68~69页。

存在者观念的关联不是根据与表现、本体与功用的关系，而是领悟的不同层级和不同样式。诚然，当我们说到存在者观念的基础时，基础（foundation）一词似乎也带有这种连结关系，但它可以被理解为一种烘托性的表达，并不是在说存在者之存在的本质、根据、原因等。这让我想到冯梦龙的一句话："天地若无情，不生一切物。"①若说"情生万物"则可，说"天地生物"亦未尝不可，若说"情是生成天地万物的终极实体"则不可，情生万物乃是一种烘托性的意境，意谓这样的情感领悟先行于对天地万物的存在者化把握。同样，我们说本源仁爱领悟是一切存在者观念的基础，意味着本源仁爱领悟先行于一切存在者化的打量和把握方式，而未必视其为形而上的实体，认为它是一切存在者存在的终极根据或根源。

在这个问题上，李海超提出的机缘本源论也可以导出类似的道路，他认为本源观念是一种"机缘"而非"根据"："'机缘'同样是现象得以呈现的一个原因，但它并不是现象的根据。"②他区分了本源观念与本体观念，认为二者不能混而为一，其实也是想把基础与根据区分开来，当他说本源同样被视为"原因"时，实际上是指一种开显的机缘，不是指本体那样的终极性原因和根据。举凡一切事情，当然不能"无因生"，皆有其实际的因缘际会，这就是机缘，就是生活的运作。我以为，既不必从此上溯形而上的实体，视运作为实体的运作，也不必以此拒斥一切基础主义的道路。除了在广义基础主义道路的问题上，我与李海超的机缘本源论在思想方向上有相通之处。

---

① 〔明〕冯梦龙评辑：《情史》，南京：凤凰出版社，2011，第1页。
② 李海超：《领会天命以超越宿命——对生活儒学"生活之为际遇"的解读》，《心灵的修养：一种情感本源的心灵儒学》，成都：四川人民出版社，2020，第174页。

在本书的广泛语境中，运作意味着生活、存在的自行开显、自己如此，这是对生活领悟、存在领悟的描述，领悟之外一无所有，运作背后别无实体。亦即，生活背后"一无所有"，所谓形而上的本体绝不是某种独立自在的实体，只不过是生活领悟的一种显现层级和显现样式。一般所言的运作总意味着"某物"的运作，譬如说我们把世界的开显视为一种运作，则它可能意味着某种形而上实体的创造，比如上帝的创造，抑或道德实体的创造，凡此种种。当我们悬置形上实体论，而说运作即存在时，是说世界的开显背后别无实体，开显活动即本源性的运作。

（三）存在问题发问方式的切转

关于存在问题，关于存在论，不得不承认，我们今天受到西方哲学著作汉译的影响很大，我们大可不必避讳这一点。不过，这并不是说汉译的语词就决定了我们的观念，好比说一个观念在汉译中换成了另一个语词，似乎我们就需要重新"依样葫芦"①。比如我们经常使用的"存在本身"这一语词，着眼于"存在论区分"，与这一特定语词相比，我们更需要重视的是其思想视域。就此而言，这一观念在西方哲学中的几种关联语义并不具有决定性影响，在我的理解中，所谓"存在本身"既不是单纯的"系动词"问题，也不是指与形而下存在者相区别的另一种存在者观念，而是指本源存在领悟，它最终是一种"领悟"，若我们能够不把"领悟"这个语词的意境限定为某主体对某对象的理解和把握的话，因为那样的话自始就把它存在者化了。在此，本源同样意谓

---

① 〔明〕黄宗羲著，沈芝盈点校：《明儒学案·发凡》，北京：中华书局，2008，第15页。

基础，但未必指向存在者观念层级上的原因或根据。

究竟地说，所谓本源存在领悟与存在者观念的区分并不是指不同的存在者领域，而是领悟方式的不同。在早期存在之思中，对实体的追问成为存在问题的核心所在，无论它是指形而上的理念，还是指个别存在者，都体现了哲学形上学对存在者之存在的确定性追寻。亚里士多德说："实体，就其最真正的、第一性的、最确切的意义而言，乃是那既不可以用来述说一个主体又不存在于一个主体里面的东西。"① 这里表明了第一实体本身就是主体，它是从自身出发的独立自在的存在者，不依赖于其他存在者，这构成了我们的思维和言说中的确定性原则和逻辑起点。亚里士多德在另一处有种稍微不同的说法："实体具有两方面的意义，或者作为不用述说他物的终极载体；或者是作为可分离的这个而存在。"② 然而，无论"第一实体"是个别存在者，还是理念、形式，都具有个体性特征，都体现了实体以自身为起点的特征。后来，黑格尔在"实体即主体"③ 的精神历程中把这一思想原则贯彻到底，正如海德格尔所说："作为形而上学的哲学之事情乃是存在者之存在，乃是以实体性和主体性为形态的存在者之在场状态。"④ 于是，存在的意义首先在作为确定性原则和逻辑起点的"何物存在"中得到理解和把握，只不过，有人把这里的"何物"视为"超越者"，有人认为是个别存在者，有人认为是心性本体，等等，

---

① ［古希腊］亚里士多德：《范畴篇·解释篇》，方书春译，上海：上海三联书店，2011，第 12 页。
② ［古希腊］亚里士多德：《形而上学》，苗力田译，第 97 页。
③ 黑格尔说："一切问题的关键在于：不仅把真实的东西或真理理解和表述为实体，而且同样理解和表述为主体。"参见［德］黑格尔：《精神现象学》上卷，贺麟、王玖兴译，上海：上海人民出版社，2013，第 61 页。
④ ［德］海德格尔：《哲学的终结和思的任务》，《面向思的事情》，陈小文、孙周兴译，第 76 页。

不一而足。沿着这一发问方式和思想方向，既可以导向形上实体论，也可以导出范畴学、语言学的思想道路。

海德格尔重提存在的意义问题，提出了"存在论区分"这一思想原则和思想视域："我们必须搞清楚存在与存在者之间的区别。这一区别不是随意做出的，它毋宁是那样一种区别，藉之可以首先获得存在论乃至哲学自身的主题。它是一种首先构成了存在论的东西。我们称之为存在论差异，亦即存在与存在者之间的区分。"①他认为传统形上学存在论遗忘了存在，亦即存在者化地理解和把握存在的意义，因此首要的工作在于转换存在问题的发问方式，存在的意义只有通过人这种特殊存在者的发问才能得以本真开显，这一发问方式的不同决定于人的存在特性："我们把此在的存在特性称为生存论性质〔Existenzialien〕。非此在式的存在者的存在规定则称作范畴。"② 比如我们描述其他存在者"是什么"，可以通过范畴规定把握它的存在，而人是具有生存领会亦即居有时间性、可能性的存在者，对人的生存论分析先行于对人是什么的理解和把握。因此，相应的发问方式是完全不同的："生存论性质与范畴乃是存在性质的两种基本可能性。与这两者相应的存在者所要求的发问方式一上来就各不相同：存在者是谁（生存）还是什么（最广义的现成状态）。"③海德格尔通过转换发问方式所赢获的思想视域，就是把存在问题从传统存在论关于存在者之存在的分析，还原为人的生存论分析，前者被重新奠定在后者的基础上。

---

① ［德］马丁·海德格尔：《现象学之基本问题》，丁耘译，上海：上海译文出版社，2008，第19页。

② ［德］马丁·海德格尔：《存在与时间》（修订译本），陈嘉映、王庆节合译，第52页。

③ ［德］马丁·海德格尔：《存在与时间》（修订译本），陈嘉映、王庆节合译，第53页。

我并不完全赞同海德格尔通过人的生存论分析为传统形而上学存在论奠基的思路，人的生存论这一"基础存在论"道路或仍可商榷。①不过，海德格尔把存在问题从对存在者之存在的分析还原到人的生存领会的发问上来，其思想效果是显著的，即通常所说的"存在论转向"。从生存领会开显存在的意义，就是在谈论一种广义存在领悟方式的问题，生存领会是一种不同于存在者化打量和把握方式的领悟方式，由此思路所开显出的可能性在于：存在本身与存在者的区分意味着不同的领悟方式，则存在本身为存在者奠基意味着本源存在领悟先行于存在者化把握方式，并可以通过某种存在论机制开显这一可能性。举例来说，由于人的在世生存特性，存在者首先不是被把握为独立自在的实体，存在者遭遇于世界中的可能性奠基于人的生存所开显的"意蕴"亦即所谓"世界性"，而经过某种"敉平"作用和"触目"②效应，才有对存在者的现成化、对象化把握方式。这两个汉译语词很妙，颇有东方哲学意境，描述了从"浑沦"状态到"触目"的，有定着的、对象化打量方式的切转，这可以视为一种机制性的描述。这说明，其中蕴含领悟方式的切转，或者更彻底地说，它的实质就在于领悟方式的切转。

存在问题的思想视域和发问方式的切转，当然需要某种悬置和还原，但并不意味着不再探讨存在者观念的基础问题。对此，我们有两种可能的思路，一是找寻存在者之存在的确定性原则或逻辑起点，找寻那终极确定性的"何物存在"，比如传统哲学的形上实体论；一是从领悟方式切入，给出某种机制性的说明。在

---

① 参见杨虎：《从无生性原在到有死性此在——重读海德格尔的"存在论区分"》，《河北学刊》2015 年第 4 期。
② ［德］马丁·海德格尔：《存在与时间》（修订译本），陈嘉映、王庆节合译，第 103、95 页。

后一种阐明方式中，存在论奠基不再意味着某种存在者观念层级上的关联性、因果性说明，而是可能性的烘托。亦即，我们不再追问为什么存在者存在，究竟是因为何种存在性抑或某种终极性根据、根源，使得存在物存在乃至于如此这般地存在，这一问题将被悬置起来，而只是给出本源存在领悟和存在者化打量和把握方式之切转的机制性说明，如果说这也是某种"奠基"方式，那么它与传统形上学存在论是完全不同的。

我想说的是，无须把一切形而下存在者之存在归因于某种形而上的实体，无论是某种"超越者"，还是心性本体、道德实体等。一切世间相皆有其因缘际会，这当然是法尔如此，然而又可以说，万事万物显现为如此这般乃是自生自化，生生背后别无实体。至于说，一切世间相的因缘际会，自然可以有其关联性、因果性说明，这当然需要存在者化的打量和把握，需要严格的科学探究。我在此提出一个说法："不立因果，不坏因果。"我用这句话来说明。这句话容易让我们联想到佛家语境中"不落因果"和"不昧因果"① 的问题，其中的因果是指因缘果报，"不落"和"不昧"代表了野狐禅和真解脱的两种境界。我这里的意思是："不立因果"乃是就生活之运作背后，万事万物之显现背后别无实体而言；"不坏因果"乃是说，我们于万事万物皆可就其因缘际会做出存在者化的打量和把握，开展科学的研究，等等。前者

---

① 百丈怀海禅师公案有云："师每上堂，有一老人随众听法。一日众退，唯老人不去。师问：'汝是何人？'老人曰：'某非人也。于过去迦叶佛时，曾住此山，因学人问："大修行人还落因果也无？"某对云："不落因果。"遂五百生堕野狐身，今请和尚代一转语，贵脱野狐身。'师曰：'汝问。'老人曰：'大修行人还落因果也无？'师曰：'不昧因果。'老人于言下大悟，作礼曰：'某已脱野狐身，住在山后。敢乞依亡僧津送。"参见〔宋〕普济著，苏渊雷点校：《五灯会元》（上），第132页。

是就本源存在领悟而言，后者是就存在者观念层级而言，这只是领悟方式的不同，而不是两种不同的存在者观念，故而我说"不立"和"不坏"，这并不冲突，不相妨碍。借用佛家的语境说，正是因其"无碍"，才能"不昧"，否则犹如"落"与"不落"皆妄，此中道理亦然。

总而言之，哲学存在论可以只就存在者化打量和把握方式言说存在者观念，而所谓的存在本身并非某种与形而下存在者异质的存在者，它只意谓不同的领悟视域和领悟方式。因此，当我们说本源存在领悟以及存在者化打量和把握方式时，这样一种区分，只是一种具有生活实际指引意义的事情，而不能在理论上决然说明二者分别的标准，譬如说何者为存在者，何者为存在本身，二者的区别在于什么，诸如此类；因为那样的话，就等于是对两种存在者进行区分了。这一存在论的思想形态与形上实体论的区别就在于悬置领悟、运作的实体论前提，就是我所说的领悟之外一无所有，运作背后别无实体。至于说，这个世界究竟是不是神创造的，存在领悟、生活领悟是不是外星高维生命控制或投影的，凡此种种，我不知道，这里只就当下生活的"自行运作""自己如此"描述存在领悟、生活领悟。在此语境中，通由不同的领悟方式之切转，成立不同的"观念层级"，由此成立广义存在论系统，仍然能够对于一切存在者观念做出某种方式的奠基性说明，经此一转，则可以导向一种非实体形态的存在论。

二、作为"仁爱领悟"的"观仁"之道路

本论着眼于非实体形态的存在论视域,通由"观"（comprehension）的存在领悟、生活领悟意境切入"观仁"（the comprehension of Humaneness）的思想视域,双开仁、观,源仁立观,自观现仁。"观仁"这一语词在传统儒学中已有使用,我在后面会介绍相关情况。[①]我也很早就使用这一语词了。[②]在我的言说中,观有其先行于某主体对某对象的把握方式的前主体性、前存在者化领悟之意境,"观仁"首先不是指以仁为对象的心念思维活动,亦即不是一种认知活动,而是指具有原初奠基意义的本源仁爱领悟,这就是我说的本源存在领悟、生活领悟,这先行于一切存在者化的打量和把握方式。

---

① 参见本书第四讲。
② 我是在十多年前开始使用这一语词的,具体情况的说明参见拙文《"观仁论"释名篇》,崔罡、郭萍主编:《当代中国哲学的情理学派》,济南:山东大学出版社,2021,第 501 页页下注。

（一）"观"的存在领悟意蕴

我在前面说过，海德格尔通过"生存领会"透显存在的意义，领会（verstand）这个语词对应的英文是 understanding，汉语翻译为领会更加切合生存论语境，凸显了生存领会至少是一种"智"而不是一种"识"。就存在领悟、生活领悟而言，汉语的"观"这个语词有着同样深切的意境，观既有日常语境中表示某主体对某对象的观察审视和心念思维活动等含义，也有表达前主体性、前存在者化领悟的意境。

在这里，我们需要切转"观"的视域，从观的日常语境切入其他意境，这不但是因为论题的需要，也确实是由于观念本身所蕴含的可能性，而之所以需要某种新的理解方式，其根本原因也在于领悟本身所具有的多重视域和层级，它们在一些语境中未必直接显示出来，往往造就一些流行的观念倾向和理解惯性，因此有必要从中把那些显现度较低的意境剥离出来，凸显出来。

在某些印象中，"观"是佛家哲学的特定观念，其基本含义是对境系念，观与境相对而言，在这里，似乎主体的观察审视、心念思维之动作跃然而出。然而，佛家讲"观"其宗旨在于"无分别智"，观、境相应所成为智，在无分别智中，观、境、智不二，这超出了分别相之观，观之所观乃是一种"无分别相"。这说明，在佛家哲学语境中，也有在前主体性的领悟层级言说"观"的可能性，亦即，我们可以不从主体动作的视域理解"观"。

这里必须指出，"观"确乎常见于佛家哲学的语境中，但并非佛家哲学独有的观念，道家也有"观"的思想视域，例如老子之"观其妙"、庄子之"以道观之"等，我将其标识为"观无"论。儒家也有"观"的思想视域，例如《周易》之"观其生"，后世儒家有"观生意"之说,生意为仁,宋明儒家常有"观仁"之说,尽管其中的思想视域未必相同,但可以将"观仁"作为一种标识性观念,"观仁"的基础含义是"仁爱领悟"①。虽然儒、道、释在思想气质、思想宗旨和思想方法上有种种差异,但是在根本层面上,观空、观无、观仁都指引了一种本源存在领悟、本源之观。

为了赢获这一思想视域,我们需要先行厘定"观"的切入意境。我曾从三个向度论述了"观"的切入意境:

> 从"有物之观"切入"无物之观",从观察、思维等语境切入广义存在领悟的意境,从狭义主体动作的语境切入观、境、智不二的意境。②

这里旨在说明,对于"观"的理解,我们必须切转视域,这也是切入一种意境或思想视域的题中之义。作为"领悟"的"观"具有层级性,领悟方式的切转首先意味着"观念层级"的切转。因此,从"有物之观"切入"无物之观"首先意味着从"物"的层级切入"无"的层级;从观察、思维等语境切入广义存在领悟的意境,首先意味着从主客化、对象化的层级切入前主体性、前对象化领悟的层级;从狭义主体动作的语境切入观、境、智不二的意境首先意味着从"分别相"的层级切入"无分别相"的层级。

---

① 杨虎:《论"生活领悟"与"形式显示"之道路——生活儒学与海德格尔生存论的根本差异》,胡骄键、张小星主编:《生活儒学:研究·评论·拓展——第三届"生活儒学"全国学术研讨会论文集》,成都:四川人民出版社,2020,第224~242页。

② 杨虎:《论"以仁观仁"》,《当代儒学》第21辑,成都:四川人民出版社,2022。

实际上，这三者旨在说明同一件事情，总体上都是在说"观之所观"不仅有其"有物""有相"之境，而且可以有其"无物""无相"之境。一般地说，如果从能观的主体和所观的对象来说，则我的意图乃在于展示一种没有主体和对象之对置的领悟。我们可以说观必有所见，而"见"就是"现"，我们说看见某物，其实也就是某物显现，如《周易》之"见"即显现之义，这就蕴含了超越主客区分和对象化认知的可能视域。陶渊明有诗云："采菊东篱下，悠然见南山。"这里的见也是现的意思，与其说是我看见了山，毋宁说是山自显现，二者乃是同一件事情。这当然不是说，必先有物自在而后主体可观之的意思，而是说，在这样的观的活动中，观与境不相对、不相待。在这个意义上说，不是先聚齐了主体和对象这两种要素，才有观的活动，而是在本源之观中，没有主体和对象之分别相显现。若说主体和对象构成观的活动，则是主体性之观；若说没有主体和对象的"分别"，则是前主体性之观。这可以表示如下：

主体性之观：主体→观→对象
前主体性之观："主体"｜←观→｜"对象"

这两者的不同并不只是名相的设立，而是带有存在领悟、生活领悟的指引意义，若说名相之巧设亦未尝不可，但若没有植根于领悟之中，便难以达成生活领悟的实际切转活动。其中，尤须分辨的是，在前主体性之观中，观不是主体和对象要素的聚合，因此也先行于主体和对象的相向构成活动。譬如有人说，主体和对象在动态的相向构成活动中成立一共在之境，这固然对于单纯强调主体一面有所对治，但仍然是一种主体性之观。在前主体性之观中，观本身就显现为境，而不是通过主客相向而来的活动构成了此境。

关于主体和对象的相向构成之境，唐君毅先生曾在"心境感通"问题中有过深刻的论述："故今谓心开而境现，亦可是心开与境现俱起。与境现俱起而开后之心，亦存于境，而遍运于境，遍通其境。固不须说先有离心之境先在，心开而后至于其境，而更知之通之也。如人之开门见山，此山虽或先有，然如此之山之境，以我开门而见者，亦正可为前此所未有也。"①心与境之"俱起俱现"，这或许在心境之作用下犹如无分别之境的显现，这在传统哲学中也确乎是用"无分别相"描述，但此心、此境作为两种要素始终不能去除，种种境皆在"心灵之一念"之观或感通活动之中，种种境最终仍然是心灵之境，说心必蕴含境，而不只是单向的主体之一面。唐君毅先生所说的"开门见山"意味着"我"开门而山现，这是在主体性之观中所能达到的极致意境，亦即主体和对象的相向构成。说到底，此心遍润种种境而无外，这超出了相对的主体性活动，实则是一种形而上层级的心体无外观念。我则认为，"开门见山"不必预设我开门和山自在，此"开门"活动先行于我和山，这就是我所说的观先行于主体和对象，则开门见山不是我开门见到了山，而是开门之境先行于我对山的对象化把握，即物而观无，虽开门之际有人有物，而不作分别观，不作有物观，则我非主体，而山非对象，在这个意义上说"俱起俱现"才是彻底的。

为了进一步与一般所理解的狭义主体动作相区别，我接下来论述从主体性之观到前主体性之观的切转。这里所说的"主体性"并不是严格意义上的"意识主体性"，而是泛指一切具有从自身出发特征的能动性，显然这种能动性只能属于主体性存在者，

---

① 唐君毅：《生命存在与心灵境界》，北京：中国社会科学出版社，2006，第51页。

也就是"人"。因此，主体性之观也就是人这一主体性存在者的活动，它既包含对形而下存在者之观，也包含对形而上存在者之观，这些都是有物之观、有相之观。这意味着，主体性之观有能观的主体和所观的对象，能观的主体或者为相对主体性，或者为绝对主体性，而所观的对象相应地或者是形而下的存在者和存在者领域，或者是形而上的存在者和存在者整体，前者是相对主体性之观，后者是绝对主体性之观。

一般所说的观察、审视都是相对主体性之观，它是主体对某种形而下存在者和存在者领域之观，观是"我"对某"物"之观。《说文》释"观"的本义为"谛视"，亦即仔细观看、认真审视的意思。这种意义的观，例如，《周易》大传有云："古者包牺氏之王天下也，仰则观象于天，俯则观法于地，观鸟兽之文与地之宜，近取诸身，远取诸物，于是始作八卦，以通神明之德，以类万物之情。"（《周易·系辞下传》）"仰以观于天文，俯以察于地理。"（《周易·系辞上传》）这里说《周易》之卦是通过对事物的"仰观俯察"之类比取象而设立的，设立易卦之后，又可以通过对卦象的观察和分析窥测事物的发展，这一双向观审活动即"设卦观象"（《周易·系辞上传》）。在主体的观察中，其所观不外乎"人"与"物"，即《周易》所谓"观乎天文"与"观乎人文"，这是自横向而言的观的活动。在《周易》中，从观人到观物，从观自身到观天地万物之变化，大都属于这种横向之观。

纵向地看，观包含对形而上的天道与形而下的万事万物之观，这在《周易》中叫作"观天之神道"与"下观而化"，即上观天道而下化天下。《周易》古经与中国原始神学思想的关系非常密切，观卦卦辞记载了祭祀上帝和祖先的筮辞："盥而不荐，有孚颙若。"这里描述的是观禘之事，这一原初的神学内涵经过理性化转换之后，就蕴含了仰观与教化的意味，正如《观·彖传》说：

"大观在上，顺而巽，中正以观天下。"朱子《周易本义》说："观者，有以示人，而为人所仰也。"①这也体现了中国传统哲学形上学"举天道以言人事"的思想特征。在纵向之观中，便蕴含了绝对主体性之观，所观的对象为形而上的存在者和存在者整体，则其能观的主体不再是相对的主体性，而是绝对的主体性。当然，正如我在后面所强调的，绝对主体性只是一种姿态，不是形而上的实体②，其所观或者说所显示的形而上的存在者也只是一种"无外""无对"的观念，而不是一种绝然的、独立自在的实体，由此才可能在主体视角中显示。

我观形而上的存在者，我观存在者整体，如何说"我"是绝对的主体性？这里也存在着观法的切转，对形而上存在者之观超越了相对的主客架构，形而上存在者不是我的认知对象，而是在观的活动中显示的自身同一者。在这一问题上，儒家心性论哲学有着非常丰富的思想资源，比如熊十力先生的本心性智论，牟宗三先生的逆觉体证论等。熊十力先生认为："一切物的本体，非是离自心外在境界，及非知识所行境界，唯是反求实证相应故。"③这需要通过"性智"反求自证，本心、真性即本体之自我呈现，本心本体是能观与所观的自身同一者，它从自身出发回到自身，这就是绝对的主体性。牟宗三先生所说的逆觉体证也是如此："逆觉之觉，亦不是把良知明觉摆在那里，而用一个外来的无根的另一个觉去觉它。这逆觉之觉只是那良知明觉随时呈露时之震动，通过此震动而反照其自己。故此逆觉之觉就是那良知明觉之自照。

---

① 〔宋〕朱熹撰，廖名春点校：《周易本义》，北京：中华书局，2009，第98页。
② 参见本书第五讲第二节
③ 熊十力：《新唯识论》（语体文本），武汉：湖北教育出版社，2001，第13页。

自己觉其自己，其根据即是此良知明觉之自身。"①逆觉乃是本心本体的反身自观，本心本体之"明觉"即其主体性的表现，这是一种绝对主体性观念。

在中国哲学史上，邵雍的"以物观物"思想系统地展示了这两层主体性之观。邵雍所说的"以物观物"实质是"以理观物"："夫所以谓之观物者，非以目观之也。非观之以目，而观之以心也。非观之以心，而观之以理也。"②邵雍在此提出，观物不由"目观""心观"，亦即不是通过感觉和知性的观察、思维把握事物，而是"观之以理"。其中的关键在于"如何观"，如何观则有何种见。在相对主体之观中，"如何观"体现在感官活动和意识分别这两个层面，即邵雍所说的"观之以目"和"观之以心"，这里的心不是指本心本体，而是指意识活动，主体通过感觉、意识接触和分别事物，可以说是"以我观物"，即一个主体对一个对象的观察审视、心念思维，在这里主体与对象相对而立。邵雍说："不以我观物者，以物观物之谓也。既能以物观物，又安有我于其间哉！"③这就超出了相对主体性的层级，所以邵雍说在"以物观物"中没有"我"，这属于绝对主体性之观："以物观物，性也；以我观物，情也。"④

性与情在宋明理学的语境中是体用论的表达，性是体，情为用，性是"形而上者"，情是"形而下者"，比如小程子说："爱

---

① 牟宗三：《从陆象山到刘蕺山》，台北：联经出版事业公司，2003，第 190 页。
② 〔宋〕邵雍著，郭彧整理：《邵雍集》，北京：中华书局，2010，第 557 页。
③ 〔宋〕邵雍著，郭彧整理：《邵雍集》，第 555 页。
④ 〔宋〕邵雍著，郭彧整理：《邵雍集》，第 152 页。

自是情，仁自是性"①，这意味着，性是奠基性的观念，而情不能充当奠基性观念。邵雍通过性和情区分"以物观物"和"以我观物"，正体现了观物的两个主体性层级，前者是从绝对主体出发的，亦即属于"性"的层面，后者是从相对主体出发的，亦即属于"情"的层面，则其所谓"以物观物"实质是对形而上的理之观，"以我观物"则属于相对的形而下之观。这一思想理路还可以佐证于邵雍的如下论述中："以一心观万心，一身观万身，一物观万物。"②"一物观万物"之所以可能，乃在于他认为万物皆有理，正是通过这种一多架构，形而上之理和形而下万物在"观物"之中展现为两个观念层级，即我所说的对形而下存在者和形而上存在者之观。而在"一心"中见万心之所以可能，也是植根于那绝对的"一心"，即所谓心性本体，它是能观与所观的自身同一者，因此我说它属于绝对主体性之观。本来，"以物观物"也有开启前主体性的存在领悟、生活领悟视域的可能性，在这种语境中，观物既不是观之以物，也不是观之以理，而是事情本身的"自观自见（现）"③。邵雍说"以物观物，性也"，尽管说"性即理"，能观与所观是自身同一者，但仍然是有所观之观，而前主体性之观实则无所观，观而无有能观、所观之观，是"无人""无物"之观。

　　黄玉顺先生区分了"观物"与"观无"④，观物即观存在者，

---

　　① 〔宋〕程颢、程颐著，王孝鱼点校：《二程集》，北京：中华书局，2004，第182页。

　　② 〔宋〕邵雍著，郭彧整理：《邵雍集》，第7页。

　　③ 杨虎：《从无生性原在到有死性此在——重读海德格尔的"存在论区分"》，《河北学刊》2015年第4期。

　　④ 黄玉顺：《论"观物"与"观无"——儒学与现象学的一种融通》，《四川大学学报（哲学社会科学版）》2006年第4期。

而观无则是本源的生活领悟。我所说的前主体性之观与主体性之观对应着这两种视域，前主体性之观，如果姑且说其"所观"为何，那么只能是"无"，主体性之观，其所观为"物"。当我运思和言说本源存在领悟、生活领悟时，这当然是在当下意识和思维活动中进行的，这似乎意味着：存在领悟总是通过存在者的领悟才是可能的（如海德格尔的思路）。其实不然。前主体性的领悟是这样一种描述，它乃是说领悟本身"领悟着"，而不是通过一个主体性存在者去领悟一个对象物的方式进行，假如我说"存在领悟总是通过某种存在者的领悟才是可能的"，已然是对于存在领悟的存在者化把握，从而，存在领悟对于"我"来说乃是别有一物，反倒是在"我的存在"之外，而不能当下切转领悟方式了——于此当下切转中"我"与"无我"并非两个不同主体，而"物"与"无"也不是两个不同的存在者或存在者领域。实际上，当我们在谈论这件事情时，已然是对于意识和思维限度的化解，则在实际的生活领悟中，在"我观物"的实际生活中，有"我"则所观为"物"，"无我"则所观为"无"，而"我"与"无我"皆有其实际的切转，从而在"我观物"的实际生活领悟中可以当下"观物即无"，这不是超出、断除"我观物"的实际活动，因为其中没有实体形态的区隔。总体而言，这一运思和言说有其视域切转的指引意义，由此而有实际生活的切转活动。

（二）"观仁"进路的存在论

通由领悟视域的切转，领悟方式的切转，我们不只可以在主体的观察审视、心念思维语境中讲"观"，观有其前主体性、前存在者化的存在领悟、生活领悟意蕴，由此便有"观仁"的存在论进路之可能。前面说过，《周易》讲"观"有时讲的是"有物之观"或"观物"。在《周易》中,还有表示"无物之观"或"观无"的语境,即观天地万物之"生生",这在直接语境中表示观天地万物的生生这样的"情实",可以进一步引申为"生生之仁"的领悟。当然,《周易》主要是就生生的"情实"而言。我们从仁爱领悟透显,比如大程子已然有"生生之仁"的思想,尽管是在"仁之为性"的语境中提出的,但是鉴于大程子"心性不二"的思想倾向,他并不会完全排斥仁爱之情感领悟的思想道路。即便是传统儒家哲学形上学的仁性论、仁体论,也对于揭明本源仁爱领悟的奠基性具有重要意义。

观天地万物生生的情实,也是观本源的仁爱情感,在这个意义上说,情即境,情感之感通首先指涉的不是某种对象物,而是天地万物生生之境,只有当我进一步对之做出分判时,才有种种存在者相及诸存在者领域之分别。《周易》说:"咸,感也。柔上而刚下,二气感应以相与。止而说,男下女,是以亨利贞,取女吉也。天地感而万物化生,圣人感人心而天下和平。观其所感,而天地万物之情可见矣。"(《咸·彖传》)以"观其所感"为例,天地万物生生之境,是一种本源性的生活遭际、生活情境。由"见"即"现"可以领会,这一情境本身不是人去"见"、去"看"的对象,反倒是,人也在这一情境中现身,而未有物、己之分别。它是境,也是情,亦即本源情感的显现,"感"既是境之感,也是情之感,无情则不感,不感则无物。在咸卦的描述中,以男女交媾来形容感,正体现了这一点,男女交媾是情之感通活动,这也是仁爱领悟的一种显现样式。在"观其所感"中,可以说观的首先不是物而是情境,是生生之情实,也是仁爱之情感,仁爱的开显即生生之境的敞现。

在日常的生活领悟中,情与境有所分别,情意谓主体性存在者的情感意识、情绪体验乃至知觉、意识等,境则是与主体性存在者相对而立的物相，则情与境所表征的是相对而立的两种存在者，于此说"情"感于"境"，与"知"了别"对象"的活动性质一样。而在本源的存在领悟、生活领悟中，情即境，情实与情感是同一件事情，情之所至即境的显现。于此，我们不说先有了情之感通才有境域的显现，也不说先有了境域的显现，才有情之感通，情与境是自不同向度言说"同一件事情"。这是因为，在本源的情感领悟中，首先显现的不是对于某个对象物的感受和把握，而是对于境域或意蕴的领悟，如说本源仁爱领悟，它不是指对于某个存在者的对象化情感意识活动，这一活动如果说有其"源始性对象"，首先是一种境域或意蕴，而这一境域或意蕴本身不是通由主客化、对象化的方式把握；如说天地万物生生之境，此中未有存在者及其领域的分判意识，这一意蕴或境域本身的显现就是本源的仁爱领悟。

　　本源仁爱领悟，先行于人对世界的对象化、存在者化打量方式，这并不是形上学的理论设定，而是在实际生活、日常生活中显现的事情，在实际生活领悟中的事情。就此而言，"观"与"现象学的看"有相通的向度，也有其不同的层面。"观"与"现象学的看"都强调理论化、概念化之先的"原初经验"，正如胡塞尔所说的"无前提性"原则，只不过，这一"原初经验"在"观"而言是为无分别的存在领悟、生活领悟，在"现象学的看"而言是为明见性的意识体验，二者分别导出的是前主体性视域和先验主体性视域，前者力图超出有分别相的领悟方式，后者着眼于意向活动的构造。黄玉顺先生也认为："在这种本源之观中，我们固然是在'看'，但这并不是认识论意义上的观察，甚至也不是所谓'现象学的看'。"①这里强调的是，本源性的领悟不同于"本质直观"这样的先验直观。同时，我们还可以在另外一种意义上理解二者的区别，意识现象学对于"直观"这种客体化行为的重视，决定了它始终带有广义的主体和对象之关联的特征。着眼于明见性的看首先意味着意识对象的自身所与，这就涉及对象的被给予方式及其在意识活动中的关系，其中最基本的就是意识的意向性结构："认识体验具有一种意向（intentio），这属于认识体验的本质，它们意指某物，它们以这种或那种方式与对象发生关系。"②因此，意识的客体化行为是其基本特征："任何一个意向体验或者是一个客体化行为，或者以这样一个行为为'基础'"③。任何体验，即便它不是直接的客体化行为，也要以客体化行为为基础。因此，在"现象学的看"中，广义的主体和对象之关联是不可或缺的，尽管是以某种"原始关联"的方式呈现；而在本源之"观"中，"无所观之观"恰恰超出了这一关联，而自始就是彻底的"无化之境"。

当"观"不再只是被视为某主体对某对象的观察审视、心念思维活动，而被理解为前主体性、前存在者化的领悟时，源始性的"观仁"才不会被视为对仁的对象化认知和把握，由此才可能赢获本源仁爱领悟的视域。我前面说，通由本源存在领悟和存在者化打量和把握方式之区分，建立不同的观念层级，由此成立广义的存在论系统，而作为"仁爱领悟"的"观仁"，这一广泛语

---

① 黄玉顺：《爱与思——生活儒学的观念》（增补本），成都：四川人民出版社，2017，第 206 页
② ［德］埃德蒙德·胡塞尔：《现象学的观念》，倪梁康译，北京：人民出版社，2007，第 46 页。
③ ［德］埃德蒙德·胡塞尔：《逻辑研究》第二卷，倪梁康译，北京：商务印书馆，2015，第 854 页。

境也蕴含了前存在者化的可能视域，本源仁爱领悟即本源的存在领悟、生活领悟。

"领悟"这一语词，佛家多用之，其基本含义当然包括通常所说的理解、掌握，但其意境并不限于此。在禅宗语录中，"领悟"常出现在高僧大德的言说和动作之"棒喝"语境中，其言说看似有所说，却什么都没有说，其动作看似无所说，却道出了一切，而这些都在实际生活中产生了意义。这里的领悟超出了名相的理解和把握，超出了对象化的认知，由此可以说，本源的领悟无有能悟、所悟。东方哲学讲"悟"的一个重要特征便是"无执"或"无住"，在广泛语境中，二者可以通用，无执、无住即无所执着、无所定着之义。在原始佛学经典四部《阿含经》中，就出现了"不住""无住处"的说法，例如："阿难！我以是缘，知名色由识，缘识有名色，我所说者，义在于此。阿难！缘名色有识，此为何义？若识不住名色，则识无住处；若无住处，宁有生、老、病、死、忧、悲、苦恼不？"（《长阿含经》）佛陀以十二缘起观世间集谛，我们必须同时明了此十二支的分解并不具有自性，故亦须说，"世间集"而究竟"无所集"。

由此可见，在原始佛学的语境中便蕴含了般若学的思想可能，明诸法性空则无所住，故《摩诃般若波罗蜜经》有云："菩萨摩诃萨不应色中住，以有所得故。不应受、想、行、识中住，以有所得故。不应眼中住，乃至不应意中住。不应色中住，乃至不应法中住。"无住的姿态起于无住之领悟，领悟不再是某主体对某对象的思维所得，悟之所悟不是一物，以其"无所得"，可以说是一种"无所悟"之悟。即便是后世佛家的心性论，也不能违背"应无所住而生其心"（《金刚经》）的般若精神。甚至可以说，即便以心性为形而上的本体观念，因般若共法之缘故，仍不会完全掩盖其无住性。

从狭义的语境看，无住、无执是佛学观念，从广义的语境看，它又构成了东方哲学的重要观念，我们也可以通由它透视儒家之观。即便是在宋明理学的语境中，也有这种无住、无执的领悟、观法，例如，《二程集》记载："周茂叔窗前草不除去。问之，云：'与自家意思一般。'"① 宋明儒家常教人"观生意"，周敦颐说观人我、物己"意思一般"，一方面体现了仁爱感通无外的儒家思想气质，一方面体现了在此领悟、观法之中，对于生活不作分别观，不执定我为主体、物为对象，这也可以说是"无人""无物"之观。同样，据《传习录》记载：

> 侃去花间草，因曰："天地间何善难培，恶难去？"先生曰："未培未去耳。"少间，曰："此等看善恶，皆从躯壳起念，便会错。"侃未达。曰："天地生意，花草一般，何曾有善恶之分？子欲观花，则以花为善，以草为恶；如欲用草时，复以草为善矣。此等善恶，皆由汝心好恶所生，故知是错。"曰："然则无善无恶乎？"曰："无善无恶者理之静，有善有恶者气之动。不动于气，即无善无恶，是谓至善。"曰："佛氏亦无善无恶，何以异？"曰："佛氏着在无善无恶上，便一切都不管，不可以治天下。圣人无善无恶，只是'无有作好'，'无有作恶'，不动于气。然'遵王之道'，'会其有极'，便自'一循天理'，便有个'裁成辅相'。"②

这一段对话是阳明关于"无善无恶"，以及儒佛同异的论述。心体之无善无恶，儒佛之同异，关键都在于有无造作、是否作意。

---

① 〔宋〕程颢、程颐著，王孝鱼点校：《二程集》，第60页。
② 吴光等编校：《王阳明全集》（新编本）第一册，第31~32页。

阳明说"天地生意，花草一般"，这与周敦颐不除窗前草一样，皆由仁爱感通无碍，不作分别观之故。心体至善而不造作、不作意，故"无善无恶"，此中关键不在于"去"还是"不去"花间草，薛侃除去花间草，阳明也未曾说什么，只除去便是，若别立一个"不去花间草"的念头，又是一造作，又是一作意，反倒是一种计执心和分别观。尽管在阳明的判疏中，佛家反倒执着于"无善无恶"，作意于出世间法，我对此不做评论，但是自其一般性的姿态而言，儒、佛皆有其无执、无住的领悟、观法，这显然是一种前主体性、前存在者化的存在领悟、生活领悟。

在佛家，般若学讲缘起性空和无执、无住是切合原始佛学思想的，它解构一切形上学的理论设定，也是一种本源性的领悟。然而，这一领悟在后世佛家心性论中被收摄在心性观念之中，无执、无住便成了对心性本体的描述，例如，华严家法藏说："夫真心寥廓，绝言象于筌蹄。冲漠希夷，亡境智于能所。非生非灭，四相之所不迁。无去无来，三际莫之能易。但以无住为性。"（《大乘起信论义记》）这里的"无住"是对真心本体的描述，这种心性论更符合一般理解中的中国哲学特质，在有关佛家哲学的理解和诠释中更易为人所接受。这种类似的情况也表现在儒家思想历程中，也可以用来省察儒家的"仁"观念，当我们想要发掘仁爱领悟的无住性，其中最根本的困难并不在于儒、佛语境的差异，而在于我们关于"仁"的理解前见和思想惯性。就当我在写作时，或者我在给学生讲课时，也会"知道哪种是正确的知识"，"知道哪种是错误的讲解"，甚至会自觉地同时提供给学生，并从知识考核的角度，用正确和错误的标签区分不同的讲解！

迄今为止，关于"仁"的理解和解释主要有三种思想进路。其一，把仁理解和解释为道德伦理条目，如果细分一下，道德是就内在意识而言,伦理是自外在规范而言,但无论如何,都是在形而下的观念层级理解和把握仁爱领悟;其二,道德形上学视域中的仁性论、仁体论,把仁理解为形而上的道德实体;其三,生活儒学按照"观念的层级"视域的诠释,认为仁有不同层级的显现:本源之仁、形上之仁、形下之仁。①由此,就广义的仁爱领悟而言,有不同层级的观念显现:本源仁爱领悟、形而上的仁体和形而下的道德情感、道德意识。

如果说,以形而上和形而下区分仁的不同观念层级,并不会带来儒学史诠释的困难,因为在通常的解释中也会把这两个层级关联起来,做出体用论的理解和把握;那么,超出形而上学视域论本源仁爱领悟,确实与我们通常接触到的一般儒学史的诠释有极大的不同。这个困难就在于,视本源仁爱领悟为情(情境),则意味着情感具有奠基性,而且反倒以情感领悟为形而上的本体奠基,这在传统儒学的性情论思想视域中是不能接受的。在性情论思想视域中,情是形而下的观念,它奠基于性,性是终极奠基性的观念。在性情论思想视域中,不能讲情的奠基性,也因此不能有超出形而下层级的"情"观念,则视奠基性的本源仁爱领悟为情就是不合法的。对此,我选择的处理方式是,我不说哪种思想视域是正确的或错误的,只说一种新的理解是可能的。在此,我们不妨回到孔子儒学检验这种可能性。

为了切入这一可能视域,这里做两点先行的说明。其一,孔子儒学开端意义上的儒家思想系统的基础观念是"仁",尽管儒学观念史伴随着不同时代生活境域的变迁而有其衍变,但儒学的根本传统,亦即儒家的根本思想原理是"一以贯之"的。我曾做出过"儒学传统"和"传统儒学"的观念区分,可以用来说明这

---

① 黄玉顺:《爱与思——生活儒学的观念》(增补本),第95页。

一问题。① 其二，作为特定理论形态的儒学观念史上各种关于"仁"的理解和解释，并不具有决定意义，我们可以从中"抽象继承"一般性的思想原理。比如，《说文》关于"仁"的界说："亲也。从人从二。"我们不能看到诸如此类的说法，就把"仁"和"亲亲"绑定在一定，进而限定在人际之间的道德伦理观念层级来理解。这里不考虑其具体的发生形态，而单纯就其思想原理而言，仁首先是指一种爱的情感领悟。

我认为，孔子论"仁"既没有否认情感的奠基性，也没有否认仁的情感领悟意蕴。孔子儒学以仁为基础观念，视仁为情感领悟，这两点在孔子与宰我关于"三年之丧"的讨论中得到了集中体现。《论语》记载：

> 宰我问："三年之丧，期已久矣。君子三年不为礼，礼必坏；三年不为乐，乐必崩。旧谷既没，新谷既升，钻燧改火，期可已矣。"子曰："食夫稻，衣夫锦，于女安乎？"曰："安。""女安则为之！夫君子之居丧，食旨不甘，闻乐不乐，居处不安，故不为也。今女安，则为之！"宰我出。子曰："予之不仁也！子生三年，然后免于父母之怀。夫三年之丧，天下之通丧也。予也有三年之爱于其父母乎？"（《论语·阳货》）

宰我提到"三年之丧"首先是在"礼"的层面说的，孔子没有正面回答宰我关于这一礼法可能导致"礼坏乐崩"的诘难，而是问宰我不这么做"于汝安乎？"就通常的理解而言，"安"是一种情感、情绪体验，这是朝向仁爱领悟的指引方式。孔子将"三

---

① 杨虎：《论"儒学传统"与"传统儒学"》，《宁夏社会科学》2018年第6期。

年之丧"奠基于"三年之爱",有人认为孔子用"爱"而没有用"仁",意味着仁不是爱,这种理解显然是"但依语而不了义",这恰恰说明在孔子的领悟中,仁首先是一种爱的情感领悟。同时,在这段对话中,孔子不仅没有像有的学者所理解的那样,把仁爱限定为特定的血亲原则,把血缘亲情视为至上原则,反倒"体现了在特定血亲伦理情境中溯源普遍仁爱情感的思路"①。亦即,这种特定的伦理观念反倒奠基于本源仁爱领悟,这是孔子一贯的思想原则。更具体地说,孔子用"三年之爱"为"三年之丧"奠基,恰恰体现了孔子思想的一个基本原则,就是一切事情都奠基于本源仁爱领悟,这正相应于孔子关于"仁"和"礼"的思想结构:"人而不仁,如礼何?人而不仁,如乐何?"(《论语·八佾》)由此可见,仁不仅具有奠基性,而且首先是情感性的领悟。

在宋明理学中,狭义的理学一系认为情感是形而下的观念,不具有奠基性。相较而言,阳明心学"性情不二"的思想气质在某种程度上承认了情感的奠基性。当然,我承认这一判断带有特意"放大"其思想效应的意图。阳明先生说:

> 来书云"韩昌黎'博爱之谓仁'一句,看来大段不错,不知宋儒何故非之?以为爱自是情,仁自是性,岂可以爱为仁?愚意则曰:性即未发之情,情即已发之性,仁即未发之爱,爱即已发之仁。如何唤爱作仁不得?言爱则仁在其中矣。孟子曰:'恻隐之心,仁也。'周子曰:'爱曰仁。'昌黎此言,与孟、周之旨无甚差别。不可以其文

---

① 杨虎:《情感原则与血亲原则的剥离——儒家与血亲伦理问题再省察》,《宏德学刊》第十七辑,北京:商务印书馆,2024。

人而忽之也"云云。①

尽管阳明先生仍然是在性情论思想模式中言说仁与爱，但他强调"爱即已发之仁"，这在某种程度上承认了情与性的一体性，性情虽不能说为一，但也不能说为二，则孟子直接从"恻隐"说仁，周敦颐直接从"爱"说仁，是能成立的。孔子论仁，于时于境有所不同，有时是在说道德原则，有时是在说精神境界，有时是在说爱的情感，等等，不一而足，这恰恰说明仁爱领悟有不同的观念显现。因此，至关重要的一点是，当儒家言说仁的不同观念，以及我们有不同的理解和诠释时，并不必然意味着文本和思想表述上的冲突，以及我们在观念诠释上的混乱。

在此，集中于仁爱领悟的奠基性视域，无论我们在哪个观念层级上理解和把握仁，仁首先是一种情感领悟，它在根本上是一种无所定着的、前存在者化的领悟。宋明理学范式之所以视仁为性而非情，其实质在于否认情感具有奠基性，其原因在于把情感视作一种形而下的情感意识。对此，我虽然赞同奠基性的观念应当超出形而下的观念层级，但是情感并非只有形而下的观念层级。领悟的"无住性"决定了它有超出这一观念层级的可能性，从无住说本源的仁爱领悟，也就是前存在者化的领悟，由此，在仁爱领悟的不同层级显示中，有其本源性的视域。在此基础上，不同领悟方式的切转可以建立不同的观念层级，这构成了"观仁"进路的存在论之可能视域。

在中国思想史和观念史上，很早就有"观仁"的说法。例如，《孔丛子·论书》有云："子夏问《书》大义。子曰：'吾于《帝典》见尧舜之圣焉；于《大禹》、《皋陶谟》、《益稷》见禹、

---

① 吴光等编校：《王阳明全集》（新编本）第一册，第208页。

稷、皋陶之忠勤功勋焉；于《洛诰》，见周公之德焉。故《帝典》可以观美，《大禹谟》、《禹贡》可以观事，《皋陶谟》、《益稷》可以观政，《洪范》可以观度，《秦誓》可以观议，《五诰》可以观仁，《甫刑》可以观诫。通斯七者，则《书》之大义举矣。'"①这里提出了从观美、观事、观政、观度、观议、观仁、观诫七个方面理解和把握《尚书》的义理，其中说《五诰》可以"观仁"，这是较早提到"观仁"的说法，这里的直接意思是观鉴仁政。众所共知，《五诰》包括《大诰》《康诰》《酒诰》《召诰》《洛诰》，《大诰》记载了周公召诰天下东征的理由，《康诰》记载了周公告诫康侯"敬天保民"的思想，《酒诰》记载了周公训诫康侯在卫国禁酒的事情，《召诰》记载了召公请周公告诫成王敬德、明德的思想，《洛诰》记载了周公告诫成王如何治理洛邑之道。《尚书》这五篇合起来看，集中体现了"敬天明德""敬德保民"的思想。这被概括为"观仁"不无道理，由此不仅可以观鉴仁政，而且可以从中体会、领悟仁爱精神。

尽管我们在《论语》中没有看到孔子明确提出"观仁"的说法，但是在孔子的思想中并非没有这一意境。根据《论语》的记载，孔子提到"观"主要有两种意境，一是通常所说的观察、思维，例如，"父在，观其志；父没，观其行。"（《论语·学而》）"视其所以，观其所由，察其所安。"（《论语·为政》）还有一种语境是表示本源情感领悟的，《论语·阳货》记载孔子说："小子！何莫学夫诗？诗，可以兴，可以观，可以群，可以怨。"孔子又说过"兴于诗"（《论语·泰伯》），诗是一种情感领悟的本真言说，诗可以兴，可以观，这种意义上的观与仁就联系到一起了。再例如，孔子说："居上不宽，为礼不敬，临丧不哀，吾何以观之

---

① 傅亚庶：《孔丛子校释》，北京：中华书局，2011，第17~18页。

哉?"(《论语·八佾》)从表面看,这里是在谈论"观礼"的问题,实际上就是在谈论"观仁"的问题,因为"宽""敬""哀"所指向的都是广义的情感活动,可以归之于一般性的仁爱领悟。而这样的仁爱领悟,就其前存在者化把握方式而言,即本源的存在领悟、生活领悟,我将在后面进一步论述其存在论意蕴和存在论道路。

总而言之,"观"具有存在论性格,作为"仁爱领悟"的"观仁"具有存在论意蕴。这不仅是说,我们可以在存在论层级谈论"观仁";更重要的是说,从"观仁"讲存在论,谈论一种"观仁"进路的存在论。

三、"观法之切转"的运作机制

我在前面谈到了作为广义存在领悟、生活领悟的"观",接下来,我将阐明其运作机制,这同时也是对于"观"何以具有存在论性格的进一步显证。说到这个问题,我曾在一篇文章中谈道:"在观(领悟)的活动中,无须预设形而上实体作为运作的根据和动力,运作即存在,运作背后别无实体。依循'观法之切转'的运作机制而有不同领悟方式,有不同层级和面向的观念显示。"① 通由这不同的观念层级而言说存在论,成立广义存在论系统。我前面说,前主体性之观和主体性之观,分别对应着本源存在领悟以及存在者化打量和把握方式,即这里所说的不同层级和面向的观念。

现在,我找寻一个思想线索,对于"观法之切转"作一番学理上的说明。一方面是要说明我确实受到了一些思想资源的启发,另一方面是为了说明它有其学理上的可能性和合理性。我最初是在对海德格尔"存在论区分"的比较阐释中,在引发可能视域的思路中提出"观法之切转"这一观念的;与此同时,我也受到了生活儒学提出的"观念的层级"之影响。在此,我回过头来把这

---

① 杨虎:《论"观法之切转"》,《当代儒学》第 22 辑,成都:四川人民出版社,2022。

些放在同一个思想历程中进行叙说。这大体可以分两步看：首先，从海德格尔生存论的思想视域到生活儒学的"观念的层级"有一思想转进；其次，从"观念的层级"到"观法之切转"又有一思想衍进。

（一）从"生存领会"道路到"观念的层级"之思想转进

生活儒学之所以提出"观念的层级"，主要是着眼于形而上学的奠基问题。如果说，形而上学本身也需要被奠基；那么，这就意味着"形而上者"并不是本源奠基性的观念层级，形而上学并非本源的思想视域。因此，除了"形而上者"和"形而下者"之外，还有不能被归于其中的观念层级和思想视域。

生活儒学认为，海德格尔生存论的思想视域，揭示了观念的三个层级："存在观念（生存领会）→形而上存在者观念（哲学）→形而下存在者观念（科学）"①，生活儒学判定海德格尔明确表达了这一思路，其理据是海德格尔提出了"基础存在论"问题："存在问题的目标不仅在于保障一种使科学成为可能的先天条件……而且也在于保障那使先于任何研究存在者的科学且奠定这种科学的基础的存在论本身成为可能的条件。"②在这里，海德格尔确实说了使一般存在论成为可能也是存在问题的目标，这种可能性奠基于基础存在论，即海德格尔所说的此在的生存论。从形式上看，一般存在论是保障科学成为可能的基础，而此在的生存论是保障一般存在论成为可能的基础。这么说固然没有问题，

---

① 黄玉顺：《爱与思——生活儒学的观念》（增补本），成都：四川人民出版社，2017，第 12 页。

② ［德］马丁·海德格尔：《存在与时间》（修订译本），陈嘉映、王庆节合译，北京：生活·读书·新知三联书店，2006，第 13 页。

然而，这两层"成为可能的条件"是否表达了同样的意思，未必全无争议。

在此，还有另外一种可能的理解：海德格尔试图通过此在的生存论开启一种不同于传统形上学存在论的源始性存在论"通道"，原初存在论"道路"。我的意思是，当海德格尔说生存论保障"存在论成为可能的条件"时，可能意味着：就存在论的本真道路，而不是指超出存在论说明其可能性。这就类似于康德说要查看形而上学大厦的地基是否牢固，他通过纯粹理性的批判工作重建这一地基，但并不是在这一地基的"位置"之外别立一个地基，而是把这一地基立得更牢固些。海德格尔曾经评论康德说，康德立足于人类的主体性或者说心灵的统一性，但还没有对主体性或心灵进行先行的生存论分析，这种奠基工作由海德格尔自己来做，这一做法也可以理解为：在此重新立一个地基，而未必是对此"位置"的超出。换句话说，生存论的存在论并没有超出一般存在论的观念层级，只是被视为源始性的、本真性的存在论道路。

相应地，我们在海德格尔生存论中看到某种"居间发生"的思想性格并不显得突兀。在某种意义上说，这种生存论与其说是超出一般存在论的存在论，毋宁说是开启存在论的本真"通道"，人的"生存领会"作为原初"存在经验"，是显示"存在的意义"或源始"存在性"的本真道路。存在的意义、存在的领会在存在论中是先行的问题，即海德格尔所说的"存在问题在存在论上的优先地位"。海德格尔认为，"存在"的意义只有通由人的生存领会才能本真地透显，他的思路是把存在问题的目光和发问方式从现成的存在者转回到人这种"特殊的存在者"，亦即在他的生存领会中展开自身可能性的存在者。这样一种思路，可以看作是另一种存在论进路，即生存论进路的存在论，它不同于传统形上学以最高普遍性的范畴"存在""是",进而以"存在者整体"为核心观念的存在论道路。海德格尔说:"形而上学着眼于存在,着眼于存在中的存在者之共属一体,来思考存在者整体——世界、人类和上帝。"①这里列举的三个关键语词表征了西方哲学形上学发展的三个阶段,亦即,古希腊哲学关于世界的本质根据之思考、基督教神学形上学关于上帝的思考以及近代以来哲学形上学的主体性转向。

海德格尔说过,传统形上学存在论着眼于"存在者之存在",但缺失了先行的存在领会问题,遮蔽了原初"存在经验"。然而,当海德格尔从此在的生存论切入存在意义的探究时,虽然蕴含了这种可能性,但是并没有像生活儒学那样提出了"存在本身"和"形而上存在者"分属不同的观念层级,尽管他有时也用"存在者整体""最高普遍性的范畴"等语词描述传统形上学的核心观念,但他只是另辟蹊径,在人的生存处境中显示和发动存在的意义。正因此,海德格尔一上来就说传统形上学关于"存在""是"的发问方式有待商榷,因此需要重新提出存在的意义问题,亦即需要转变存在问题的发问方式,而不是说在传统形上学视域之外还有其他的观念层级。

通过此在解释学的道路,存在问题被转化成如何从某种存在者的存在经验逼显出存在的意义,正如海德格尔所说:"在其存在与如是而存在中,在实在、现成性、持存、有效性、此在中,在'有'〔es gibt〕中,都有着存在。我们应当从哪种存在者掇取存在的意义?"②从一开始,海德格尔就把人的生存领会视作存在领

---

① 〔德〕海德格尔:《哲学的终结和思的任务》,《面向思的事情》,陈小文、孙周兴译,北京:商务印书馆,1999,第68页。
② 〔德〕马丁·海德格尔:《存在与时间》(修订译本),陈嘉映、王庆节合译,第8页。

悟与存在者"之间"的事情,他强调某种"解释学循环"正体现了这一点。由此,海德格尔所说的"存在论区分",更多的是发问方式上的区分,存在不同于存在者,这首先要求发问方式的转变,这种发问方式构成了存在论本身"成为可能的条件",这就是基础存在论的道路,这和生活儒学把存在观念与存在者观念划分为三个观念层级并不完全相同。

在这个意义上可以说,虽然生活儒学提出的"观念的层级"与海德格尔的生存论有直接的思想因缘,但是观念的三个层级并没有明确地出现在海德格尔的思想中,至少二者不能完全等同。生活儒学认为,人类的观念有这样的层级:

> 一般的表达:存在→形而上存在者→形而下存在者
> 儒家的表达:生活情感→形上之性→形下之情①

当生活儒学做出这种表达时,已然不同于从生存领会开显存在意义的思想道路。生活儒学认为儒家的存在领悟即生活情感,生活情感是指本源性的生活领悟,这先行于一切主体性和存在者观念。在我看来,生活儒学思想体系相较于海德格尔生存论,已然有一种思想转进,这是对于海德格尔所揭示的基础视域的彻底打开。生活儒学把形而上学重新奠定在本源生活的基础上,由此成立观念的三个层级,这彻底超出了一般形而上学的思想视域。这也正是人们对于生活儒学的思想观念有种种不解和疑惑的根本原因,在一般的思想视域中,形而上学观念是根本的限度。

关于这一问题,就我所了解的情况而言,在人们对于生活儒

---

① 黄玉顺:《爱与思——生活儒学的观念》(增补本),第50页。

学思想的研究和评论中，有三种不同看法。第一种看法是，生活儒学的基础观念"生活本身"是指常态的生活而言，这种意义上的"生活儒学"就意味着儒学的生活化，是说在日常生活中践行儒学。虽然带有这种想法不能说是错误的，但是这种理解和诠释是不能成立的，这是因为，常态的生活总是显现为主体性和存在者化的生活情态，在生活儒学的观念层级中属于"形而下存在者"。我们固然可以说，形而下的生活是生活本身的显现，但显现也有其层级性，在观念上不能等同起来。就此而言，这种看法还是有问题的。相较之下，第二种看法试图从哲学理论的层面理解生活儒学，认为"生活本身"观念是形而上的本体观念，认为生活儒学以"生活本体"为基础观念。出现这一理解的根本原因在于形而上学视域的限度，当然，也与人的有限性存在方式有关。我的意思是，形而上学的思想视域，对于有限性存在者是一个限度，这是生活的实情。通常来说，我们能够在日常的生活中领悟到某种形而上的观念已然是一种"超越"了，正如形而上的绝对存在者终究是一种"超越者"。

除此之外，还有第三种看法，认为生活本身不是形而上存在者，它是一切存在者的本源，超出了形而下存在者和形而上存在者这两个层级。从形式上看，这符合生活儒学的说法。然而，也需要仔细分辨其中的语境，否则的话，很可能仍然和第二种看法类似，不过是把生活儒学的基础观念理解为一种新的形而上本体观念罢了，亦即，认为生活本身是形而下存在者和形而上存在者之外的某种"本源事物"。假设如此，这种理解与第二种理解相比显然是不合法的，这是因为，如果说我们提出了一种不同的本体观念，那么这总是可以讨论和商榷的，而无论如何都不可以说一种本体观念超出了另一种本体观念的层级，这是自相抵牾的。我想强调的是，不能就任何实体形态来理解"生活本身""生活情感"，无论是就"在场"，还是"独立自在"，抑或是在"实的本体"意义上来说，否则的话必然会自相抵牾。

我认为，从我所提出和强调的非实体形态的"观法之切转"视域来理解"生活本身"，理解"观念的层级"可以避免这一误解。在此语境中，所谓本源的层级，所谓生活本身，不过是在描述领悟方式的切转，它与存在者观念，与日常的存在者化生活情态并没有实体形态的区隔，并非不同的存在者领域，我们只就同一件事情，只就生活本身而言领悟的切转。就生活本身而言，前存在者化、"无化"的生活领悟即本源的观念层级，存在者化的领悟方式即存在者的观念层级。就后者而言，主客相对地把握生活，即形而下存在者的观念层级；本体化地把握生活，即形而上存在者的观念层级。

关于这一问题暂且说到这里，我这里主要阐明的是，虽然生活儒学从海德格尔生存论中汲取了极其重要的思想资源，但是二者并不完全一致，生活儒学提出的"观念的层级"视域是对"生存领会"道路的一种思想转进。

（二）从"观念的层级"到"观法之切转"的思想衍进

在生活儒学的思想视域中，海德格尔的生存论道路，并没有彻底超出主体性存在者的视域。黄玉顺先生说："这是我跟海德格尔之间的一个基本区别。在他看来，存在本身只能通过此在的生存领会，才能'存在出来'；而此在却是一种存在者：纵然是一种'特殊的存在者'、一种充满了去存在之可能性的存在者，但他毕竟首先已经是一个存在者。但是这样一来，存在本身的显现就是以此在的生存为先行条件的了；换句话说，此在这样的存在者也就先行于存在本身了。"①海德格尔也曾自己设问,如何从某种存在者的存在出发透显存在领悟,他认为这一"解释学循环"是不可避免的:"决定性的事情不是从循环中脱身,而是依照正确的方式进入这个循环。"②在海德格尔看来,这是由发问方式所决定的,人的存在同存在问题具有源始性关联。

这种生存领会道路看起来更具有切身性,实则恰恰蕴含了存在领悟与人的生存领会割裂的可能性。这是因为,生存不同于存在,我们只能通过生存领会启示着存在的意义。反过来,当我们说存在领悟不是通过人的生存领会启示出来的,而是先行于人这种存在者的存在时,表面上看起来切断了领悟的切身性,似乎关上了在人的生活中透显存在领悟的通道,然而实际上恰恰是基于存在领悟并不在生活之外的前提。这是因为,存在领悟先行于人的存在意味着我们向来就在存在领悟之中,所谓存在不过是一种领悟,若无领悟便无所谓存在。海德格尔寄希望于把浑沦的、甚至模糊的存在领悟,通过人的生存领会源始而本真地显示出来。我认为,其开显方式不必通由此在的解释学道路。正是在这一问题上,我提出"观法之切转",着眼于存在领悟本身的切转,转出一种意义结构,不再着眼于是从哪种性质的存在者,比如具有生存论性质的存在者,还是其他性质的存在者出发透显存在的意义。

在此视域中,存在领悟并不在生活之外,因此不需要预定一种特殊的人的生活情态,朝向存在领悟、生活领悟的发问固然是"人"在发问,问之所问却是"无"、是"无物",因其不同于

---

① 黄玉顺:《面向生活本身的儒学——"生活儒学"问答》,《面向生活本身的儒学——黄玉顺"生活儒学"自选集》,成都:四川大学出版社,2006,第57页。

② [德]马丁·海德格尔:《存在与时间》(修订译本),陈嘉映、王庆节合译,第179页。

"存在者",故而发问本身也可以说是"无人"之问。在生活中,不离生活而谈论本源存在领悟和存在者化领悟方式,是"观法之切转"的基本议题。存在领悟就在生活之中而不是超离生活的事情,领悟有其不同的层级和样式,不必预定某种特殊存在者的领悟。

我最初提出这一思路时便主要着眼于领悟的切转,包括"返源"(deconstruction)和"立相"(construction)两个向度。返字本作反,是复归、返回的意思,源字本义为水源,引申为本源、源头之义,"返源"意谓复归本源,又有推究其源之义。中国思想史上"返源"这一语词的使用情况,大体也是这个意思。例如,《五灯会元》记载:"曰:'河沙诸佛体皆同,何故有种种名字?'师曰:'从眼根返源名文殊,耳根返源名观音,从心返源名普贤。文殊是佛妙观察智,观音是佛无缘大慈,普贤是佛无为妙行。三圣是佛之妙用,佛是三圣之真体。用则有河沙假名,体则总名一薄伽梵。'"①这里以妙用论三种德相,其相无穷而其源为一,不论其具体意指,仅就此处"返源"观念的方向性而言,与我的用法是一致的。又如,马祖道一禅师说:"一切众生从无量劫来,不出法性三昧,长在法性三昧中。着衣吃饭,言谈祗对,六根运用,一切施为,尽是法性。不解返源,随名逐相,迷情妄起,造种种业。若能一念返照,全体圣心。汝等诸人,各达自心,莫记吾语。"②这里的"返源"也是返回本源之义,至于说此处以自心为本源的观念,其中的心性论思想模式不必讨论。

"立相"意谓挺立主体性和呈现存在者的性相。"相"这个观

---

① 〔宋〕普济著,苏渊雷点校:《五灯会元》(上),北京:中华书局,1984,第211页。
② 〔宋〕赜藏主编集,萧萐父等点校:《古尊宿语录》(上),北京:中华书局,1994,第4页。

念可以上下两说，总括性和相而言。下说之相是指相对之相，可称为"别相"，是关乎形而下存在者的规定性，上说之相是指"总相"，是关乎形而上存在者和存在者整体的界说，比如《大乘起信论》"一法界大总相法门体"① 之说。因此，我所说的"立相"包含一般所说的"性"和"相"这两层。本书后面所说的"以性观仁"和"以相观仁"都属于"立相"的向度。②

可以说，"观法之切转"描述的存在论机制是对生活儒学"观念的层级"之思想衍进，它首先是指领悟、观念的层级之切转。

首先，"返源观"描述的是向着本源存在领悟、生活领悟的复归，亦即，在生活中面向同一件事情时不是以"物"、以存在者化的方式打量之、把握之，而是一种前存在者化的领悟方式。因此，如果说返源观有其"所观"，那么其所观是"无"，这并不是指另一种存在者，而是描述和指引了领悟方式、领悟视域的切转，表明了观念层级的切转。

如前所述，尽管在佛家心性论的语境中，"返源"有时是指朝向心性本体的复归，但是在更广泛的语境中，"返源"意谓从"有相"向"无相"的切转，尽管"无相"也被使用于传统形上学语境中，但是我也只能对其作广泛使用。例如，慧远大师说："生死、涅槃，本是真识妄随所起。证实返源，本来无妄。妄想既无，焉有随妄生死、涅槃法相可得，名息相观。"（《大乘起信论义疏》）慧远大师从观行说明诸法"无生"，首明息相观，不以有相观之，如生死与涅槃，生死是无明流转，随设涅槃，也不可作

---

① 〔南朝梁〕真谛译，高振农校释：《大乘起信论校释》，北京：中华书局，1992，第17页。

② 参见本书第四讲第二节、第三节。

有相观，这就是证实之境、返源之观。如果说实相为何，那么只能说实相"无相"，实相即无相，这是彻底的般若"观境"①。

道家有"无"和"无物"的观念，也可以揭明这一思想方向。一般来说，"无"这一观念有三个层级的意境，首先是作为否定用法的无，比如我们说没有什么、不是什么，它对应的是形而下存在者的层级，这是因为我们说没有什么，不是什么，这同时意味着"总还有什么""总还是其他的什么"。其次是描述形而上存在者的无规定性，比如王弼"以无为本"之说，这里的无可以一般性地理解为无规定性，形而上的本体没有形而下存在者那种具体的规定性，因其是绝对之物，是形而上的终极存在者。最后，无是指"无物"，亦即，不以"物"的方式把握，这就是本源存在领悟、生活领悟，这与关于形而上存在者的言说，其区别在于：这是即"物"而观"无"，而不是超出形而下存在者之外言说另一种形而上的存在者。

由"即物观无"、即"物"而作"无物"观，恰恰彻底超出了存在者化的打量和把握方式，而不同于形而上存在者观念，这一点是至关重要的。《老子·第十六章》有云："万物并作，吾以观复。夫物芸芸，各复归其根。"其中，"吾以观复"，河上公章句本、傅奕本和帛书甲、乙两本均作"吾以观其复"②，都有"其"字，王弼注："以虚静观其反复。"③朱谦之认为王弼注本脱

---

① 本书使用"观境"这一语词，旨在凸显"观、境、智不二"的领悟。参见杨虎：《论"以仁观仁"》，《当代儒学》第21辑，成都：四川人民出版社，2022。
② 参见刘笑敢：《老子古今：五种对勘与析评引论》上卷，北京：中国社会科学出版社，2006，第201页。
③〔魏〕王弼注，楼宇烈校释：《老子道德经注校释》，北京：中华书局，2008，第35页。

"其"字，王弼注有"其"字可以证明。① 这一说法有道理，后一句"各复归其根"，也有"其"字。万物之根源即道，这与"观复"的向度是相应的，亦即老子所说的"复归于无物"（《老子·第十四章》）。在《老子》中共有六处使用"复归"，它们分别是：

复归于无物（《老子·第十四章》）
各复归其根（《老子·第十六章》）
复归于婴儿（《老子·第二十八章》）
复归于无极（《老子·第二十八章》）
复归于朴（《老子·第二十八章》）
复归其明（《老子·第五十二章》）

这些复归的方向都属于"返源"的领悟、观法，描述了与存在者化打量和把握方式不同的本源领悟。

其一，复归于无物。这可以看作是道家谈论"复归"的"共法"，亦即，道家谈论复归最终是朝向"无物之境"的复归，无物之境既不是不同于形而下存在者的另一种存在者，也不是对于物的否定，就其姿态而言，它是前存在者化之境，在道家而言，"无物"是根本的思想意境。

其二，各复归其根。我们通常对这句话的理解是万物归于静谧，因为《老子》后文紧接着说"归根曰静"，这与第十六章的第一句话"致虚极，守静笃"相应。实际上，虚、静是对"人法道"之方式的描述，表征了大道本身的姿态，在这个意义上，这句话也可以引申为朝向大道的复归。我的理解是，这就犹如庄子所说的"以道观之"，万物运作而复归于"无"，这是"复归其

---

① 参见朱谦之：《老子校释》，北京：中华书局，1963，第68页。

根"的深刻意蕴。

其三，复归于婴儿。婴儿在《老子》语境中表征了本真的生活情态，实际上是对于道之"存在经验"的一种比喻，比如老子说："专气致柔，能婴儿乎。"（《老子·第十章》）"我独泊兮其未兆；如婴儿之未孩。"（《老子·第二十章》）复归于婴儿是说复归于本真的生活情态。从自然状态看，婴儿的世界是一片"浑沌"；自隐喻意义说，婴儿的生活情态可以说是一种前主体性的生活情态，不以存在者化的眼光打量和把握这个世界，不以对象化的方式打量周遭的人、事、物，这是道家所追寻的本真存在方式。

儒家同样有这种本真性的追寻。例如，孟子说："大人者，不失其赤子之心者也。"（《孟子·离娄下》）赤子即孺子，孟子也曾有"赤子匍匐将入井"（《孟子·滕文公上》）的用法，在孟子的语境中是指孩童。这是孟子对于"大人"观念的一种独到解释，在孟子关于大人、小人相对而言的说法中，大人有时是指政治贵族，如"有大人之事，有小人之事"（《孟子·滕文公上》），有时是指德行高尚之人，如"从其大体为大人，从其小体为小人"（《孟子·告子上》）。当孟子说"赤子之心"时，是在说只有不丧失本真之心的人才能成为真正的大人，这是孟子理想中的大人观念。那么，什么是赤子之心呢？朱子的解释是："赤子之心，则纯一无伪而已。"①这个解释非常到位，至少在我们的向往中，孩童之心是"无伪"的，如果一个人能够始终保持这种本真的童心，那是非常了不起的境界。明代思想家罗汝芳对于"赤子之心"说多有发挥，李卓吾也说："夫童心者，真心也。"② 尽管各有其具体的

---

① 〔宋〕朱熹：《四书章句集注》，北京：中华书局，1983，第292页。
② 〔明〕李贽：《童心说》，《李贽全集注》第一册，北京：社会科学文献出版社，2010，第276页。

语境，但是这些思想都表达了对于本真生活情态的向往。这与道家的"婴儿"隐喻在意境上是一致的。

其四，复归于无极。王弼注："不可穷也。"① 无极意谓无限。有不少学者认为包括这句话在内的一段话"守其黑，为天下式。为天下式，常德不忒，复归于无极。知其荣"是后人窜入的。②即便如此，无极观念并不违背老子的思想意境，因为老子讲过"无不克则莫知其极"（《老子·第五十九章》），克是能的意思，这是说一个人没什么不能胜任的，以至于无法预估他的能力。换种方式说，一个人没有限定在某种能力上、某种事情中，他可以不断展现其可能性，"莫知其极"也就是不可限定的意思。这也就意味着不能器物化地打量之，在这种意义上说"复归于无极"，也属于复归于大道的向度。

其五，复归于朴。朴的本义是尚未加工、制作的木材，《说文》："朴，木素也。"素的意思是尚未染色，这让我们想到孔子所说的"绘事后素"，说明了质朴先行于文饰的道理。同样，朴作为"木素"隐喻了质朴而本真的本源事情，就像我们说一个人的行为或一件事情很"朴素"，是赞许其人、其事的意思。朴被人加工、制作而成为各种器物，就是一种"朴散则为器"的事件。老子说："朴散则为器，圣人用之，则为官长，故大制不割。"（《老子·第二十八章》）老子以此说明人应效法道，无为而治，即所谓"大制不割"，这样才能"复归于朴"。"朴散则为器"，在哲学观念上可以理解为本源事情的器物化、存在者化。庄子也对此有所批判，他讲过一个匠人路遇栎社树的故事：

---

① 〔魏〕王弼注，楼宇烈校释：《老子道德经注校释》，第74页。
② 参见陈鼓应：《老子注译及评介》（修订增补本），北京：中华书局，2009，第173~176页。

匠石之齐，至乎曲辕，见栎社树。……观者如市，匠伯不顾，遂行不辍。弟子厌观之，走及匠石，曰："自吾执斧斤以随夫子，未尝见材如此其美也。先生不肯视，行不辍，何邪？"曰："已矣，勿言之矣！散木也，以为舟则沈，以为棺椁则速腐，以为器则速毁，以为门户则液樠，以为柱则蠹。是不材之木也，无所可用，故能若是之寿。"匠石归，栎社见梦曰："女将恶乎比予哉？若将比予于文木邪？……物莫不若是。且予求无所可用久矣，几死，乃今得之，为予大用。使予也而有用，且得有此大也邪？且也若与予也皆物也，奈何哉其相物也？而几死之散人，又恶知散木！"①

我曾对此评论道："匠人认为栎社树只是徒有其表，并没有可用之材。栎社树反讥道：'若与予皆物也，奈何哉其相物也。'这番表达看起来是一种赌气：'既然你以主体的姿态把我当成一个对象物，我也不拿你当"人"（主体）看，咱们都是"物"而已。'其实更深刻的意味在于，当我们以器物化、存在者化的方式打量一切时，乃是对本真生活情态的遮蔽，栎社树所向往的并不是有器物之用，而是无用之大用，这里隐喻了人的'不器'之生活情态。"②庄子也有"复归于朴"（《庄子·山木》）的说法，表达了自然无为的意思。当道家说复归于朴时，意味着复归于那种本真的生活情态，复归于前存在者化的本源之境。

其六，复归其明。老子说："见小曰明，守柔曰强。用其光，复归其明。"（《老子·第五十二章》）在这里，小、柔之义富有深

---

① 〔清〕郭庆藩撰，王孝鱼点校：《庄子集释》，北京：中华书局，1961，第 170~172 页。以下引用此版本《庄子》原文，不再标注。

② 杨虎：《存在观法之切转——庄子"环中"隐喻的"齐物"历程》，《国学论衡》第十四辑，北京：社会科学文献出版社，2023。

意,道以柔克刚,道以微胜显,明以光照而照之以微小、渺小,这与老子说"观其妙"有异曲同工之妙,王弼注:"妙者,微之极也。"①微妙至极是道之妙境。②因此,此处"复归其明"也是隐喻复归于大道。凡此种种,老子论"复归"的语境皆可统摄于"复归于无物",都是向着本源事情的"返源"向度。

在《论语》的记载中,也有大量孔子论"仁"的语境体现了"返源"观法,亦即,向着本源仁爱领悟的复归。这表现为两种言说形式,一种是直接论仁,而以某些具体的事情和观念切入;一种是讨论某些具体的事情和观念,而最终归结到仁的问题上来。前一种言说形式,例如:"颜渊问仁。子曰:'克己复礼为仁。一日克己复礼,天下归仁焉。为仁由己,而由人乎哉?'颜渊曰:'请问其目。'子曰:'非礼勿视,非礼勿听,非礼勿言,非礼勿动。'颜渊曰:'回虽不敏,请事斯语矣。'"(《论语·颜渊》)再如:"仲弓问仁。子曰:'出门如见大宾,使民如承大祭。己所不欲,勿施于人。在邦无怨,在家无怨。'仲弓曰:'雍虽不敏,请事斯语矣。'"(《论语·颜渊》)颜渊问仁,孔子却从礼的层面回答,其原因正在于在视、听、言、动之礼中体现的是心中的诚敬情感,亦即仁爱的一种显现样式,这正相应于孔子将礼奠定在仁的基础之上的思想原理,因此我们说这是向着仁爱领悟的复归。仲弓问仁,孔子更是直接从具体的行为表现和心理状态切入,这些最终体现的都是诚恳、敬重、爱护的情感,都是仁爱的显现样式。后一种言说形式,例如,孔子说:"人之过也,各于其党。观过,斯知仁矣。"(《论语·里仁》)这句话的字词和语义历来注解

---

① 〔魏〕王弼注,楼宇烈校释:《老子道德经注校释》,第1页。
② 杨虎:《观妙——圆融观法与"妙生万物"的思想方向》,《现代哲学》2022年第2期。

有所不同，个别学者认为"仁"字本来是"人"字，多数学者认为还是作"仁"为宜，且"人之过也"有的版本作"民之过也"，因此前半句的解释存在一定差异。不过，"观过，斯知仁矣"表明了一种观的方向，即观某事而至于"仁"的返源向度。

其次，"立相观"描述存在者化打量和把握方式，或观之以形而上之性（总相），或观之以形而下之相（别相）。在传统形上学中，性相之说有双重的语境，性是相的根据，相是性的表现，在这里虽然有发生关系和体用关系之别，亦即，有人会把这种根据视为发生之源，而有人会把它视为本质根据，也有人会把这两种关系模式统摄起来，但不管怎么说，它都落入某种存在者化的因果性连结之中了。在这个意义上，如果说形而下之相是"物"，则形而上之性亦不可说完全超越了"物"，只能说是一种形而上之物，在根本上都是存在者化的打量和把握方式。

我这里借助于庄子的相关思想说明这一观法领悟的向度。庄子说"道未始有封"（《庄子·齐物论》），亦即大道没有界域，而物是有"物际"的，亦即存在者领域的区分，这说明了大道的本源领悟不同于存在者化把握方式。在庄子思想中，从道到物的观念层级可以表达为：未始有物→有物→有封。庄子说：

> 古之人，其知有所至矣。恶乎至？有以为未始有物者，至矣，尽矣，不可以加矣。其次以为有物矣，而未始有封也。其次以为有封焉，而未始有是非也。是非之彰也，道之所以亏也。……是故滑疑之耀，圣人之所图也。为是不用而寓诸庸，此之谓以明。（《庄子·齐物论》）

我们知道，庄子的思想气质是解构性的，因此可能谈不上"立相"问题，但这里描述的存在领悟的切转，可以为我们说明

"立相"的结构提供一种切入方式。这里提出了一种领悟层级的切转方向,可以视为一种立相的方向。"未始有物"即"无"的本源存在领悟,不以存在者化的方式观天地万物,"有物而未始有封"是说虽然观之有物而未曾划分界域,"物有封"是说以种种领域和界限观存在者。这三个观念层级不能理解为实体形态的发生层序,比如说一开始没有任何存在者,然后有了存在者,后来又有了各种存在者领域。从"未始有物"到"有物而未始有封",再到"以为有封"以至于"是非之彰",都是描述"观法"、领悟方式的不同,因此庄子接着说"以明",旨在揭示一种朝向本源存在领悟、生活领悟的观法。庄子在多处都讲"以明""莫若以明",另外两处的语境如下:

> 道隐于小成,言隐于荣华。故有儒墨之是非,以是其所非而非其所是。欲是其所非而非其所是,则莫若以明。(《庄子·齐物论》)
>
> 彼是莫得其偶,谓之道枢。枢始得其环中,以应无穷。是亦一无穷,非亦一无穷也。故曰莫若以明。(《庄子·齐物论》)

在这两处语境中,庄子从言辩与是非切入,论述了要超越相待、分判和计执,从相待流转中切入"无待"之境,由此才能去除成心,面向"事情本身"。我曾阐明过,"环中"隐喻了从无穷相待之"环"切入"无待"之境的意蕴。① 而在庄子解释"此之谓以明"中,则说明了如何面向"事情本身"的观法。庄子说:"是故滑疑之耀,圣人之所图也。为是不用而寓诸庸,此之谓以

---

① 杨虎:《存在观法之切转——庄子"环中"隐喻的"齐物"历程》,《国学论衡》第十四辑,北京:社会科学文献出版社,2023。

明。"有不少学者认为这里的"图"字表达否定的意思,陈鼓应对这句话的翻译是:"所以迷乱世人的炫耀,乃是圣人所要摒弃的。所以圣人不用〔知见辩说〕夸示于人而寄寓在各物自身的功分上,这就叫做'以明'。"①我觉得这个翻译非常深刻,庄子在另一处讲"为是不用而寓诸庸"时,是在讲"道通为一"的语境中:"故为是举莛与楹,厉与西施,恢恑憰怪,道通为一。其分也,成也;其成也,毁也。凡物无成与毁,复通为一。唯达者知通为一,为是不用而寓诸庸。"(《庄子·齐物论》)这佐证了"以明"和"以道观之"在思想方向上的一致性,它指引了大道之妙境,以此观之才能面向事情本身,或者陈鼓应所说的"寄寓在各物自身"。

顺便指出,庄子说的"莫若以明"体现了一种非常深切、非常本真的哲思态度:对于一切既成的思想观念,我"存而不论",不"师其成心",不是未加批判地接受,而是着眼于事情本身,正如庄子所说:"圣人不由,而照之以天。"(《庄子·齐物论》)

根据以上论述,庄子讲的"莫若以明""以明"和老子讲的"复归其明"有共通的语境,都隐喻了复归大道之妙境。我们看到,庄子在描述了"无物→有物→有封"这种观念层级之后,紧接着就说"以明",旨在阐发朝向大道的"返源"观法。在此,"返源"与"立相"这两个向度的领悟、观法都可以得到说明。

(三)"观法之切转"的普遍意义

自"返源"观,存在即"无",生活是"无","无"不是指生活之外的"另一种物",而是说在生活之中即物而不作有物观、

---

① 陈鼓应注译:《庄子今注今译》,北京:中华书局,2009,第80页。

即相而不作有相观。自"立相"观，生活显现为各种存在者领域，日常生活总是存在者化的打量和把握方式，如我与他者的相对而立，我面向物的对象化把握方式等，其中的关键在于主体性的姿态和视角。

在观法之两向切转中，存在观法、生活领悟有三个层级的显现，这些不同的观念其实最终都是关于"同一件事情"——我在广泛意义上使用"存在"或"生活"述说——的不同领悟样式。譬如，我们说生活是无，并不意味着我们的生活世界中没有事物存在或具体的事件发生，只是不以物观之，不以相观之，不以存在者化方式打量之，则此生活世界即一"无物""无相"的世界，我们说常态生活是有物、有相的生活，又在于它需要存在者化的打量方式，这与我们在生活中观"物"即"无"并不会产生矛盾的认知表象，因其领悟方式和领悟层级不同。亦即，在其中，我们不需要判定事物或事件的实在性问题，就不会生成这种可能的矛盾表象，而当我们只有一种打量生活的方式时，即只有存在者化的领悟方式时，这才有可能产生矛盾的表象。

我们或许会有这个疑问或面临这个质疑：如果说，传统形上学所讲的万事万物的终极根据或发生根源，又或者二者结合的本体宇宙论形态，那种形而上的实体、本体观念已然能够为形而下存在者的观念做出奠基性说明，为何又要讲不同于形而上存在者观念的本源存在领悟、生活领悟呢？就此问题而言，我有如下的看法。

其一，朝向前存在者化的本源存在领悟、生活领悟，只能是一种不割裂、不断除的当下领悟之"切转"，而不是一种实体形态的回溯过程。这是就"同样的生活"或"同一件事情"的当下切转，而不是从现象世界复归到另外一个所谓的本体世界。比如，拿生活的种种分判与区隔之相来说，假如对其进行"返源"，并不是从一个现象世界向着一个本体世界的推定，因为如果按照这种推定方式，最终通过某种形而上的终极实体加以说明，虽然表面上看超出了现象的因果序列，因为形而上的终极实体不在现象世界的流转之中，但是实质上仍然因循了现象世界的因果性连结，亦即，形而上的实体是现象的终极原因、终极根据。这样的终极实体虽然不可感，却可推定，因其是推定的，则仍然可以对象化、存在者化地把握之，就此而言它仍然属于某种"物"、某种存在者，即一种形而上的存在者。

我说不割裂、不断除的方式，是即存在者观存在本身，当下观物即无，则此物虽还是此物但无物相，这里不存在着从一种物朝向另一种物的回溯逻辑。在这个意义上说，通过形而上存在者为形而下存在者奠基的传统形上学视域并不彻底，它一方面要超绝现象而立本体，此中存在一割裂、断除的势态，一方面又视本体为现象的根据，此中又有存在者层级上的因果性连结。更加彻底的思想视域就在于，不以超绝、断离的姿态言说基础，则此基础不是另一种事物，其中也无因果性连结，基础与所奠基的事物"非一非异"，说其"非一"在于领悟方式有所切转，或以物观之，或以无观之，这有其实际的生活意义；说其"非异"在于不作二物观，则切转总是生活本身、领悟自身的切转，而不是从一物变成另一物。

其二，形而上存在者观念作为对形而下存在者观念的根据或根源性说明，带有一定程度的"设定"信念及其思想方式。尽管有人说，有些文化语境中的本体观念具有"呈现"性征，可以通过逆觉式的"体证""体知"等方式把握，但是这样的思想方法既不可说完全是设定，也不可说完全没有设定。比如，我们在生活中发现有的人德行高尚，有人把这一"现象"归于一种道德实体的显发和表现方式，于此笃定有一先验的、形而上的道德实体，进而在道德心的活动中反身证立此道德实体。尽管我们可以说在生活中人们确实会有道德感的呈现，但是把它视作形而上的道德实体的表现，这也不能说完全没有设定的信念。这种理想主义（观念论、理念论）的思想宗旨是可以理解的，在思想逻辑上可以提供成善、成德的先天性说明。

这一思想理路，通儒、释以及一些西方哲学宗派皆有。比如，儒家有一派宣扬先验的性善论，则人在实际生活中成就善德就不再是偶然的，即便实际生活中的不善行为也可以通过诸如"本心、本性被遮蔽"这样的解释模式，而得到某种合理性说明。同样，在佛家的佛性论系统中，众生皆有佛性，则众生成佛的希望便可以得到思想逻辑上的保障。诚然，这些思想理路确实具有生命践行的特征，而不必说它们是完全的、单纯的形上学设定，但当我们把这些生活的领悟及各种机缘最终归根于某种形而上的实体、本体，便强化了其中的设定意味，而在某种程度上掩盖了其践行的特征。我强调"返源"，强调朝向本源存在领悟、生活领悟，并不需要设定形而上的实体，只需在生活相续中，在生活领悟中不断开显生命切转的契机。

其三，古往今来，形而上本体观念的语境不断变迁，其实是由于生活境域和生活领悟的变迁所致，这正说明了本源存在领悟、生活领悟的奠基性。换句话说，形而上的观念奠基于不同的生活境域和生活领悟。于此，我们对本源生活领悟进行描述，视之为一种领悟的样式和层级，这就和我们视形而上的观念为一层级和样式是同样的道理。只不过，在本源生活领悟、存在领悟之外再无更加基础的视域，它不处在一个回溯终极原因、终极根据的上升序列中，只涉及领悟样式的切转。究竟地说，形而上本体观念也是对于本源生活领悟、存在领悟的一种描述方式。例如，我前面说的本源仁爱领悟，我们看后世儒家的形上学观念，无论是宋明理学的天理本体论和良知本体论，还是现代新儒学以生命意欲或道德实体为本体观念的形上学，这些形上学本体观念都与仁爱领悟不无关系。惟其如此，它们都继承了"儒学传统"①，并且，这正说明了，伴随着生活领悟的衍变，形上学观念也在不断变化。

当我们着眼于存在领悟之切转，这种思想模式具有存在论运作机制的普遍意义，这可以统摄实体形态与境界形态的存在论，二者皆可以由此得到说明。

就此而言，境界形态的存在论具有直接的可理解性。境界一词，由境和界组成，如佛家讲"六境"和"十八界"，最直接的含义是事物的界域，境界连用主要有两种用法，一是表述意识活动的外指对象，二是指认识或修证的境地、果报。即便是指意识活动的外指对象，总体上也属于意识的一种状态，因此在佛家"境界"一词侧重于某种"状态"或"境地"的描述。在汉语的一般用法中，境界有地界、境地和状态等多种含义。就境地和状态的含义而言，例如《朱子语类》记载："问：'如今之学者，一日是几遍存省。当时门人乃或日一至焉，或月一至焉，不应如是疏略。恐仁是浑然天理，无纤毫私欲处。今日之学者虽曰存省，亦未到这境界。他孔门弟子至，便是至境界否？'曰：'今人能存得，亦是这意思。但触动便不得，被人叫一声便走了。他当那至时，应事接物都不差。又不知至时久近如何，那里煞有曲折。日至者却至得频数，恐不甚久。月至者或旬日，或一二日，皆不可知。'"② 在这段话的直接语境中，"这境界"是指达到了"浑然天理，无纤毫私欲处"的境地和状态。

---

① 杨虎：《论"儒学传统"与"传统儒学"》，《宁夏社会科学》2018年第6期。
② 〔宋〕黎靖德编，王星贤点校：《朱子语类》第三册，北京：中华书局，1986，第783页。

在中国现代哲学的语境中,境界一词有两个层级的用法。第一种是指人的"心灵境界""精神境界",亦即心灵、精神所达到的境地、状态,又或者是指心灵的认识作用所达到的层次。例如,在牟宗三先生所区分的"实有形态"和"境界形态"中,境界形态便是"属于认识的,为水平线型"①,牟宗三先生本人则以他所理解的儒家的实有形态为宏规建构了"道德的形上学"。第二种是认为境界指涉存在方式,它属于存在问题的层级,而不属于认识问题的层级,持这一观点的代表人物是蒙培元先生,他认为儒、道、释的哲学都是境界形态的哲学,并据此说:"佛教哲学与儒、道哲学的区别不是境界形态与非境界形态的区别,而是不同境界的区别。"②在蒙培元先生看来,儒、道、释的哲学存在论都是境界形态的存在论,而不是形上实体论。这一观念可谓振聋发聩,我们前面已经讨论过,就境界作为一种存在方式而言,这一说法不无道理,这对于我们审视境界形态的存在论不无裨益。既然说到存在方式,就必然有其相应的存在领悟,就领悟的样式而言,自然有其不同的层级和面向,这就蕴含了我所说的"观法之切转",它是一种普遍的运作机制。

关于这一问题,牟宗三先生对佛家思想系统的判教值得重视,可以就此来讨论:不设定实体论的存在领悟之切转,也可以成立普遍的存在论运作机制。牟宗三先生认为佛家哲学没有体用论,更没有实体生起论:"佛家之空假关系、理事关系、真如心与缘起法之关系,其本身皆非体用关系。如果可以以体用模式论,则皆是'缘起性空,流转还灭,染净对翻,生灭不生灭对翻'教义纲领下虚系无碍之体用,'物与虚不相资,形性天人不相待'之体

---

① 牟宗三:《才性与玄理》,台北:联经出版事业公司,2003,第146页。
② 蒙培元:《情感与理性》,北京:中国人民大学出版社,2009,第2页。

用。此是贯通空宗之中观、唯识宗之三性、天台宗之空假中、华严宗之如来藏真如心,皆是如此而不能违背者。"①牟宗三先生认为佛家没有实有形态的体用论,我认为这一说法非常深刻,然而,他认为必须通过道德实体论建立"敞开的缘起论"②,亦即他所理解的实有形态的体用论,这是他的道德形上学旨归。我认为,就佛家哲学而言,不必模拟实有形态的体用论,或者说以其为参考标准,甚至,即便不从佛性、真常心来说明一切法的存在,即便后世佛家哲学没有这种重构形上学本体论的思想道路,仍然可以就领悟方式的切转讲广义的存在论。

在佛家,直面有情生命的解脱问题而有实际生活的观法之切转问题。自返源观,一切法无我、人无我,这"根本无我"所揭明的也是前主体性、前存在者化的存在领悟、生活领悟。这是因为,它认为一切人、事、物都没有自性。"自性"这一语词在佛家哲学语境中,最基本的用法是指人和事物独立于他者的本质规定性,亦即不待他而实有之性。除此之外,这一语词也有特殊的用法,比如在后世佛性论思想视域中,有时也用自性描述佛性、心性本体。般若学认为一切法皆因缘所起,故而假名之,于此亦可见"缘起"并不是一种实有形态的描述,譬如说某事某物实有地缘起缘灭,不可以这么理解。在某种意义上说,"缘起"与"性空"是对同一件事情的"两向对设"。般若学又讲"实相无相",有人却把实相把握为形而上的本体,甚至有人认为实相就是现象背后的本质和根据。在众生成佛的生活实践问题背景下,真如、实相的观念逐渐心性化,佛家哲学重构了一种心性本体论,

---

① 牟宗三:《心体与性体》(一),台北,联经出版事业公司,2003,第676~677页。
② 牟宗三:《心体与性体》(一),第679页。

由此可以言说广义的"立相"问题。尽管如此,佛家的心性本体论仍然不是实体形态的哲学,而是由成佛的生活实践所透显出来的境界形态的哲学。

按下后世佛家的心性论不表,我们是否可以从般若空观的思想意境谈论广义的"立相"问题呢?我们首先要明白的是,佛家般若学对于世间法与出世间法,皆采取但设其名而不执其实有的中道思想态度,世间法不可得即出世间,不是于世间之外别立一出世间。般若学以空为究竟,于世间相皆以名假设,知其不可得即出世间,而出世间也毕竟不可得,不可执为世间法之外的实有世界。《大般若经》有云:"复次,舍利子!诸菩萨摩诃萨修行般若波罗蜜多时,应如是观:'菩萨但有名,佛但有名,般若波罗蜜多但有名,色但有名,受、想、行、识但有名;眼处但有名,耳、鼻、舌、身、意处但有名;色处但有名,声、香、味、触、法处但有名;眼界但有名,耳、鼻、舌、身、意界但有名;色界但有名,声、香、味、触、法界但有名;眼识界但有名,耳、鼻、舌、身、意识界但有名;眼触但有名,耳、鼻、舌、身、意触但有名;眼触为缘所生诸受但有名,耳、鼻、舌、身、意触为缘所生诸受但有名;……世间法但有名,出世间法但有名;有漏法但有名,无漏法但有名;有为法但有名,无为法但有名。'"这"但有名"而"实无所得"之说,一者明一切空而设假名,一者明假名亦空而不是实有,如是观即实相观,实相即无相。不惟世间法"但名"而无自性,出世间法亦"但名"而无实体,这是自两个向度说同一件事情。因此,空与一切法相不是体用关系,不是终极实体与现象、形而上存在者与形而下存在者的决定关系和因果性连结,而是自其领悟、观法的向度而言,直下地就实际生活领悟的切转而说其

"所观"的不同,因此,这种切转又必须说是"无所转之转"①,亦即不是实有形态的变化,因其无执、无住之故。

这可以说是一种"无化"的观法之切转,而不是实有形态的把握方式。在这种观法之切转中,切转是纯"姿态性"的、纯向度性的,就此而言,它与儒家的一些思想形态有所不同。在儒家的一些思想理论中,有些观念层面是实有形态的,比如对于形而下存在者的理解和把握,甚至对于形而上存在者的理解和把握也是实有形态的。而佛家则只是就此姿态和向度而言的领悟、观法,却不执其为实有形态。故《中论·观四谛品》有云:"以有空义故,一切法得成,若无空义者,一切则不成。"这是讲"缘起性空"的根本道理,明"缘起"即"性空","性空"是为"缘起"之义。这本来是无所谓两个方向的,本来就是说的同一件事情。然而既然"两向对设",亦可以自两个向度说空和一切法,于此说一切法乃是"无生"(缘生故无生)而"成",不必为之找寻一终极性的根据,诸如所谓"空性本体"或"如来藏自性清静心"那样的观念而建立,故于此说"立相"是就其向度而设言之或假说之,而不是意谓实有形态的建立。

这里涉及一般形而上学和佛家般若学的思想视域问题,我认为后者并不能被完全收摄在前者的思想视域中加以言说。再直白点说,我认为后者超出了前者,是更加彻底的思想视域。以真常佛性论为例,它认为般若学"但空",只讲空而不能见"不空"。例如,《涅槃经》说:"佛性者名第一义空,第一义空名为智慧。所言空者,不见空与不空。智者见空及与不空,常与无常,苦之与乐,我与无我。空者,一切生死,不空者,谓大涅槃。乃至无我者即是生死,

---

① 杨虎:《观妙——圆融观法与"妙生万物"的思想方向》,《现代哲学》2022年第2期。

我者谓大涅槃。见一切空，不见不空，不名中道；乃至见一切无我，不见我者，不名中道，中道者名为佛性。以是义故，佛性常恒，无有变易。无明覆故，令诸众生不能得见。声闻、缘觉见一切空，不见不空，乃至见一切无我，不见于我。以是义故，不得第一义空。不得第一义空故，不行中道。无中道故，不见佛性。"显然，《涅槃经》是以"佛性"观念收摄"空"义的，认为一般所说的空是不究竟的，只有到了佛性义空才是究竟的。它说"所言空者，不见空与不空"。这里第一个"空"字不是指前面的"第一义空"，而是说一般所言的空，一般所言的空是"见一切空，不见不空"，不能同时"见空与不空"。亦即，它认为一般所言的空是只见空，而不能见不空，不能够在见空的同时，于空中见不空。在它看来，这空中的不空即佛性，才是第一义空。

在某种程度上说，这就有在缘生法之外、之上别立一个"常住不空"的本体之嫌了。这与般若学、性空论的思想视域确实有所不同，性空论者以空为究竟义，世出世间、生死涅槃皆然，这只是两向设名，乃是就同一件事情而言。这是一个争议很大的话题，学界围绕着如来藏、佛性观念展开了"批判佛教"和对批判佛教的批判之讨论。例如，日本学者松本史朗认为："如来藏思想不是佛教。"[1] 他通过考证佛性"buddha‑dhātu"一词，指出"dhātu"的实质结构是"dhātu-vāda"，他称之为"发生论性质的一元论"或"根源实在论"[2]，认为这正是佛教缘起论所予以否定的思想观念。针对这一观点，学界也有一些反驳和辩论，这里就不说了。无论如何，从缘起论到般若学倒是通顺的，其中透显的

---

[1] ［日］松本史朗：《缘起与空——如来藏思想批判》，肖平、杨金萍译，北京：中国人民大学出版社，2006，第1页。

[2] ［日］松本史朗：《缘起与空——如来藏思想批判》，肖平、杨金萍译，第6页。

领悟和观法是不主张实体论的。

我说"观法之切转"是无所转之转,亦即不是自体性、实体性的切转,这并不排斥说,在实际生活中当然有其不同的领悟方式,这是生活的实情,否则"迷"和"悟"就没有生活领悟的实际意义了,也就没必要讨论成佛、成圣问题了,那些两向对设的观念体系都将失去生活实际的转化意义,而成了单纯的理论设定。我们之所以看到佛家的观念体系往往都是两向对设的,就是因为它们不是单纯的理论设定,而是着眼于生活领悟和生活情态的实际转化意义,例如,世间与出世间、佛与众生、烦恼与菩提,等等,在这些两向对设的观念中透显着实际生活中的转化意义,而不是对生活、世界的理论划界,更没有实体形态的区隔。如果说,这种思想道路是境界形态的,而不是实体形态的,那么,这也不影响它的存在论意蕴,通过"观法之切转",通过领悟的"返源"和"立相"这两向切转,可以成立广义存在论系统。

在道家思想系统中,道与物的关系也容易被理解为实体形态的观念结构,亦即,大道是万物生成的根源或是万物存在的终极根据。或许,在《老子》中能找到这种解释的观念痕迹,不过,在庄子的道论中,道与物的关系结构更侧重于观法、领悟方式的不同,而且二者之间具有可切转性。在我看来,大道的领悟即本源存在领悟、生活领悟,物的领悟即存在者化打量和把握方式。正因此,才可以说有"以道观之",有"以物观之",我曾对此评论:"'以道观之'和'以物观之'的切转就是一种生活领悟、存在观法的运作机制,这其实是在说,我们可以有打量世界、生活、事情的不同方式。"①庄子说:"以道观之,物无贵贱;以物观之,

---

① 杨虎:《存在观法之切转——庄子"环中"隐喻的"齐物"历程》,《国学论衡》第十四辑,北京:社会科学文献出版社,2023。

自贵而相贱。"(《庄子·秋水》)在"以物观之"中,也就是对象化、存在者化的分判中,物有贵贱优劣,而在"以道观之"中,物情平等,各自其是,"恢恑憰怪,道通为一"(《庄子·齐物论》),这并不是在说一种相对主义的论点,而是一种存在领悟、存在观法之切转。在实际生活中,我们打量世界、打量生活的方式固然有"以物观之",然而,这至少并不是生活的全部面向,我们也可以在某些契机下即"物"观"无",切入大道之妙境。这是庄子思想视域中极其重要的一点,可以就此切入"观法之切转"的可能思想道路。

甚至可以说,实体形态的传统形上学同样蕴含了广义的"返源"与"立相"这两个向度,或者说可以统摄于这一存在论运作机制及其思想视域。在传统基础主义、传统形上学的基本思想架构中,本体为现象奠基、形而上存在者观念为形而下存在者观念奠基。朝向本体、形而上存在者的追根溯源可以收摄在"返源"观法中,只不过,正如我所强调的,这不一定是实体形态的追根溯源,但一定是一种广义的存在领悟的切转。广义地说,本体观念与现象观念也是一种领悟、观法的切转,因此,传统形上学也经常强调体用不二、体用一源等观念。

在传统形上学语境中,体用是指本体、实体和现象、功用,现象和功用是自不同视角说的。熊十力先生就曾指出,在形上学的体用论语境中,体是指宇宙实体、宇宙本体,用是指实体、本体的功用:"宇宙实体,简称体。实体变动遂成宇宙万象,是为实体之功用,简称用。"[1]"体者,宇宙本体之省称。(本体,亦云实体)用者,则是实体变成功用。"[2]这里的功用是从本体作为"能

---

[1] 熊十力:《体用论》,上海:上海书店出版社,2009,第5页。
[2] 熊十力:《体用论》,第27页。

变"说的,自其呈现出的万相而言即现象,熊十力先生认为体用不二,全体即大用,大用之外无实体。小程子的"体用一源"也凸显了体和用是就不同层级而言的观念特征。小程子《易传序》说:"至微者理也,至著者象也。体用一源,显微无间。"①这里的体与用是指本体和显现两个层面。朱子对此的解释是:"盖自理而言,则即体而用在其中,所谓一原也;自象而言,则即显而微不能外,所谓无间也。"②用是当体之用,不是别立一个本体作为用的根据,这是说其"一源"。在理学视域中,体用论是实体形态的,因为理是"实的本体",正如程子所说:"无非理也,惟理为实。"③在这种实体形态的形上学中,仍然可以说体、用是就不同层级而言,因此也可以视为广义的领悟方式之切转。如此,则"即用见体"就是一种广义的返源观法,而"称体起用"则是一种立相观法。显然,即便是实体形态的传统形上学,其思想架构也可以归入广义的两向观法之中,只不过,它会把领悟的其中一个层级把握为形而上的终极实体。

根据以上论述,我们在儒、道、释思想系统中皆可以找寻存在领悟、生活领悟之切转的存在论运作机制。因此,尽管我所说的"观法之切转"是一种非实体形态的运作机制,与儒家的一些特定思想形态不同,但也有其普遍模式之意义。就此而言,以此透视"观仁"进路的存在论,尽管不同于一些特定的儒学理论,还是可以视作一种可能视域。

---

① 〔宋〕程颢、程颐著,王孝鱼点校:《二程集》,第 689 页。
② 〔宋〕朱熹:《晦庵先生朱文公文集》卷三十,《朱子全书》第二十一册,上海:上海古籍出版社、合肥:安徽教育出版社,2002,第 1307 页。
③ 〔宋〕程颢、程颐著,王孝鱼点校:《二程集》,第 1169 页。

四、仁爱之三重观境

现在,让我们回过头来,依循"观法之切转"的运作机制,以此透视仁爱领悟,见其三重观境。

关于仁爱领悟,儒学史上有不同的观念表达,体现了不同的思想视域,其中最具有典范效应的当属孔孟儒学和宋明理学这两种思想视域。总体而言,宋明理学的形上学是在狭义之"性",亦即"天地之性"或"至善之性"的层面理解和把握"仁"的,我把它称为"以性观仁"的思想视域。在这一"大共法"下,其中狭义的心学一系如大程子、阳明等人的思想中蕴含了心、性、情不二的可能视域,而和狭义的理学一系有所不同。如果我们着眼于从宋明理学向孔孟儒学思想视域的回溯,那么可以说在孔孟儒学中,仁爱领悟更具有原发性、本源性,可以说有其"前形上学化"的思想视域。为了与"以性观仁"相区别,我把本源的仁爱领悟称为"以仁观仁",即仁爱领悟的自观自见(现)。

宋明理学中的狭义心学一系更切近于此,通过这一观察视角,或者说在阐释和言说上的方便途径,可以帮助我们理解"以仁观仁"和"以性观仁"这两种思想视域的不同。

(一) 以仁观仁

宋明儒家也有"观仁"之说,其中的"观"包含广义的体悟、体证、体知等义,这与对某一对象物的知性化理解和把握方式已不完全相同。与"观仁"相关的说法还包括"识仁""体仁"等。例如,孔子说:"己欲立而立人,己欲达而达人。能近取譬,可谓仁之方也已。"朱子《论语集注》云:

> 程子曰:"医书以手足痿痹为不仁,此言最善名状。仁者以天地万物为一体,莫非己也。认得为己,何所不至;若不属己,自与己不相干。如手足之不仁,气已不贯,皆不属己。故博施济众,乃圣人之功用。仁至难言,故止曰:'己欲立而立人,己欲达而达人,能近取譬,可谓仁之方也已。'欲令如是观仁,可以得仁之体。"①

这里引用了大程子的解释,大程子说医家以四肢的"麻木"状态为"不仁",这一比喻可以用来体悟、体证仁爱之境。大程子说天地万物为一体,犹如人之四肢知觉流通,四肢皆属自身,若不"识仁"犹如四肢麻木的状态。此处论"仁"即"一体之仁",以此"观仁"即证"仁体"。此处"观仁"之说,即"体仁"或"识仁"之义。这同时又蕴含了仁爱领悟的生活契机无时无处不在的意味,或者说不可执定某一时、某一处、某一事、某一物为观仁的契机。这层意思在朱子的一段评论中可以得到佐证:

---

① 〔宋〕朱熹:《四书章句集注》,北京:中华书局,1983,第92页。

> 问："'观鸡雏，此可观仁'，何也？"曰："凡物皆可观，此偶见鸡雏而言耳。"小小之物，生理悉具。①

大程子曾说，"切脉最可体仁"，"观鸡雏，此可观仁"②，朱子解释说天下万事万物皆可观仁，这里只是偶以鸡雏为喻，他给出的理由是万事万物"生理悉具"，这体现了"仁即生理"的思想，因此在宋明理学中常以"生生"说"仁"。湛甘泉也曾说："鸡雏观仁，医自切脉，人具此理，慈爱隐恻。"③这可以看作是对于以上提及的大程子的两句话之"转语"。与此同时，我们在这里也可以看到甘泉的心学思想气质，故而他又有"恻隐之时可以观仁"④ 之说。

在宋明理学中，观仁、体仁或识仁等说法，并不是在说以仁为理论对象的认知活动，而是"整全"的生命活动。在宋明理学中，"体仁"蕴含着"仁体"之义，这在狭义的语境中属于体用论的言说方式，万事万物莫不蕴含生意或生生之理，生意或生生之理即仁，故当体即仁，这是宋明儒家的基本思想视域。如果非要做出某种区分，那么可以说狭义的理学一系自"用"推证其"体"的意味更重一些，而狭义的心学一系"体用不二"的倾向更加明显。例如，朱子观物之生理的说法，这是即物而推其则，则于观物中观仁，是观其理如此，而甘泉则以恻隐为理，至如阳

---

① 〔宋〕黎靖德编，王星贤点校：《朱子语类》，北京：中华书局，1986，第2485页。
② 〔宋〕程颢、程颐著，王孝鱼点校：《二程集》，北京：中华书局，2004，第59页。
③ 〔明〕湛若水：《湛甘泉先生文集》（四），桂林：广西师范大学出版社，2014，第1200页。
④ 〔明〕湛若水著，钟彩钧、游腾达点校：《甘泉先生续编大全》（下），台北："中研究"中国文哲研究所，2017，第820页。

明先生"恻隐之理"① 的说法，则明确提出了"心即理"思想，此中相应体现了心性不二、情理不二的思想倾向和思想气质。

宋明理学的"观仁""识仁""体仁"之说揭示了"仁"的观念不是单纯逻辑推定的思想性格，至少不全是，它蕴含了生活境遇或者说实际的生命感通活动，我们不能单纯知性化地理解和把握仁，这具有重要的生活指引意义，由此可以把"观仁"问题引向本源仁爱领悟，也就是具有原初奠基性的存在领悟、生活领悟的道路上来。尽管在一些理学家看来，仁是性、是理，不可以情观仁，不可以爱观仁，但是这仍然体现了以"仁"为奠基观念的思想道路，可以用这种方式说，他们认为具有原初奠基性的本源仁爱领悟是性、是理而不是情、不是爱。据《伊川先生语》记载：

> 问仁。曰："此在诸公自思之，将圣贤所言仁处，类聚观之，体认出来。孟子曰：'恻隐之心，仁也。'后人遂以爱为仁。恻隐固是爱也。爱自是情，仁自是性，岂可专以爱为仁？孟子言恻隐为仁，盖为前已言'恻隐之心，仁之端也'，既曰仁之端，则不可便谓之仁。退之言'博爱之谓仁'，非也。仁者固博爱，然便以博爱为仁，则不可。"②

小程子批评视仁为爱、视仁为情的观念，认为仁是性，性和情属于不同层级的观念。这一说法典型地体现了宋明理学性情论的思想视域。在此思想视域中，仁、义、礼、智为性而不同于恻隐、羞恶、辞让（恭敬）、是非的情感或感受，这些情感或感受

---

① 吴光等编校：《王阳明全集》（新编本）第一册，杭州：浙江古籍出版社，2010，第49页。
② 〔宋〕程颢、程颐著，王孝鱼点校：《二程集》，第182页。

被看作是性体之用,是性之显发的端倪。例如,孟子说:"恻隐之心,仁之端也;羞恶之心,义之端也;辞让之心,礼之端也;是非之心,智之端也。"(《孟子·公孙丑上》)朱子《孟子集注》说:"恻隐、羞恶、辞让、是非,情也。仁、义、礼、智,性也。心,统性情者也。端,绪也。因其情之发,而性之本然可得而见,犹有物在中而绪见于外也。"①朱子以"心统性情"解释孟子这段话,性为体、情为用,因情以证性,把这里的"端"理解为端绪,情是性的显发,性可以通过情的显发证立。在此语境中,仁、义、礼、智为恻隐、羞恶、辞让、是非的根据,后者是前者的显发或表现,虽然可以说体用一源而心、性、情终究为二。

实际上,这种解释模式及其体现的思想视域,与孟子哲学中心、性、情不二的思想气质并不完全一致。例如,孟子说:"乃若其情,则可以为善矣,乃所谓善也。若夫为不善,非才之罪也。恻隐之心,人皆有之;羞恶之心,人皆有之;恭敬之心,人皆有之;是非之心,人皆有之。恻隐之心,仁也;羞恶之心,义也;恭敬之心,礼也;是非之心,智也。"(《孟子·告子上》)在这里,"乃若其情"之"情"是情实之义,与"非才之罪"之"才"是同位词,二者语义相通,前一句说若按其情实则能如何,后一句说若不能如何也不能归之于其本然如此。此中可见,情、才的用法是一致的,二者即指心、性而言,即说心、性之情实如此。

历来关于孟子的"情"观念,主要有两种理解和诠释,一种是在性情对举的语境中言情,并进至"性体情用"的思想模式,一种是以情为实的理解方式,由此说明了在孟子语境中性、情通用的情况,进而可以凸显心、性、情不二的思想意境。

就第一种理解和解释而言,例如,赵岐、朱子等人认为"乃

---

① 〔宋〕朱熹:《四书章句集注》,第238页。

若其情"之"情"乃性情之情。赵岐注:"若,顺也。性与情相为表里,性善胜情,情则从之。《孝经》曰:'此哀戚之情。'情从性也,能顺此情,使之善者,真所谓善也。若随人而强作善者,非善者之善也。若为不善者,非所受天才之罪,物动之故也。"①赵岐将情放在性情对举的语境中理解,性情"相为表里",顺应情的自然流露而发为善便是性的呈现,情之显发为不善则归于"物动之故"。朱子《孟子集注》说:"乃若,发语辞。情者,性之动也。人之情,本但可以为善而不可以为恶,则性之本善可知矣。"②朱子认为性是情之体,情是性之动,这也是在性情对举的语境中说情。

就第二种理解和解释而言,例如,戴震认为:"情,犹素也,实也。"③牟宗三先生也认为,在孟子思想中,并不以仁为性而恻隐为情,进而性情有分而由显发之情推证其性,孟子也没有与"性"相对而言的"情"之用法。④虽然在孟子之前,"情"便有"情感"和"情实"这两种用法,但是在《孟子》文本中,"情"字共出现

---

① 〔清〕焦循撰,沈文倬点校:《孟子正义》,北京:中华书局,1987,第752页。
② 〔宋〕朱熹:《四书章句集注》,第328页
③ 〔清〕戴震撰,张岱年主编:《戴震全书》第六册,合肥:黄山书社,1995,第197页。
④ 牟宗三先生说:"朱子以为'性不可说,情却可说',此是然(情)与所以然(性)异层之对言。性至善、纯一、无形象、无声臭、无造作、无计度,故不可说。情是发出来的存在之然,故可说。但孟子却并无此性情相对言之意义。孟子并非以仁义礼智等为性,以恻隐羞恶恭敬是非之心等为情者。……'乃若其情'之情非性情对言之情。情,实也,犹言实情(real case)。'其'字指性言,或指人之本性言。'其情'即性体之实,或人之本性之实。"这是针对孟子这段话的直接解释,牟宗三先生认为孟子没有与"性"相对而言的独立的"情"(情感)的用法。参见牟宗三:《心体与性体》(三),台北:联经出版事业公司,2003,第461页。

四次，全都表示"情实"之义。除了以上引用的这段文字外，另外三处分别是"夫物之不齐，物之情也"（《孟子·滕文公上》），"故声闻过情，君子耻之"（《孟子·离娄下》），"人见其禽兽也，而以为未尝有才焉者，是岂人之情也哉？"（《孟子·告子上》）前两处的"情"明显表达的是实际情况的意思，最后一处同样适用于"才"和"情"同位的语境，也是表达"情实"之义。

这当然不是说，孟子没有关于情感的论述，而是说他在使用"情"时往往是在说人性之实、人之本性，并没有后世那种"性体情用"，以形而上、形而下区分性、情的思想和言说模式。朱子《孟子集注》在解释"恻隐之心，仁也"等四句话时说："前篇言是四者为仁义礼智之端，而此不言端者，彼欲其扩而充之，此直因用以著其本体，故言有不同耳。"①此处"因用著体"之说也很明朗，此中可见其"性体情用"的基本思想视域。因此，不难理解，在这一解释模式中，必然有从"四端"到"四德"的扩充问题。我曾对此评论道："朱子之意乃是：当言四端的时候，表明它还只是个端绪，尚未极成，所以要经过扩充而极成一本体。而这里没有言'端'，只是从用显体。虽言有不同，但都表示四心是未极成的状态，不是本体。"②

实际上，这里的"端"不只可以理解为端绪的意思，也可以理解为源头的意思，亦即，这里蕴含了挺立性体的可能性，这种理解就是以"恻隐之情"或"恻隐之感"为"仁性"奠定基础的思想道路。就我所了解的情况，黄玉顺先生率先明确地做出了这种解释："'四端'作为端点，乃是一切形而上学、形而下学的观念的发端之处。我是这样理解的。这就是儒家的'爱'的观念：

---

① 〔宋〕朱熹：《四书章句集注》，第328~329页。
② 杨虎：《阳明心物说的存在论阐释》，山东大学2014年硕士学位论文。

从最本源处谈情感,谈爱。"①这一说法肯定了情感的原初奠基性,而不认为情感只能是形而下的情感意识。这里的关键就在于如何理解"情"的观念层级,亦即是否可说一种本源性的、奠基性的情感领悟。我认为,在孟子可以导向这一思想道路,从孟子的思想逻辑来看,这一说法是能够成立的,至少并非全无道理可言。

其一,从"情"之"端"的扩充活动来说,这其实就是"性"的动态挺立过程。孟子说:"凡有四端于我者,知皆扩而充之矣,若火之始然,泉之始达。苟能充之,足以保四海;苟不充之,不足以事父母。"(《孟子·公孙丑上》)我之所以说这是一个动态的过程,而非静态的先验本质的设定,可以佐证于此。孟子说"苟不充之,不足以事父母"。这是因为,情之发端只是孕育着人的可能性,而不具有直接的因果推导逻辑,也正因此才能理解孟子经常说的"非才之罪也","是岂人之情也哉?"当人不断挺立其性,亦即挺立起来他的主体性,才有从自己出发的道德原则之可能,比如狭义的仁、义、礼、智四德。孟子又说:"《诗》云:'刑于寡妻,至于兄弟,以御于家邦。'言举斯心加诸彼而已。故推恩足以保四海,不推恩无以保妻子。"(《孟子·梁惠王上》)这里所说的"举斯心加诸彼"也是在讲仁爱的推扩,但此推扩并不是像通常所理解的那样,并不是指从血缘亲情领域推扩到其他伦理领域,而是指普遍的仁爱情感向包括血亲领域在内的诸生活领域之推扩,因此孟子才说"不推恩无以保妻子"。这同时也蕴含着一种仁爱情感的奠基活动,以仁爱情感为源的"扩充"活动体现了一种奠基层序,而不只是发生顺序,就此而言,这一解释模式有其合理性。

---

① 黄玉顺:《爱与思——生活儒学的观念》(增补本),成都:四川人民出版社,2017,第92页。

其二，在孟子，由心、性、情不二的思想气质，可以透显出一种可能的视域，"情感"最终乃是一种存在论的"情实"，而不只是后儒所理解的形而下的情感、情绪、知觉、感受等。诚然，当孟子言说仁、义、礼、智时，已然是在狭义语境中对之做出了区分，这里的"仁"确实可以被理解为性，但由于不对性、情刻意区分而终究可以"以仁观仁"，这实际上就是"以情观仁"，不过并非性情对举中的情，而是存在论意义上的"真情实感"①，真情即实感。一般而言，情感被视为形而下的情感意识，不能充当奠基性观念，但我认为仁的基础语境就是情感，它不必被限定在形而下的情感意识层面，"以仁观仁"可以作为奠基性观念。在这个问题上，大程子给我们提供了一种可参考的思路，大程子说："学者须先识仁。仁者，浑然与物同体。义、礼、智、信皆仁也。"②分而言之，仁、义、礼、智、信各有其意指，统而言之皆仁，这就意味着，本源之仁是狭义的仁、义、礼、智、信等诸种德相的基础。

我所说的"以仁观仁"不是指对狭义的作为性或作为诸种德相之一的仁的理解和把握，而是意谓本源的仁爱领悟。本源仁爱领悟既是真情，又是实感，既是情，也是境，是"情境不二"③的存在领悟、生活领悟。蒙培元先生曾对"真情实感"做出了界定："所谓'真情'，就是发自内心的最原始、最真实的自然情感；所谓'实感'，就是来自生命存在本身的真实而无任何虚幻

---

① 蒙培元：《情感与理性》，北京：中国人民大学出版社，2009，第19页。
② 〔宋〕程颢、程颐著，王孝鱼点校：《二程集》，第16页。
③ 参见杨虎：《论"生活领悟"与"形式显示"之道路——生活儒学与海德格尔生存论的根本差异》，胡骄键、张小星主编：《生活儒学：研究·评论·拓展——第三届"生活儒学"全国学术研讨会论文集》，成都：四川人民出版社，2020，第224页；《情感与存在——"观仁论"之思》，杨虎、赵嘉霖主编：《情感儒学与生活儒学的思想拓展》，济南：齐鲁书社，2023，第20页。

的自我感知和感受。……'真情'之所以为'真',因为它是'实感'之情;'实感'之所以为'实',因为它是'真情'之感。二者结合起来,就是儒家所说的情感,也只有二者结合起来,才是一个真实的生命存在,一个真实的人。"①我以为,在这段论述中,有三点尤须注意。

其一,关于真情是一种"自然情感"的说法,在我看来,这不是在说完全出乎本能的情欲,而是在强调真情是"自然如此""自己如此"的情感。例如,孟子所说的"乍见孺子将入于井"当下自然有"怵惕恻隐"的情感流动,这不是为了"内交于孺子之父母",不是为了"要誉于乡党朋友",也不是因为"恶其声",将这些价值前设悬置起来,单纯是对于情感活动的"真实"描述,这就是自然如此、自己如此的真情显露。只有在这个意义上,我们才能更深刻地理解蒙培元先生所说的真情的"原始、真实"意义,"原始"乃是说真情的无前设性,真情流露无关乎价值前提,这是前价值性的本源事情。在孟子的描述中,我与孺子有没有特定的伦理关系是不被考虑的,无论积极的还是消极的伦理前设都不存在(比如我与孺子有血亲关系或仇恨关系),也只有这样,才能显示源始而本真的情感体验。如果这些有所分判的语境被考虑,那么这一生活事件或生活情境就不再是原发性的,假设我与一个人有生死之仇,恨不得他早点遭难,那么在这一前提下我可能不是怵惕恻隐而是其他的情感反应,至少,在一种文化无意识的"复仇"情绪熏染下,我有所期备的实际反应可能会习惯于强化这一点,从而使得当下怵惕恻隐的情感更容易被越过去,或者被排除掉。又或者,这个孩子与我有特定的血亲伦理关系,则在日常的生活状态中我的情感、情绪反应也是有所不同的。当孟子说"乍见孺子"的当下,恰恰没有把这样

---

① 蒙培元:《情感与理性》,第19~20页。

的价值分判作为前提因素,由此才能描述在一种原发性的生活情境中本真而自然的情感流动。

其二,蒙培元先生说"实感"是真实的自我感知和感受,这里似乎蕴含了主体性前提,然而,"实感"本身未必需要预设感知活动的主体。诚然,一切原本的感知和感受,其实际活动形式都是"这一个感知和感受",在这个意义上可以说是一种"自我感知和感受",亦即,这里的"自我"指向了"同一个感知和感受",比如我感到怵惕恻隐,我确实是如此这般的感受,而不是别的什么感受。这就可能有两种意思,一种是指感知和感受的主体同一性,亦即,这一感知和感受不是出自其他主体而是这同一个主体;一种是指这一感知和感受活动的同一性。在第二种意义上说,比如怵惕恻隐,就其作为一种广义的感知和感受活动而言,我感到怵惕恻隐和我没有感到怵惕恻隐是两个不同的感知和感受活动。蒙培元先生所说的"自我感知和感受",到底哪一种意味更重呢?他没有明确说,或者说没有对此做出区分,但我们可以从他接下来的分析中体会其中的语境:"人的形体存在是在时间、空间中的存在,也就是感性的存在;人的情感'分析地'说是非时空的,甚至是超时空的,比如人到老年以后,还能体验到幼年时期的情感。读古人的诗歌作品,就如同身临其境,感受到古人的情感。但就其现实性而言,由于情感不能离开时空中的形体存在,而时空中的存在就是生命活动,亦是情感中的活动,因此,二者是很难断然分开的。"[1]这段话旨在说明"真情实感"的处境性、真切性,但同时又承认它并不限于客体化的语境,亦即,未必要有某种直接的场景才可能有真情实感,因此我们在读古人诗歌时仍然有其"实感"意义。实感的这种处境性、真切性并没有

---

[1] 蒙培元:《情感与理性》,20 页。

过多地强调感知和感受的主体同一性，而是凸显了感知和感受活动的同一性，亦即，这一感知和感受活动是真实的、真切的。

我们仍然就着孟子描述的"怵惕恻隐"来说明，孟子确实在强调怵惕恻隐是一种"真情实感"。孟子并没有进一步直接说我们"应当如何"做的问题，他只是说了"是否然尔"的问题，亦即：在"乍见孺子将入于井"的当下，是否有这种真情实感？如果我们视其为自我感知和感受活动的话，那么这也只是强调了感知和感受的同一性，而并未过多强调感知和感受的主体同一性。由此，就可以打开从狭义的感知和感受到广义的"领悟"之切转视域，于此，我们说"实感"之领悟乃是自然如此、自己如此，它不以主体的意识活动为前提，这与"真情"自然流动的无前设性是相应的。

其三，真情是实感之"情"，实感是真情之"感"，这具有深刻的洞见，是不可忽视的一点。姑且分解地说，真情侧重"情"的面向，实感侧重"境"的面向，"情感"是情，也是境；无分别地说，则可以说情现为境、境显为情，情境不二。问题的关键在于，实感之境是如何开启的，这一思路决定着如何理解本源仁爱领悟。如果说真情乃是以某种主体性为前提的情感表现，那么实感之境则是主体情感所对的对象物，则情与境的关系就是一种主客化、对象化的连结模式，即主体的情感投入既成的外境，这固然也可能有其一定的"真情实感"，但这种意义上的情感领悟属于宋明理学性情论语境中形而下之情的层级，尽管宋明理学经常从道德情感意义上论情，但是也有这种一般性的用法。按照性情论的思想模式，我们不能以情论仁，也就是说形而下的情不能被视为奠基性的观念，仅就此而言，这一理解是合适的，但情感本身不必然属于形而下的情感意识，而可以有其前主体性的领悟层级；若就这一点而言，性情论的思想模式又是有问题的，亦即，它把情感领悟限定于形而下之情的层级。就仁爱领悟而言，它有其前主体性的思想视域，在此，情与境的关系不是一种主客连结模式。

大程子所说的"仁者，浑然与物同体"，如果悬置性情论的思想视域，也可以说凸显了前主体性的情境不二，是对本源仁爱领悟的一种描述。我前面说"怵惕恻隐"的真情实感不一定是主体的感知和感受活动，"以仁观仁"就是如此，与其说是我领悟着仁爱，毋宁说是仁爱领悟着自身，这就是仁爱的自观自见（现）。在仁爱显露中，人与天地万物浑然同体，"浑然"正是描述这种情境的不可分判，则这一情境不是由主体与对象物的主客连结所致，而是没有人我、物己分别的情境。有人认为，我们之所以能说人与物同体，乃是由于"一气之感通"，诸如此类的说法固然有其解释效应，然而，如果把这里的"感通"理解为主体性的活动，那么它仍然属于主客连结模式。人与天地万物浑然一体不以主体性活动为前提，这才是究竟之境。

"以仁观仁"描述了本源仁爱领悟，这是前主体性、前存在者化的领悟。本源仁爱领悟超出了主体的理解和把握之意味，而意谓仁爱的自观自见（现），"以仁观仁"所描述的正是这一领悟方式。我曾说：

> "以仁观仁"除了意味着以情观仁之外，还意味着仁不系于主客、不由分别而从其自身得到显示，换句话说，仁不是我所观的一个对象物，人无"我"，仁非"物"，在本真仁爱领悟中，"无我"亦"无物"，"以仁观仁"即仁之"自观自见（现）"。①

---

① 杨虎：《论"以仁观仁"》，《当代儒学》第 21 辑，成都：四川人民出版社，2022。

这里强调的是领悟方式的不同，我在前面论述"观法之切转"时已然说明了这一点。现在的关键问题是，情感何以不必是形而下的情感意识，而可以是前主体性、前存在者化的领悟。这似乎听起来有些奇怪，难道在我动情之处没有对象吗？日常生活都是"及物"的，正如古人常说的"感于物而动"，这当然是日常生活的实情。那么，在日常生活领悟中，有没有领悟方式切转，或者说视域切转的可能呢？

就这一问题而言，审美生活可以提供一些领悟契机的说明。审美活动首先是一种情感领悟，不同的审美方式体现的正是不同的领悟方式，相应地有不同的审美境界，比如王国维先生所说的"有我之境"和"无我之境"，比如陶渊明的经典名句"采菊东篱下，悠然见南山"，王国维先生判其为无我之境，这与"见"作为"现"的意境是相应的，它指引了一种原发的生活情境，不是我作为主体看到了什么，而是事情本身显现出来。又譬如说，我们走在校园中，看到一花一草、一树一木，时而也会有忘却人、物区分的心境，不会以认知态度去观察，这些生活的细节无不透露出在日常领悟中朝向前主体性领悟的切转契机。

本源的存在领悟、生活领悟首先是情感领悟，或者用儒家的话语表达为仁爱领悟。生活本身可以有不同的观法，亦即不同的领悟方式，在某种观念镜像中，生活、存在当然是存在者的生活、存在者的存在，但生活未必全都以存在者化的方式来打量，不以存在者化观之，生活即无，本源生活领悟即观无，这正是我一再说的"即物观无"。这也不是脱离于生活，向外预定一种形而上存在者的信念，比如传统形上学所说的存有、本体、终极实在等观念，那仍然是对于本源存在领悟的存在者化把握方式。生活总有所领悟，仁爱这样的情感领悟就是本源的存在领悟、生活领悟，这是"无始以来"的本源事情，见万物即现仁爱，见万相即见情之所起，于此说即情即境、情境不二。

总而言之，"以仁观仁"意谓"以情观仁"，意谓仁爱的"自观自见（现）"，这样的情感领悟不是指形而下的情感意识，而是情境不二的、前主体性的本源仁爱领悟。

（二）以性观仁

在传统儒学的性情论思想视域中，仁爱领悟可以有"以性观仁"和"以相观仁"的层级和样式，前者属于形而上之"性"，后者属于形而下之"情"。在儒家哲学中，性的论域首先是人性问题，在此基础上进一步建立了"即本体即主体"的形上学本体论，仁性、仁体就是这样的本体观念。

在儒家人性论问题的讨论中，性的共通含义或者说公认的底层含义是自然的禀赋、材质，在这个观念层面上，正如我们前面所说的，性、情、才可以通用。孟子与告子关于"生之谓性"的讨论就是建立在这一前提下的，告子从生说性，孟子并没有说这个界定是错误的，只不过，孟子进一步主张以仁、义或仁、义、礼、智论人与其他存在者不同之性。亦即，当我们把仁、义、礼、智视为"人之为人"的本质规定性，则在逻辑上说，人的道德意识、伦理行为皆有其必然的根据，而不再是可遇不可求的事情。在孟子看来，这恰恰是可"求"、可"欲"的："仁义礼智，非由外铄我也，我固有之也，弗思耳矣。故曰：'求则得之，舍则失之。'"（《孟子·告子上》）我们接着看下面一段话：

> 告子曰："生之谓性。"孟子曰："生之谓性也，犹白之谓白与？"曰："然。""白羽之白也，犹白雪之白；白雪之白，犹白玉之白与？"曰："然。""然则犬之性，犹牛之性；

牛之性，犹人之性与？"（《孟子·告子上》）

这段对话看似是孟子把告子辩驳得无言以对，实则告子并没有什么表达上的错误，因为告子只是说出了"性"的底层含义，并没有进一步论断性之如何，所以也不会有什么错误，而孟子运用言辩技巧把问题重心从"性"的普遍界定引向了"人之性"的本质规定性上来了。告子说"生之谓性"，性即自然而生，这通于一切人、物之性而言，不就人的独特性来说。在这个意义上可以说，凡一切生命存在者皆有其所生，亦即有其性，这最多是指自然的禀赋、材质而言，尚没有涉及人的本质规定性问题。当孟子以"白"喻示"性"时还没有转化问题的重心，孟子说："白雪之白，犹白玉之白与？"在告子听起来，其讨论的重心依然是在"白"而不是"白雪""白玉"，所以并没有加以反驳，而当孟子说到"牛之性，犹人之性与？"其重心则明显转向了"人之性"，亦即，人这种特殊存在者与犬、牛等其他存在者不同的规定性，由此进而言说人之为人的本质。

这里寄寓了儒家的理想，体现了一种常见的思想范式，亦即，儒家要为人的道德行为和伦理生活提供一套先天的根据性和必然性说明。大程子曾说："告子云'生之谓性'则可。凡天地所生之物，须是谓之性。皆谓之性则可，于中却须分别牛之性、马之性。"①大程子和孟子一样并不反对"生之谓性"观念，只是强调人应该有更高的理想和自我要求，大程子进一步从天道的层面解释他所理解的"生之谓性"："'天地之大德曰生'，'天地絪缊，万物化醇'，'生之谓性'，（自注：告子此言是，而谓犬之性犹牛之性，牛之性犹人之性，则非也。）万物之生意最可观，此元者善之长也，斯所谓仁

---

① 〔宋〕程颢、程颐著，王孝鱼点校：《二程集》，第29页。

也。人与天地一物也,而人特自小之,何耶?"①

当儒家立论仁、义、礼、智为人性的先天本质时,此中"性"字便不再单纯属于人性的善恶相状这一问题层面,而由此建立了形而上的性体观念,此通"天命之谓性"言,则可以说"在天为理,在人曰性"。因此,在传统儒学的思想视域中,性体即理体,亦即形而上的本体。只不过,有人特别强调性体超拔于相,有人则对性、相不作隔绝。大程子说:"'生之谓性',性即气,气即性,生之谓也。人生气禀,理有善恶,然不是性中元有此两物相对而生也。有自幼而善,有自幼而恶,是气禀有然也。善固性也,然恶亦不可不谓之性也。盖'生之谓性'、'人生而静'以上不容说,才说性时,便已不是性也。"②"'人生而静'以上"是指纯粹的天命之性,而"才说性时"指的是"人生而后"的气质之性,于此说性气不二,已生之性通过气表现出来,则于性和气不作隔绝。大程子说:"论性,不论气,不备;论气,不论性,不明。(二之则不是。)"③这里的关键在于"二之则不是",这也是宋明儒家所说的"一本"原则。④至于"不备"与"不明"之两偏的说法,正如阳明先生所指出的:"程子谓:'论性不论气,不备;论气不论性,不明。'亦是为学者各认一边,只得如此说。"⑤

宋明儒家在讨论心性问题时,虽然有不同的思想理路,但也

---

① 〔宋〕程颢、程颐著,王孝鱼点校:《二程集》,第120页。
② 〔宋〕程颢、程颐著,王孝鱼点校:《二程集》,第10页。
③ 〔宋〕程颢、程颐著,王孝鱼点校:《二程集》,第81页。
④ 中国哲学史上关于"一本"与"二本"的讨论源于孟子对墨家的评论。在宋明理学中,"一本"引申为思想的"一本"原则,如天人不二、本末不二、体用不二、心性不二、本体与工夫不二,等等。
⑤ 吴光等编校:《王阳明全集》(新编本)第一册,第66页。

有其"共法",那就是"性即理"。我们通常按照"心即理"和"性即理"区分狭义的心学和理学,实际上,"性即理"是心学、理学乃至于所有其他宋明儒家的共法。不惟小程子、朱子讲"性即理",大程子、陆九渊、阳明等人也肯认之。例如,阳明先生"龙场悟道"直接体悟的仍然是"吾性自足",他首先肯认了"性即理"的前提,进而由"心性不二"立论"心即理"。据《传习录》记载:

> 或问:"晦庵先生曰:'人之所以为学者,心与理而已。'此语如何?曰:'心即性,性即理,下一'与'字,恐未免为二。此在学者善观之。"①

阳明先生之所以认为朱子学是"心理为二",乃是因为其"心性为二"的思想进路。在这个意义上可以说,区分理学和心学的关键并不在于"性即理"还是"心即理",而在于"心性不二"还是"心性为二","性即理"是共法。阳明心学肯认心性不二,则此心的实际活动即天理的呈现,由此把儒家心性论的思想逻辑推到了极致。在心性不二的基础上,相应地,性情不二,性气亦不二,这也反过来佐证了孟子和大程子所强调的"一本"思想原则。由此也可以说,从表面上看,狭义的理学和心学表现为思想进路的差异,但从思想逻辑上说,从理学到心学乃是儒家心性论的"完成",亦即,在总体上表现为心性融摄天道之思想逻辑的"完成"。用更加一般性的方式说,这是儒家主体性形上学的完成,本体即主体,主体之外别无本体。

---

① 吴光等编校:《王阳明全集》(新编本)第一册,第16页。

在这种思想视域中，仁性、仁体既是指心性的本然状态，也是指形而上的本体而言，由此可以说，"以性观仁"即仁性、仁体的反身自观。在本体与主体为一的极致思想形态中，仁性便是仁心，仁心活动处即见仁性本体，仁性不在仁心活动之外。可以说，在传统形上学中，"以性观仁"作为一种领悟活动的实质样态，是一种绝对主体性的自身反观活动。例如，牟宗三哲学强调的"逆觉体证"进路就是一种仁体的自身反观活动。这不仅是一个狭义语境中的本体证立的工夫问题，而且可以被视为一种广义之"观"，一种广义的存在领悟。牟宗三先生认为："致良知底致字，在此致中即含有警觉底意思，而即以警觉开始其致。警觉亦名曰'逆觉'，即随其呈露反而自觉地意识及之，不令其滑过。故逆觉中即含有一种肯认或体证，此名曰'逆觉体证'。此体证是在其于日常生活中随时呈露而体证，故此体证亦曰'内在的逆觉体证'，言其即日常生活而不隔离，此有别于隔离者，隔离者则名曰'超越的逆觉体证'。"① 这里区分了日常生活中"内在的逆觉体证"和隔离日常生活的"超越的逆觉体证"，虽然不依赖生活经验也可以逆觉体证，但终究要回归于日常生活中的体证。在致良知的生活实践中，实践活动决定于主体自身，它本质上是一种绝对主体性的活动，同时又是本体的自身反观。从观法、领悟的视角说，这是一种绝对主体性之观，它是不待于他者、从自身出发的活动。牟宗三哲学对于良知之逆觉的描述深刻揭明了这一点，其实阳明先生说"良知明觉"时已然凸显了这一点，明觉是良知本体之明觉，则性体本身就起明觉作用，本体即绝对的主体性，这是儒家心性论的理想形

---

① 牟宗三：《从陆象山到刘蕺山》，台北：联经出版事业公司，2003，第189页。

态，它旨在为道德伦理生活的现实性奠立先天根基。

于此说心性即主体性，乃是着眼于活动的现实性而言，这也是传统儒学"以性观仁"的视角之一。牟宗三先生称之为"客观的主体性"，亦即超出相对主体的绝对而普遍的主体性："仁是理、是道、也是心。孔子从心之安不安来指点仁就是要人从心这个地方要有'觉'，安不安是心觉。仁心没有了，理、道也就没有了。因此仁就不只是理、道，仁也是心。所以到了孟子就以心讲性，孟子讲性就是重视主体这个观念。儒家讲性善这个性是真正的真实的主体性（real subjectivity）。这个真实的主体性不是平常我们说的主观的主体，这是客观的主体，人人都是如此，圣人也和我一样。人人都有这个善性，问题是在有没有表现出来。这样一来，这个性就是客观的主体性。心理学的主体就是主观的主体。"①这样的主体性同时是形而上的本体，当然也确实不违背传统儒学的思想视域。

一般地说，主体性所指的是"人"的生命能力及其本质统一性，在传统形上学观念中，这被视为形而上实体之显现即本体的自我展现，被视为某种形而上实体的功能。与此不同，正如后面所谈到的，我更倾向于一种作为领悟姿态和领悟视角的主体性，一种非实体形态的主体性观念。

在近代以来的西方哲学史上，关于主体性的理解有两种典范，一种是常见的"意识主体性"，一种是着眼于生命统一性的生存主体性。例如，笛卡尔-胡塞尔的思想道路属于前者，笛卡尔的命题"我思，所以我在"可谓是"意识主体性"的经典表达，胡塞尔认

---

① 牟宗三：《中国哲学十九讲》，台北：联经出版事业公司，2003，第79~80页。

四、仁爱之三重观境 | 109

为笛卡尔本可以从普遍怀疑的路子走向彻底的意识现象学之路①，而从"我思"到"我在"则背离了明见性原则。与笛卡尔的思路转折不同，胡塞尔在超越论的道路上把意识主体性推到了极致，难怪乎海德格尔曾对此评论道："什么是哲学研究的事情呢？对胡塞尔来说与黑格尔如出一辙，都按同一传统而来，这个事情就是意识的主体性。"②那么，这种绝对主体性何以可能？③这仍然是一个可以发问的事情。

在另外一种康德式的主体性哲学道路中，虽然更加着眼于生命心灵的统一性，或者说带有生存性特征的主体性道路，也同样面临这一问题。尽管海德格尔试图为主体性哲学做出生存论奠基，然而，就其思想效应而言，仍然可以把此在的生存论视作一种生

---

① 胡塞尔认为，笛卡尔没有真正走向超越论的观念论之路，从"我思"到自我实体的转折，让笛卡尔"成为了荒谬的先验实在论之父"。胡塞尔说："把自身作为世界事实的世界科学从我的判断领域排除出去。……对我来说因而也没有作为人的我，（没有）作为一个心理物理世界之组成部分的我自己的我思活动。"参见［德］埃德蒙德·胡塞尔：《笛卡尔沉思与巴黎讲演》，张宪译，北京：人民出版社，2008，第8~9页。

② ［德］海德格尔：《哲学的终结和思的任务》，《面向思的事情》，陈小文、孙周兴译，北京：商务印书馆，1999，第76页。

③ 海德格尔对此有过深刻的分析："'一切原则的原则'要求绝对主体性作为哲学之事情。向这种绝对主体性的先验还原给予并保证这样一种可能性：即在主体性中并通过主体性来论证在其有效结构和组成中，也即在其构造中的一切客体的客观性（存在者之存在）。因此先验主体性表明自身为'唯一的绝对的存在者'（原夹注略）。同时，作为关于存在者之存在的构造的'普遍科学'的方法，先验还原具有这一绝对存在者的存在样式，也即哲学之最本己的事情的方式。方法不仅指向哲学之事情。它并非只是像钥匙属于锁那样属于事情。毋宁说，它之属于事情乃因为它就是'事情本身'。如果有人问：'一切原则之原则'从何处获得它的不可动摇的权利？那么答案必定是：从已经被假定为哲学之事情的先验主体性那里。"参见［德］海德格尔：《哲学的终结和思的任务》，《面向思的事情》，陈小文、孙周兴译，第77页。

存主体性道路。沿着康德-海德格尔的思路来看,从康德对"人是什么"的追问,到海德格尔对人的生存论分析,则不再限定于意识的主体性道路。康德对"人是什么"的追问可以析分为:"1. 我能够知道什么? 2. 我应当做什么? 3. 我可以希望什么?"① 对人是什么的追问就是对"主体性是什么"的追问。在海德格尔看来,康德这一追问仍然缺失了对主体性进行先行的存在论分析这一环节,亦即,对主体性的可能性进行先行的奠基,所以海德格尔意图通过此在的生存论分析来说明人是如何现身于"世界之中"的,而这可以说是一种生存主体性,亦即先行开显着自身可能性,并在时间性中不断展开自身的存在者。不过,这也确实开启了"主体性何以可能"的发问视域。

在肯认"心性"即主体性的一般视域中,"以性观仁"同样面临着这一问题。在特殊的表达语境中,仁性是如何挺立起来的?在传统哲学形上学视域中,这是一个"不合法"的问题,因为仁性即本体。然而,这样一种说法也不能说完全不带有设定特征。如果我们用一种最直接明了的方式说,着眼于道德伦理生活的现实性,我们预定仁性,其解释效应无疑是巨大的,其解释方法无疑是方便的,并且,其中也确实蕴含了某种"生命直观"。然而,我们说"有"仁爱领悟和"有"仁性,一种是带有逻辑推导性质的,或者说参与构成性的,一种只是意蕴的烘托。我们说"有"仁性,也就意味着它作为决定者,必然会有相应的被决定者,"仁性"决定了相应的因果连结,我们说"有"仁爱领悟,只是描述了某种事情的可能状态,它烘托了某种生活方向,但不关涉实际的行为因果。譬如,我们说人皆有仁、义、礼、智之性,则它要

---

① [德]康德:《纯粹理性批判》,邓晓芒译,北京:人民出版社,2004,第612页。

能够为伦理生活中的善恶问题做出说明,虽然"至善之性"可以说是"无善无恶",但是现实中成德、成善由此得到了先天的必然性说明。而为了在解释现实生活中恶的来源问题的同时,不违背一元论的本体论思想原则,宋明理学引入"气质之性"的范畴,说明现实的人性表现为气质之性而有其种种不同,从而为善恶的现实复杂性做出说明。

当我们视仁为性时,虽然它作为本体和现实的人性表现是不同层级的,但是它仍然处于广义的因果连结之中。而当我们视仁为仁爱领悟,并不视之为人的先验本质,只是说明某种先行的存在领悟、生活领悟。譬如说,我们走在校园中,观一花、一草、一树、一木之境,观、境相应所成即一领悟,此领悟未必一上来就是认知性的或目的性的,而是浑沦的情感领悟,此中见(现)物、观境、触情,纯是情感自然流动,此即于一事、一境即见(现)广义的仁爱领悟。这一描述并不具有决定与被决定的逻辑关联,比如说有此领悟则有何种因果行为。在"仁性"作为一种普遍的主体性与行为因果的连结中,它关涉到"应当与否"的价值判断,而在本源仁爱领悟的描述中,它只直接关涉"是否然尔"的生活实情。

作为一种主体性样式,仁性需要被奠定在本源仁爱领悟的基础上。当然,这并不意味着,从本源仁爱领悟到仁性的挺立,是从事实到价值的推导,这里既不是事实与价值的划分,也不存在逻辑推导关系,否则在仁性视域之外描述本源仁爱领悟就是多余的,就等于是别立一个根基,无穷流转而不得其"环中"。作为一个问题结构,它的实质仍然是对于主体性何以可能做出先行的奠基,或者说视域的烘托。在儒家哲学中,这一问题结构并非全无来由,并不是任意嫁接的,至少,我们在孟子的思路中可以找到相关思想线索。孟子在论述了"四端"之后紧接着说:"凡有四端于我者，知皆扩而充之矣，若火之始然，泉之始达。苟能充之，足以保四海；苟不充之，不足以事父母。"(《孟子·公孙丑上》)恻隐、羞恶、辞让、是非在根本层面上都是仁爱的领悟样式，孟子说没有四端之心就不能成为"人"，这包含两个层面的问题，一是"人"的"可能性"，二是"人"的"规定性"，它们汇聚于"人"作为一种主体性存在者观念是何以可能的问题中。前一层问题是指主体性观念的本源可能性，本源仁爱领悟烘托了人之成为人的可能性，这正相应于本源仁爱领悟先行于主体性和存在者观念；后一层问题是指人作为人，总是有一些特殊的规定性，在儒家看来，就是仁、义、礼、智之性。从无定着的本源仁爱领悟到仁、义、礼、智之性的挺立，就是孟子所说的"扩而充之"的问题，亦即，从本源仁爱之"端"扩而充之，成就人的主体性，从而展开仁、义、礼、智"四德"。

总之，心性或一般主体性的挺立有一个动态的历程，其中贯穿了儒家的价值理想，儒家希望人能够对自己有所要求，成就和完善自己的生命价值和生命境界。在孟子的言说中，生命价值的实现方式就在于"求而得之"，这和"不求而得"是不同的生命向度。在"求"和"得"之间相应即"在我"，不相应则属"在外"，当然，这里的"求"是指遵循自由法则的欲求、意志，否则欲求之满足与否并不能决定它是否属于孟子所说的"求在我者"(《孟子·尽心上》)。在"性"的问题上也是如此，甚至可以说，一般主体性就蕴含了意志自由。孟子曾说："口之于味也，目之于色也，耳之于声也，鼻之于臭也，四肢之于安佚也，性也，有命焉，君子不谓性也。仁之于父子也，义之于君臣也，礼之于宾主也，知之于贤者也，圣人之于天道也，命也，有性焉，君子不谓命也。"(《孟子·尽心下》)程子注解："五者之欲，性也。然有分，不能皆如其愿，则是命也。不可谓我性之所有，而求必得之也。""仁义礼智天道,在人则赋于命者,所禀有厚薄清浊,然而性善可学而尽,故不谓之命也。"①程子的注解旨在强调主体的自我要求和自由抉择,对于"君子"来说,言"性"不言"命",这当然是一种对人的高标准和高要求。不过,也可以说性命不二,所谓"天命之谓性"是也,自由抉择既是主体的活动,也是天命如斯、自然如此。

这同时说明了,儒家言"性"在根本上不只是一种静态的先验本质论,而应当把它理解为动态的历程,就此而言,心性也需要被奠基。从而,我说"以性观仁"只是仁爱领悟的某个层级和某种样式,由此,不再视"心性"为存在领悟、生活领悟的第一原则或绝对起点,便有了一定程度的可理解性。

(三) 以相观仁

在日常生活中,仁爱领悟更多地指涉"以相观仁"的层级,亦即从仁德之相理解和把握仁。这同时也蕴含了"一切相皆仁爱的显现"之意境。我曾提出"源→体→用"②的观念结构,也可以用来诠释"观仁":"以仁观仁"乃是就仁爱之源说,"以性观仁"即仁体、仁性之说,"以相观仁"是就仁之"用"的层级而言。然而,思来想去,我觉得还是言"相"而不说"用"比较合适,尽管在传统哲学观念中,仁德之相即仁体、仁性之用,这更符合传统体用论的思想架构,且似乎"用"比"相"的意境更广、更深。

---

① 〔宋〕朱熹:《四书章句集注》,第 369 页。
② 杨虎:《哲学的新生——新基础主义道路:传统基础主义和反基础主义之"后"》,《江汉论坛》2016 年第 10 期。

在传统哲学中，从来相关的说法，有"体、用"之说，有"体、相、用"之说，有"体、宗、用"之说，等等。体用之说，表示本体与功用，功用又包括了现象之义，如"性体情用"意谓性是本体、根据，情是功用和现象。体、相、用之说，如《大乘起信论》所说的体、相、用"三大"之中，体指性体，相指德相，用指功用。体、宗、用之说，如天台宗智者大师在阐释佛典时所论"五重玄义"中"辨体、明宗和论用"的方法，辨体是指明辨一部经典义理的理体，明宗是阐明其宗旨、目的，论用是论说其功用。关于相和用，在传统哲学的使用语境中，相有时也指体而言，但一般是指相状；用一般是指功用和结果，结果就是现象，因此也包含一般所说的相的含义，在这个意义上说，"用"确实比"相"的意境更广、更深。然而，我使用"以相观仁"，一者是就其有限定相而言，一者是虽然侧重于从仁德之相说，但是不必像传统哲学形上学那样视之为仁体、仁性之用，换句话说，只就视域切转而言，而不论其间是否有体用关联。

这种限定相与仁德的观念结构是相应的，它总是处于道德意识与伦理规范的动态张力之中。仁德之相不仅包含个别的道德意识，而且包含普遍的伦理规范，后者称为"礼"，泛指一切社会制度和社会规范。从仁与礼的一般思想结构来说，二者并非平行的一内一外，一个别一普遍的关系，而是奠基关系。从仁德之相的层级看，仁心感通于天地万物，因感通中之人、事、物不同而呈现有所定着之相，则有特定的道德意识之可能，如我见一花、一草，生起爱护之心，我知其与一瓦、一石不同，虽然见草木和见瓦石皆有仁爱情感流动，但意识的对象和方式有所不同，这就形成一种特定之相。就非价值性的意识活动而言，也是如此，因对象和方式的不同而有不同之相的显现，在日常的生活相续中，在不同的生活事件中，凡此种种，不一而足。

在日常生活中，当道德意识客观化，亦即成为社会普遍认可的观念，它可能成为一种普遍的伦理规范；而当道德意识和既成的伦理规范发生冲突，要么无法成为普遍认可的观念，要么可以成为新的伦理规范。孔子说："不学礼，无以立。"（《论语·季氏》）"不知礼，无以立也。"（《论语·尧曰》）人生在世，"绝迹易，无行地难"（《庄子·人间世》），只要有他者共存，必然有"礼"相约。当我发自内心认同它时，当我的道德意识在他人那里得到确认，它就可能成为普遍的伦理规范。而如果一种社会伦理规范与我的道德意识、道德信念相冲突时，我可能认为它是错误的，例如，孔子认为公冶长"虽在缧绁之中，非其罪也"（《论语·公冶长》），当一个人的行为违背了既成的伦理规范，未必就是这个人错了，也可能是既成的伦理规范有问题。由此可见，如果既成的伦理规范被视为个人行为的优先原则，有时会导致消极的后果。这是不是意味着，我们要以个人的道德意识、道德信念作为行为的优先原则呢？当然也并非如此，道德意识是仁爱领悟在特定情境中的观念显现，即便要追根溯源，也不是通过在内与外、个别与普遍的两向中找寻的方式，而是切入本源仁爱领悟的方式。在这个意义上，我们才能更彻底地理解孔子所说的"人而不仁，如礼何？人而不仁，如乐何？"（《论语·八佾》）

问题的关键在于，假如一种社会制度和社会规范并不符合仁爱精神，比如说一种社会制度违背了"要像对待一个人那样地对待一个人"的基本原则——我想孔子儒学绝不会反对这一原则，那么这种社会制度、社会规范还可以被视为仁德之相吗？我们还可以于此说"以相观仁"，在事事物物中皆有仁爱领悟之显现吗？在直接的价值判定语境中，可以说这不符合仁爱精神，但仁爱对于礼的奠基作用就在于超越了价值和事实的紧张，它是烘托性的。当我们判定一种社会制度和社会规范不符合仁爱精神时，恰恰就意味着我们乃是以仁爱为奠基性的观念，我们认为社会制度和社会规范应当奠定在仁爱的基础之上。在某种意义上，对于人来说，既成的伦理规范是"无始以来"的，我们没必要、也不可能把本源仁爱领悟的奠基性按照时间的发生进行追溯，而只需要也只能当下切入本源仁爱领悟。这就是孔子的"仁→礼"思想结构的重大意义，"礼"不是莫知其所以而只须刻板遵守的事情，它在根本上奠基于本源仁爱领悟，并进一步在我的道德意识、道德信念中加以确认。就此而言，一切事情，莫不可以返源到仁爱领悟的语境中，这就是仁爱的奠基意义，反过来说，将仁爱原则"一以贯之"正是孔子儒学的真精神。

以相观仁的题中之义之一，便是在事事物物中观仁。因此，虽然事事物物各有其限定相，但是可以说，凡一切相，莫不是仁爱的显现。我们看到，当不同的人问仁，孔子在不同的时、境中给出的描述有所不同，这不仅是因为孔子采取随机点化的教导方式，而且是因为在孔子的思想中，一切事情都可以"返源"到仁爱领悟来说。当我们视一切相为仁爱的显现时，其意味也是如此，把仁爱精神贯彻到底，视天下万事万物莫不归之于仁，而不舍、不断。在这个问题上，要超出事实和价值的分判、打量，譬如，我们说现实生活中的恶相和苦难可以归之于仁爱的显现吗？对此的回答只需要理解一点，借用一句俚语说，就是"在哪里跌倒就从哪里站起来"，善和幸福需要仁爱的奠基，恶和苦难更需要仁爱的拯救。假如我们为此在生活中别立一个源头，那么恶和苦难的拯救就成了可有可无的议题。假如说本源仁爱领悟只对正价值的事情有意义，而对于负价值的事情概不负责，那么这就意味着本源仁爱领悟并非一切事情的源泉，不管我们视之为终极根据、终极实在，还是烘托性的本源领悟。

但凡有人类的共同生活，恶和苦难就难以避免，这不是对于人性的不自信，而是常态生活结构所致。在日常生活中，人的自由意志和物理法则有一致的情况，也有冲突的情况。人的本能情欲就遵循着物理法则，假如按照它的节奏而不加以调节，正如荀子所说，那么必然导致人与人之间争斗的局面，这会导致人为造成的恶和苦难。这种本能情欲其实也可以说是人无始以来所背负的生命情态，它也是仁爱的一种显现样式，但人又能领悟到可以超出这种生命情态，即便是在常态生活中，仁爱领悟也总是以这样或那样的方式现身。在实际的生活境况中，人的生活因各种有限定相的事情而呈现某些特定样态，它们可能是善相，也可能是恶相，这是常态生活难以避免的。如果我们把解决问题的方案归之于某种事情，那么问题的来源也要在其中得到说明，反之亦然。

我们说一切相皆仁爱的显现，不舍、不断万事万物，对于世间善恶、苦乐之相皆要有所说明。这一说明方式不是直接的逻辑关联，而是烘托性的奠基。这是因为，有相之生活与无相之领悟并非两种事物，而是自其不同显现、不同观法而言，本源仁爱领悟的无相与常态生活之有相，二者只有"切转"的生活意义之关联，而没有直接的逻辑推导之关联。仁爱是孔子的"一贯之道"，曾子认为就是"忠恕之道"，有些宋明儒家把忠、恕理解为体用关系，其实在先秦儒学的语境中，二者也可以理解为同一层面的行为准则。它们并不直接等同于本源仁爱领悟。《论语》记载：

> 子贡问曰："有一言而可以终身行之者乎？"子曰："其恕乎！己所不欲，勿施于人。"（《论语·卫灵公》）

子贡想搞清楚的是，我们在生活中必须坚守什么样的行为准则，孔子答以恕道，如果说有一条必须坚守的行为准则，那就是"己所不欲，勿施于人"。在日常生活中，我们需要坚守的并非特意拔高的要求,而恰恰是构成共同生活行为底线的事情,但底线性的事情有时又是最难做到的,甚至我们有时可以做到道德楷模的地步,却忽略了最切近的底线标准,而做出践踏底线的事情。孔子对子贡的回答不是说你一定要按照圣人的标准行事,而是说你不要去侵犯别人的权益。这让我们想到孟子对梁惠王的循循善诱,梁惠王说他好色,孟子说:"王若好色,与百姓同之。"(《孟子·梁惠王下》)如何做到这一点呢?就是不要侵犯别人好色的权益,如果为了一己霸道而重徭赋、动刀兵,致使民不聊生、怨女旷夫无算,这就是对于别人权益的侵犯。由于"己所不欲"这一前提的"由己"性,对于所有人来说皆可以切身感通,这条准则便可以在他者那里得到相互确证,亦即,这可以成为一条对于所有人而言普遍可接受的行为准则。

这种生活的行为准则之所以可能,有人把它归之于自我保存和利益效果的心灵动力,有人把它归之于先验的自由意志或道德本心,而在孔子思想中,则可以把它返源到仁爱领悟。虽然本源的仁爱领悟不是构成性的行为准则,但是可以烘托出这一可能性。这种奠基方式同样体现在"义"的观念,即正义原则之中。孟子提出"居仁由义",常以仁义并举:"仁,人之安宅也;义,人之正路也。"(《孟子·离娄上》)可以说,仁爱是人存在的家,正义则是人在世生活的指导性原则。义源于或者说首先是一种"羞恶感",因此孟子有时又直接说"羞恶之心,义也"(《孟子·告子上》)。这里的"心"表示活动、感通之义,羞恶之心也就是羞恶之感,它首先是一种情之感通活动,若见恶相,于己则羞,见人则恶,这首先是一种"安"与"不安"的情感体验,它是仁爱领悟的一种显现样式。不惟"羞恶之心",通"四端之心"皆可由此返源,此中可见情感领悟先行于道德理性,在情感领悟的烘托中,才有狭义的仁、义、礼、智"四德"亦即道德理性呈现的可能性。在此，本源仁爱领悟只是对于原初生活实情的描述，它超出了价值和事实的问题层面，并不直接参与构成道德意识和伦理生活。①正如我反复强调的，当我说"烘托性"的"奠基"意义时，虽然听起来仍然带有某种"追根溯源"的意味，但是并不意味着实体形态的因果连结和逻辑推导，只是意谓领悟方式之切转。②

关于以上所说的仁爱领悟的不同观念层级，我视其为一种领悟方式的切转，亦即"观法之切转"，而不是视其为诸如本体与功能、根据与作用等具有广义因果性连结的事情。仁爱领悟的层级涵盖了一切观念层级，在此意义上说一切相皆仁爱的显现，故于一切相不舍、不断，一切都"在仁爱之中"。仁爱领悟显现为三重观境而切转无碍，"以相观仁"而不舍万事万物，"以性观仁"则见仁性挺立之姿态，"以仁观仁"而返源真境，此领悟之切转是"无相之转"③，故能不舍于相，故能挺立性、相。

---

① 我认为：孟子所描述的"乍见孺子将入于井"的生活情境，有些学者认为其中体现了"我应当救孺子"这一层道德意识，这种理解有待商榷。在这一生活情境的描述中，孟子只是揭明了在生活中仁爱情感的显现或者说仁爱领悟总是先行的，尚未涉及道德意识和道德行为的层面，在乍见孺子的当下只有仁爱情感的流露，至于说我是否应当去救孺子的道德意识和道德行为，不属于正在进行中的情感活动，它只有在主体意识的反思中才得以呈现。参见杨虎：《论"以仁观仁"》，《当代儒学》第21辑，成都：四川人民出版社，2022。

② 参见本书第一讲第二节。

③ 参见本书第六讲。

五、返源-立相：观法之两向切转

我前面说，生活领悟、存在领悟的切转，包括返源与立相两个向度。返源的向度即"返源观"，是从"物"向"无"、从存在者化打量和把握方式向本源生活领悟、存在领悟的切转。立相的向度即"立相观"，主要着眼于性、相的挺立，尤其是主体性的挺立问题，由此而有存在者化打量和把握方式之建立和主体诸生活情态的展现。

（一）返源观：存在与情境

我说过，所谓本源生活领悟、存在领悟，不过是描述一种领悟方式的切转，这里既不涉及对于某事某物的"实在性"判定，也不是指不同于某事某物的另一些事物，某事某物还是某事某物，只不过在此有领悟的切转，即观法之切转。在此语境中，所谓本源的存在领悟只是不以存在者化的把握方式观某事某物，而不是指其背后的那种形上根据或发生根源。这里的关键就在于切转思想视域，我们提到存在论总是想到存在者的本质、根据问题甚至生成根源问题，这里必须再次表明一种存在论道路的抉择：关于存在者所赖以表现出来这般性相的终极根据，以及存在者生成的终极根源，于此"存而不论"。当我们把存在者的存在，追溯到某种确定的原因或根据时，已然是把本源存在领悟"物"化、存在者化了。

在此前提下，我们才可以说，儒家哲学除了传统形上实体论，还有其他可能的思想视域，这仍然是一种广义基础主义道路，也正因此，检验的方式也很明确，即通过儒家哲学的基础观念切入。正如我在前面论述"观仁"道路时所说，这个基础观念无疑是"仁"，它在不同时代的儒家思想理论中被表述为不同的观念，比如仁体、天理、良知等本体论观念，尽管思想内涵不完全一致，但都与仁不无关联。从"仁"切入，我们可以设想并检验它能否充当奠基性的存在观念，本源仁爱领悟可否视为前存在者化的本源生活领悟、存在领悟。

作为儒学基础观念的"仁"，其基本意蕴是仁爱领悟，就其可能的视域而言，仁爱领悟就是儒家的存在领悟，仁爱就是儒家的存在观念。仁爱显然不具有对存在者的性相"是什么"做出判定的作用，显然，如果以仁爱为存在观念，从一开始就与语言学、范畴学的进路相差甚远，但这种差别不应被视为隔绝，而应被视为领悟样式、观念层级的不同。"是"这种系动词的作用是对存在者做出判定，而以仁爱为存在观念则属于一种烘托性而不是判定性或界定性的语境。譬如，我们说仁爱领悟蕴含了"人"的主体性挺立的本源可能性，这不能被视为一种界定语境，亦即不是"因为有仁爱领悟，所以有人的主体性"，这只是烘托了"本源仁爱领悟先行于人的主体性，经由领悟方式的切转挺立主体性"。

在传统儒家形上学的理解中，"仁"可以被视为仁性、仁体这样的观念，即通常所说的形而上的本体观念、存有观念。在此语境中，其充分的本体论形态是形上根据与发生根源的合二为一，仁性、仁体既是本体、本相又是总的根源，诸如仁即生理、天理生生、良知生生等都属于这一类问题,其思想宗旨在于为现实的道德伦理生活提供先天根据和实践动力。然而,一些理学家认为仁是性而不是情,也就是说它作为形而上的本体,不能是情感性的领悟,这与我们所说的仁爱领悟即存在领悟有所不同,本源仁爱领悟是情境不二的本源存在领悟,这当然是情感性领悟,它可以充当奠基性观念。

"本源仁爱领悟即本源存在领悟"表明了仁爱进路的存在论形态,亦即不仅是从存在论层级讲仁爱问题,而且是从仁爱领悟之道路讲存在问题。这首先意味着,存在观念不是指某种存在者,即使是某种形而上的终极存在者,存在观念只是一种领悟,人生活着总有所领悟,在日常生活中我们有各式各样的领悟,观境相续,领悟不已。朝向本源存在领悟、生活领悟的"找寻"只能是在当下领悟中进行,而不是单纯的逻辑设定,因此,我们不能通过时间经历或因果推证的方式展开这一找寻活动,一事件的时间开端并不构成它的原初性,一事件的起因如何也未必构成它的原初性,这二者都不可避免无穷倒退而最终只能做出一种逻辑设定。在此,我们只能通过"观法之切转"的视域来透视存在领悟、生活领悟的原初性,亦即,在生活领悟之中何种领悟具有原初性,而不是何种存在者的存在具有原初性。这指向的乃是领悟方式,原初的存在领悟、生活领悟因其不同于存在者化打量和把握方式而成立,而非因它是不同的存在者而成立。

当我们的发问进行到这一步,似乎只能厘定一种视域的区分方式,而无法确定本源存在领悟究竟为"何物"。的确如此,否则岂不是说要在存在者的层级上把握本源存在领悟吗?对此,我们只能用一种形式化的方式说,有相可观、"言之有物"即存在者化打量和把握方式,无相领悟、"言之无物"即本源存在领悟,这说的不是两种事物,而是不同的领悟方式。

姑且不论仁是否可以理解为爱这一思想史争议，人们通常对于将爱的情感视为本源存在领悟是心存疑虑的，仁爱如何成为这样的领悟呢？或者说仁爱是否有这样的领悟方式呢？这一方面是由于"爱"的情感似乎是与诸如"恨"的情感在类型上是相关的，由此而可以有不同的情感类型划分，这种形而下层级的情感意识如何可以充当奠基性的观念呢？这是一个疑虑。另一方面，在生活领悟中，为何是情感而不是认知等其他类型的心灵活动具有先行的意义呢？我以为，在通常的理解中，提出这些疑虑是合理的。

就后一个问题而言，众所共知，凡是认知必然是存在者化、对象化的领悟，认知不能是"无相"，必然"有相"而后可为，因而不是本源性的领悟方式。就前一个问题而言，是由对于爱和情的理解视域所导致的。我之所以要"以爱说仁"，是因为我所理解的仁和爱，既不是像小程子、朱子那样以性情、体用论仁和爱的关系，也不是置仁于形而下的层级。这就需要切转对"爱"和"情"的理解，爱当然是一种情感，但情感不必都是指主体性存在者的情感意识，爱的情感领悟可以是一种前主体性的无相领悟。爱的本义是行走、奔波的样子，除了简化字外，在爱的字形变迁中，始终有"心"的位置，这也就能解释为什么行走、奔波的语境能够和爱发生联系，它蕴含了感动、显现的意境，行走、奔波是爱的显现，在心之感、心之动之际，开显了这一行走、奔波的"牵挂"意蕴，其中包含了情感和境域的显现。

这也说明了情与境的源始关联，情显即境现。就其意蕴而言，本源情境是"无相""无物"的，在本源情境中，人"无我"而物"无相"。当主体意识显露，我反思刚才的情感流动时，可以说我因为爱某人或某物而行走、奔波，我与某人或某物相视而立于此，但这已然是后续的把握方式。这里当然有"相"、有

"物",这是日常生活领悟的实情,我观、我感、我爱,这些都是"及物"的生活情态,我与所及之物就在这里,但若于此切转观法,不可说我与物作为部分共同构成了这一情境的整体,不以相观之,则可以说生活首先是"悠然""不期然"而至的情境,而后当我有所期备地打量时才有种种分别相,然后才可以对其进行分析指出其中构成整体的部分。

情的开显即境的敞现,我曾用"情即是境""情境不二"描述本源存在领悟、生活领悟。尽管这乍听起来感觉不知所云,然而它有其合理的语境,当我从情感、情境谈论存在领悟、生活领悟时,首先悬置了这样一个问题,亦即,主体性存在者和其他存在者所置身于其中的如此这般存在的"世界"是为"何物"所"创造"的?我不知道。我只描述通由存在领悟的切转,生活就在"相"与"无相"的切转中相续不已,无相领悟即本源存在领悟、生活领悟,有相之观即存在者化打量和把握方式,即常态存在领悟、生活领悟。

有人认为,这个世界是以某种理性本体为终极根据的显现;有人认为这个世界是"神"创造的,甚至有人认为,创造这个世界的"神"可能就是来自外星的高维生命;不管怎么说,具有"创造性"的本体必然具有某种"主体性",因为创造就是一种主体性活动,因此这最终都是在说某种"主体"创造了世界。就此进一步言之,有人认为世界是人创造的,亦即通过人的生活,"世界"才得以形成和开显;有人认为世界是由某种精神运动创造的。我们发现,众多类型的"创造"说最终都不可避免归向于某种主体性。这也属于我们日常的生活领悟,因此我们在观一切事情时总是难以避免这一视角,就比如此刻我说"无相领悟",这难道不是一个主体性存在者在领悟吗?如果是这样,那么如何又能说前主体性的无相领悟呢?实际上,当我们在一个限定视域中提出了不同视域的问题，这已然表明了，在当下的实际领悟中是可以切入不同视域的。这当然不是说凡是我能想象的都是有实际"指称"的，这里一定要去除以"指称"验证"意义"的考察方式。

在无相领悟与有相之观中，境中之人、事、物还是这人、事、物，但其"境""界"不同。在无相领悟中，此境是"无分别相"，可以说有境（情境）而无界（分界）；在有相之观中，境转而界分，此境是"分别相"。无分别之境也有其可领悟的方式，这一方式既是情之观也是境之观。生活儒学的基本观念之一是"生活本身首先显现为生活情感"①，我从中受到了很大启发，这里所说的生活情感不是指主体性的、对象化的情感意识而言，而是指原初的生活感触、生活感动。这也可以从我说的"观"来理解，生活情感就是本源领悟，它是无相之观、无物之观，原初的生活感触、生活感动就带有这种特征。生活情感即生活情境，"情显"即"境现"，生活情感的开显即生活情境的敞现，因为情感的显现首先"带出来"的不是一对象物，而是一情境，如"山中观花"，这与其说是我观花而有感动，即所谓"感于物而动"，毋宁说我与花俱在此"观"、此"感动"的情境中现身，当这一情境被打破，才有我作为主体性存在者对于花这一对象性存在者的观审活动。当然，这不是为了说明"境现"先行于"情显"还是"情显"先行于"境现"的问题，而是为了从这两个向度说"情境不二"这同一件事情：生活情境显现为生活情感，生活情感即生活情境。

这并非生活中的特例，凡情之观皆有这一特征，在情感领悟中，观之所观首先不是各个对象物，而是浑沦的情境。在人们通

---

① 黄玉顺：《爱与思——生活儒学的观念》（增补本），成都：四川人民出版社，2017，第63页。

常所说的情感意识中，总是这样一种理解和把握方式：我对某人、某物、某事有某种情感意识。这其实也透显着一种浑沦的领悟，在我与某人、某物、某事之间有某种情感连结，设想若无这种情感连结，则某人、某物、某事对于我的意义将是不同的。如果我们愿意尝试着将这一视角进行存在论"返源"，则可以说，在生活相续中，在生活的一观一现中，本源的领悟不是我观某对象的结果，而是意义的呈现；再退一步说，在生活中，在生命活动中，意义总是先行的。情之观尤其如此，不同的主体与对象之连结乃是由不同的情感意义决定的。就此而言，可以说在本源的情之观中，不是先有了主体和对象才有情感活动，而是先有了情感连结才有主体和对象之关联。

本源的情感领悟先行于对象化、存在者化的把握方式，这不是说我和对象不"在此"，而是不以物观之，不以相观之，故亦可说此境无物、此境无相。生活就是一观一现的相续，在本源之观中所观的首先是情境而不是各种对象物，故观之所"现"原不是指我看见某对象物，而是情境本身的敞现。《诗经》有云：

> 喓喓草虫，趯趯阜螽。未见君子，忧心忡忡。亦既见止，亦既觏止，我心则降。陟彼南山，言采其蕨。未见君子，忧心惙惙。亦既见止，亦既觏止，我心则说。陟彼南山，言采其薇。未见君子，我心伤悲。亦既见止，亦既觏止，我心则夷。（《诗经·召南·草虫》）

我未见心中所牵挂的人忧心忡忡，既见斯人此心方安，虽然见与不见似乎其情思感动不同，但是未见之时已然"居有"我与所牵挂之人共在之境，虽未看见斯人，但斯人在此情境中，否则的话，我看见斯人时此心之安与未看见斯人时此心不安根本就是两件毫无关联的事情,然而,此心之安与不安乃是就同一件事情而言的。这不同的情思感动恰恰说明了,经过主体反思地把握之后的情感意识的对象,若能于此切转观法,则可以说原本就在此无分别的情境之中。《诗经·邶风·静女》有云:"自牧归荑,洵美且异。匪女之为美,美人之贻。"我珍视其物非由物美,乃是因为它是美人所赠,此中物系于情,有情故而珍视,此物在此情的感动之境中方有如此意义。人生天地之间,不惟男女情爱如此,人与天地万物遭遇,皆有其不期然而至之情思感动,虽不知所起而情深似水长流,正如汤显祖所说的"情不知所起。一往而深"①,此亦可说是"无始以来"之"无明",但此无明不是真的无明,而恰恰是不由己之本源仁爱领悟。有人认为这是"感于物而动",这固然是日常生活中的实情,亦即日常的生活领悟,但经由观法之切转,又可以说情思感动之境先行于我与对象物的相视而立。

本源仁爱领悟即情即境,我们所观的原不是一上来就呈现为各个有具体规定性的物,而是浑沦的情境,不是种种分别相,而是无分别之境,其中自然有情思感动,却不是对象化的情感活动。我想进一步说,一切具体的情感活动都奠基于本源的仁爱领悟。就此而言,我用"仁"标识情境不二的本源生活领悟、存在领悟,或者说反过来以此理解"仁",这非但不悖于儒家仁学的思想意境,反倒体现了儒家不舍万事万物的态度。虽然在儒家后学的思想中,仁学进路"十字打开"② 而逐步建立了心性论形态的主体性形上学,但是仁爱观念的浑沦向度仍然有所留存。例如,我们可以在孟子思想中看到,本源的仁爱领悟可以为一切情感活

---

① 〔明〕汤显祖著,徐朔方笺校:《汤显祖诗文集》,上海:上海古籍出版社,1982,第1093页。

② 〔宋〕陆九渊著,钟哲点校:《陆九渊集》,北京:中华书局,1980,第398页。

动奠基，这是对于孔子仁学的直接继承。

就具体的主体情感活动而言，有三个基本问题需要先行说明。其一，情感活动的类型划分；其二，情感活动与非情感活动的本质区分；其三，情感活动对于其他类型之心灵活动的作用和意义。

就第一个问题而言，最常见的情感类型划分就是"爱"和"恨"，这是日常生活中最常见的一组情感活动。当然，还有更加细致的划分，比如"七情"之说："何谓人情？喜怒哀惧爱恶欲，七者弗学而能。"（《礼记·礼运》）七情属于人的天性，是自然的情感能力，它既有情绪的内容，也有意欲的内容，是主体情意的综合表现。相较而言，爱和恨的划分在逻辑上更加周延，但也不完全周延，因为爱和恨并不是严格的相反概念。一般来说，一切情感活动通过"正向"和"负向"进行划分，这相对周延，其他的划分方式或多或少都依赖于此，即便种类繁多也大体可以"分阴分阳"（《周易·说卦传》）。除此之外，其他的划分方式都只能是泛泛的罗列，就心理事实领域或发生层面而言，我们难以对所有的主体情感活动进行逻辑周延的类型划分。

就第二个问题而言，一般把主体的心灵活动划分为知、情、意三个方面，这只能是一种大概的方向，也很难就此对于情感活动与非情感活动进行本质区分。尤其是情和意，比如七情中的"欲"既有意的一面，也有情的一面，情和意在"欲"中发生了关联。在汉语观念中，"意"也是一种"欲"，即便它是指超出物理法则的自由欲求，也是某种欲求，而"欲"也是一种"情"。孟子曾说："可欲之谓善"（《孟子·尽心下》），这是从"欲"切近说明"善良"意志，同时，知其"可欲"的就是"良知"，它又是某种意义上的"知"，此中又可见情、意、知之连结。既然人的情、意乃至于知都处于一种心灵活动的综合连结之中，那么，在心理事实层面对于情感活动与非情感活动进行本质区分也很难做到。

就第三个问题而言,由以上分析可知,情感活动在其他心灵活动中也具有一定的作用。例如,情感可以作为认知活动中的一种构成因素,迈克尔·斯洛特就提出了认知活动中的阴阳结构,分别是指认知的接受性和决断性,他认为二者是相伴随发生的,而"接受性确实包含而且或许就是一种情感"①,就此而言,在认知活动中情感的参与不只是偶然发生的事件,而是不可或缺的要素。再如,情感在意志活动中具有诱因作用。李海超区分了"情感感应"和"情感感受",前者是指潜意识或无意识的情感反应,后者是指这种情感感应在意识状态中的直观感受,前者是后者的源泉。情感感应总是先行的,它未必表现为意识状态的直观感受,但它起到了诱因作用或驱动作用:"情感感受不过是情感在意识中的表现,情感通常以感受的方式出现在观念世界中,而且是以直观的方式出现的。……但如果没有情感的关注,感觉便不可能发生。假如你一点都不关心自己,你便意识不到手被划破的疼痛,意识不到穿衣服少的寒冷。假如你对外物没有一点兴趣,你就会视而不见,听而不闻,食而不知其味。思维本身的运行是需要情感驱动的,思维离不开情感,没有情感的参与,认知理性以及实践决策和推理便不能进行。意志活动更不是独立的,它要么依赖于情感,要么依赖于信念,然后才会指向具体的对象或行为。"②在被我们视为非情感类型的其他心灵活动中,也必然会不同程度和不同方式地伴随着情感活动。

当我们进一步考察在不同类型的心灵活动中情感活动有何不同时,正如前面所说必然面临着心理事实领域划分和本质区分的

---

① [美]迈克尔·斯洛特:《阴阳的哲学——一种当代的路径》,王江伟、牛纪凤译,北京:商务印书馆,2018,第279页。

② 李海超:《心灵的修养:一种情感本源的心灵儒学》,成都:四川人民出版社,2020,第20页。

困难，想达到完全的逻辑周延是不可能的。因此，我们不能依赖于心理事实或心灵活动对情感活动进行划分，只能从其意蕴或意义指向进行划分，而意蕴或意义指向其实就是我所说的情境。

我们说本源仁爱领悟的奠基性是烘托性的，不是直接的因果性连结，本源仁爱领悟为诸情感活动奠基，而在其他心灵活动中都有情感的作用，在此意义上，其他心灵活动也奠基于仁爱领悟，但并不依赖于直接的因果性连结。在传统哲学的表达中，有些表面上看不属于狭义情感的活动在根本上也奠基于情感领悟，可以由此切入情感意义指向的划分。我前面说一切相皆可以视为仁德之相而不舍不断，也有类似的意思，这是一层意思。进一步说，如果我们认为仁在根本上是一种情感领悟，那么其他观念也一定带有某种情感领悟特征（但并非构成性的），这不但能够解释本源仁爱领悟为一切情感活动奠基，而且有助于厘清情感意义指向问题。

孟子言"四端"，后儒说"五常"，又且，我们还可以增加一些观念，又或者从其他观念入手，重新统摄这些观念，比如以"诚"统摄五常、百行："诚，五常之本，百行之源也。"①也就是说，我们可以从这些高频观念入手，考察其中是否蕴含着情感意义指向，但这只是一种随机罗列方式。因此，从传统哲学的高频观念入手划分情感意义指向，不如反过来从情感意义指向来言说这些高频观念，当然也要考虑是否相应。就此而言，我觉得孟子的"四端"之说更加切近，恻隐、羞恶、辞让（恭敬）、是非并不是情感与非情感的划分，而是描述了不同的情感意义指向。按照孟子的"恻隐之心，仁之端也"和"恻隐之心，仁也"之说

---

① 〔宋〕周敦颐著，陈克明点校：《周敦颐集》，北京：中华书局，1990，第15页。

法，有人认为仁、义、礼、智之性源于恻隐、羞恶、辞让、是非之感，也有人认为恻隐、羞恶、辞让、是非是形下之情，只是形上之性的表现和端倪。撇开此处的解释模式之争议不论，端有生长义，也蕴含了方向义，否则何以区分四者为四端？就此而言，可以从此引出不同的意义指向，这最初的意义指向都是情感性的。换种方式说，它们首先都是一种"感"而不是一种"识"，包括情感意识在内的自身意识的反思在这里也不具有原初性。这种感，比如恻隐感，固然是指"这一个感"，但不一定伴随着在恻隐时以恻隐感为同一个意识体验的对象这一行为。至少，在孟子那里，当他把所有特定的前设条件排除出去——这已然表明了对于主体意识活动的悬置，在原初的恻隐感动中，并没有来自这同一个意识的反思活动。

这原初的感动自其"分阴分阳"而言，大体都包含孔子所说的"安与不安"，并最终在从不安向着安的转化中形成了不同的意义指向。比如说恻隐感，首先是一种不安感，但不安中也透着安，如无此恻隐终究会不安，此中不安方为安，羞恶感、辞让感、是非感也是如此。这些不同的情感指向显现为不同的情境，正如我前面所说的，在此原初感动中，情的开显即境的敞现，尽管有其不同，但仍然是先行于对象化、存在者化的本源生活情境。从日常生活的心理发生层面看，这些当然都是具体而复杂的，但这里旨在说明领悟方式的切转，可以说，这些意义指向是一种本源的生活意蕴和领悟结构。我尝试这样来描述：生活的自感自通、生活的本真意欲、生活的本源遭际、生活的真实无妄。尽管向度不同，但这一切都指引着生活的"自观自见（现）"，生活乃是自己如此、自行运作。常态生活中的仁、义、礼、智，这种种表现之所以可能，最终都奠基于这些不同指向的本源情境。如果我们不视仁、义、礼、智为人性的先验本质规定，而"返源"观之，见其生活情境的意蕴，则可以承接孟子所说的"乃若其情"亦即生活实情的思路。

生活向来是自感自通的，人在实际心理活动中的恻隐感受正是生活感通的一种显现样式。恻隐感的开显即仁爱感通之境的敞现，于此观一切人、事、物都在仁爱之境中，孟子所说"乍见"孺子的生活情境，"乍见"的无期备性恰恰说明了它的源始性，亦即在人的对象化行为之先，我有怵惕恻隐的不安感，说明这件事情不在此生活情境之外。孟子但举一例说明这种本源的生活情境，实则观天地万物亦然，皆在仁爱感通之境中。尽管有所不安，但这里的价值意味却并不那么浓厚，它更多的是对于源始观境的描述。我们与其说，这是由于人的"在世生存"所致，因而带有历史性和文化无意识特征——也因此才有人说因为我知道孺子将入于井有危险，所以才会有不安感——这么说固然有其道理；毋宁说，这是源始的生活之自感自通。见人如此、见物亦然，都一般意思。阳明先生曾说："见草木之摧折而必有悯恤之心焉……见瓦石之毁坏而必有顾惜之心焉……"① 这句话也未必不可以做出这般理解：此亦不曾先作对象化打量，顾惜怜悯也不是我故意叹其可怜，这一情感活动是"自己如此"，是情境本身的自行显现，正如阳明先生所说，此"非意之也"②。如我见草木凋零有感，见枝叶繁茂也有感，其感或有不同，但源始观境一般，假如说我存意怜悯之，草木瓦石如此这般存在，我从何知道它们不自在、不自得？这又何须我的怜悯？此中"顾惜怜悯"若重在说明见人、见物之源始观境——用阳明先生的话说就是"与天地万物为一

---

① 吴光等编校：《王阳明全集》（新编本）第三册，杭州：浙江古籍出版社，2010，第1015页。

② 吴光等编校：《王阳明全集》（新编本）第三册，第1015页。

体"之感通无外之境，意境自然通顺，大可不必执其为价值判定。惟有生活本身向来就是自感自通的，人的生活才有感通于人、事、物的本源可能性。①从这里也可以看出，我所说的烘托性的奠基，其实是从两种领悟方式说同一件事情，惟在于有相观之，还是无相观之。

羞恶感是很复杂的，孟子没有进一步举例说明，因此解释空间很大。首先，"恶"的读音和语义是善恶之恶还是好恶之恶；其次，羞恶感是仅与自己有关，还是与他者有关；再次，羞恶感的发生与恻隐感是否有直接关联；最后，在广泛语境中，羞恶感与其他心理活动机制是否有关联，等等，在心理事实发生层面对这些问题进行考察是非常复杂的。在这里，我将着眼于另一个层面，按照同样的方式，羞恶感作为一种与恻隐感同样源始的生活感通，显示了生活的一个面向，那就是本真意欲的显现。就人的生活而言，在实际的心理情感感受状态中，羞恶感、正义感当然和个人、和他者均不无关系，以及不同的感受方向之间也存在着不可斩断的关联，只不过，这种具体的心理情感感受主要指向的是孟子所说的"可欲"的"理义"。

在生活经验中，对于每个人来说，"可欲"的事情有一致的，也有不一致的，甚至直接冲突的。尽管如此，只要生活经验中有"可欲"一致性的表现就能够说明，人的生活意欲有其趋同的一面，这是生活本真意欲的一种显现。孟子说人皆有"心之所同然者"，那就是"理义"，从本能情欲到自由意志皆有其所趋同者："心之所同然者何也？谓理也，义也。圣人先得我心之所同然耳。故理义之悦我心，犹刍豢之悦我口。"（《孟子·告子上》）当孟子

---

① 杨虎：《论观心与感通——哲学感通论发微》，《北京理工大学学报（社会科学版）》2020年第2期。

举例说明时，固然不是一种必然判断，但只要我们在生活经验中领悟这一点，就能说明有某些事情是人们皆"欲"且以为"可欲"的。如同眼、耳、鼻、舌、身、意对色、声、香、味、触、法之本能情欲，人心也有其自由意志的层面，在一种无前设的生活情境中，人人皆有其对理义的意欲——尽管在具体事件和具体处境中的价值判定有所不同。人们首先有这种原初的本真意欲，亦即不造作、不作伪地接纳之意欲，才有生活中趋同理义之可能。这种生活的本真意欲直接地说就是"可欲"，所以"羞恶"者因其"不可欲"，在此否定的表达中更见生活的本真显现。

辞让（恭敬）感显示了生活的本源遭际。我们可以体会到，孟子希望把礼奠定在辞让感、恭敬感的基础之上，这种情感的开显即本源遭际之境的敞现。本源遭际所表达的意思是，生活就是遭际，人"无始以来"就在生活遭际之中。"遭"和"际"均有遭遇、相遇的意思，我想说的是，生活、存在首先是一种遭遇、一种相遇，这是一个存在论事件。我曾说："'际'说的乃是相遇本身，相遇本身才使得两个东西能够相遇。存在之为'际'，这个'际'就是我们人生在世的源始境域。我们之所以能够相遇在'人间世'，乃是由于存在本身即是相遇。"[1]人生在世的各种遭际乃是生活本身的显现，生活首先是情境的显现，生活情境意味着存在者"无始以来"就在遭际之中，由此才有人与人、人与物之间的相遇、遭遇。正如生活儒学所说："生活如此这般地显现着自己，这种生活显现便是情境。所谓情境，乃是一种无分别的境遇。所谓境遇，并不是说的一个现成的人的'生活遭遇'；境遇作为

---

[1] 杨虎：《情性论：儒家存在论与情感学说》，胡骄键、郭萍主编《儒学通论——历史·原理·现代转型》，成都：四川人民出版社，2023，第131页。

情境，恰恰是人之得以生成的本源。"①生活的本源情境并不是指人的生活之外的另一种事物，而是旨在说明生活有其"无分别"的领悟样式，它先行于存在者化打量和把握方式。正如我在本书开篇所说的，生活、存在说的是领悟的事情，没有领悟便无所谓生活、存在，生活的本源情境其实就是在说生活显现着自身，生活领悟着自身，亦可以说，不是"我"在"领悟"，而是"领悟"在"领悟"，这就是前主体性之观。

就心理感受层面而言，我们之所以有辞让感、恭敬感，这固然与既成的社会规范和文化无意识相关，但这也是生活领悟的一种显现样式。我认为，在心理事实层面探讨辞让感、恭敬感的缘由固然有其重要意义，但无法在根本层面说明这一可能性。尽管在本源生活领悟、本源生活情境的层面也无法给出决定性的——亦即形上根据性的解释模式，但仍然是一种奠基性的说明。惟有生活向来就是"在生活中"，生活向来就是"遭际"，人向来就置身于生活中，才有这"人间世"的相遇，也才有辞让和恭敬的实际心理感受。

是非感首先也是一种情感，显示了生活的真实无妄之境。人的生活因各种具体的因素而可能计执种种妄相，但生活本身如其自身地显现着。朱子把恻隐、羞恶、辞让、是非视为情。在性情论思想模式中，情是"形而下者"，尽管如此，这仍然揭明了"是非之心"首先是一种情感性的感通活动，即"是非之心"首先是一种"情""感"。阳明先生说："良知只是个是非之心，是非只是个好恶，只好恶就尽了是非，只是非就尽了万事万变。"②

---

① 黄玉顺：《生活本源论》，《爱与思——生活儒学的观念》（增补本），第233页。

② 吴光等编校：《王阳明全集》（新编本）第一册，第121页。

良知知是知非，是非可以还原为好恶之情感（当然，有人认为这只是例示和表征性说明）。这样的好恶情感如何就能穷尽"万事万变"呢？这里的关键就在于情与境的连结，好恶之情相应于万事万变之境，"如恶恶臭，如好好色"，此中"无有作好""无有作恶"，亦即没有主体的造作，既是真实无妄之境，也是无有造作之情。以此为例说明"情境不二"的源始境域，即见生活相续中时时处处皆有相应的显现，如此于"万事万变"皆可见无妄之境，皆显真切之情。

从这个意义上说，是非感首先不是价值色彩、道德色彩浓重的主体情感意识活动，而是生活实情的显现，从中可以烘托出是非善恶之方向的抉择。这进一步的价值和道德抉择当然是一种主体性活动，但从生活本身看，它不过是生活之真实无妄的显现，亦即生活本身自己如此。宋明儒家从"理"的视角看待这件事情，亦即将生活中的是非感、好恶感奠基于形而上的性理。例如，大程子说："圣人之喜，以物之当喜；圣人之怒，以物之当怒。是圣人之喜怒，不系于心而系于物也。"① 喜怒不系于心，此即不造作之义，而事之当喜、事之当怒皆有其理，理之当是则是，理之当非则非，此即"系于物"，亦即系于事。《传习录》记载："曰：'如好好色，如恶恶臭'，则如何？曰：'此正是一循于理。是天理合如此，本无私意作好作恶。'曰：'"如好好色，如恶恶臭"，安得非意？'曰：'却是诚意，不是私意。诚意只是循天理。虽是循天理，亦着不得一分意。'"② 阳明先生也说此中好恶是"诚意"，皆循天理。

---

① 〔宋〕程颢、程颐著，王孝鱼点校：《二程集》，北京：中华书局，2004，第 461 页。

② 吴光等编校：《王阳明全集》（新编本）第一册，第 32 页。

实际上，宋明儒家的这些说法，也是对生活之真实无妄的一种描述。阳明先生又说："不作好恶，非是全无好恶，却是无知觉的人。谓之不作者，只是好恶一循于理，不去又着一分意思。如此，即是不曾好恶一般。"①此中牵涉两层问题，一是好恶循理的问题，如前所述；一是好恶与不作好恶的关系问题。就第二个问题而言，很多人会从两个层面去理解，最常见的是把好恶循理把握为"实有"的层面，把"不作好恶"把握为"作用"的层面，这固然有其道理，但也可以有其他的理解方式。就人的主体性生活方式而言，自然有情识知觉，有喜怒好恶，自生活的真实无妄而言，"即是不曾好恶一般"，故而亦可以说，"好恶"即生活本身的"自好自恶"，而不是人作"好恶"，此即生活之真实无妄的自行运作。

总之，"四端之心"描述的是生活、存在的自行显现，这虽是本源的生活情境却有不同的意义方向；虽有不同的意义方向，皆是生活的自观自见（现）、自行运作。所谓人的日常生活情态与生活的本源情境并非两种事物，而是不同的领悟方式，这就是我反复说的"观法之切转"，明了这一点，也可见"观法切转无转相"②。

（二）立相观：作为领悟姿态和领悟视角的主体性

自存在领悟、生活领悟的"立相"方向而言，最重要的是主体性的挺立，这是因为一切存在者化打量和把握方式皆有赖于此

---

① 吴光等编校：《王阳明全集》（新编本）第一册，第32页。
② 参见本书第六讲。另见杨虎：《观妙——圆融观法与"妙生万物"的思想方向》，《现代哲学》2022年第2期。

才能展开,这对于常态生活是必不可少的。当然,这也是两向而言的,亦即,主体性与存在者化乃是一体两面的事情。

就存在领悟、生活领悟的描述或哲学叙事而言,主体性问题不可或缺,这不仅是因为它在哲学史上的地位,而且是因为它关乎当下的实际生活。在当下谈论主体性问题,最重要的思想朝向就是主体性的"新生",虽然存在领悟、生活领悟的"立相"不是实体形态的生成,但是主体性的挺立也是一种广义的"生生",主体性的生活情态不断展开新的可能性,显然不能以某种既成的传统主体性观念作为当下生活的精神原则和目标信念。在当下谈论一种主体性观念,不可避免地带有我们这个时代的诸多观念背景,包括价值性的与非价值性的,比如自由、启蒙等观念,这些都是当下生活的所与,不管我们是否愿意,主体性总是在不断地"新生"。

这首先意味着,主体性观念不是亘古不变、万世不易的,也不是给出生活的形而上实体或终极根据,主体性反倒是生活的一种显现样式和领悟视角。就此而言,一般性地说,传统哲学中作为形而上实体或者实体之功用的主体性观念需要被解构,从而为说明当下的主体性生活情态营造一种新的视域。在我看来,主体性观念,并不是存在或生活的实体、根据,而只是一种领悟姿态和领悟视角。

"领悟姿态"意谓主体性是生活领悟、存在领悟的一种姿态、一种样式,我一贯是在与实体形态区分的语境中使用"姿态"①这一语词的。我想以此表达的是,本源存在领悟、生活领悟和主体性观念之间,和主体性的存在领悟、生活领悟之间并不具有实体形态的生成与被生成关系,或者根据与表象的广义因果性关联。同样,"领悟视角"意谓主体性只是一种活动视角,而不是某种

---

① 参见本书第一讲第二节。

实体或根据，换句话说，主体不是领悟活动中的根据性存在者。在主体性之观中，即便我们说领悟活动通过主体性视角进行也好，说主体的领悟活动也罢，这也只是一种视角的描述，并不必然意味着主体性就是领悟活动的根据。这是对主体性观念的非实体化理解，正如所谓"前主体性"观念一样，二者只是领悟视域和样式的不同。

从前主体性的生活领悟、存在领悟到主体性的生活领悟、存在领悟不是观念逻辑的导出，只是领悟方式的切转，在这个意义上说二者不是实体形态的区分，只是领悟姿态的不同。通过这种视域的切转，不再对主体性观念进行实体化把握，所谓主体性不再局限于这样一种理解———一种与客体性相对而言的观念，并且总是以根据和原则的角色出场，而是更加"无化"地理解。这相应于，存在领悟、生活领悟的"返源"与"立相"之切转都不是实体形态的切转，亦即不是从一物转变为他物，只是领悟视域和领悟姿态的切转。

一般而言，只有人才是具有主体性的、现实的实体性存在者，尽管人之外的其他个别存在者也只能作为主词而不能作为谓词被表述，但是，那些"第一实体"，我们却不能把主体性归之于其实体性之中，二者并不能绑定在一起。如果不是类人化或拟人化地看待人之外的第一实体，如果可能的话，甚至包括来到我们面前的这个或那个在形体、动作等方面与我们相似的外星生命存在者，那么我们也难以确证其是否具有主体性。而在类人化或拟人化的视角中，我们会猜想那些异人的外星生命存在者也是一种主体性存在者，这实际上体现了一种通常的理解，亦即，人的实体性存在方式本身就包含主体性存在方式，二者相互决定与被决定。在这个意义上，对于人来说，主体性是其就自身而言的本质特征，正如海德格尔对于主体性哲学，尤其是对意识主体性的一种评论："主体乃是被转移到意识中的根据（ὑποκείμενον），即真实在场者，就是在传统语言中十分含糊地被叫做'实体'的那个东西。"①

如果我们把实体性与主体性剥离开来，不再绑定二者，从表面看来是一种思想的倒退，却可能打开另一种视域：在某种情境中，非实体性存在者也可以居有主体性的姿态和视角；反之我们说一个"人"或一个生命存在者"居有"主体性，不再意味着他或它首先要有某种实体形态。我们不再以人独有的主体性本质审视生命存在者，而仅从领悟姿态和领悟视角观之，则从人与非人的问题来说，某种"异人的主体性"观念是可能的，比如人工智能抑或外星高维生命或低维生命，这不再决定于是否有其实体形态，而只决定于是否居有主体性的领悟视角，至于说，这种领悟视角是意识的或情感的或怎么样的，在此是未决定的；从人的社会生活视角看，一个人能否挺立主体性，不再决定于他所生活于其中的社会实体形态，比如民族国家及其社会制度、文化无意识等，而只决定于他是否居有主体性的领悟视角。

实体性和主体性的剥离非但不意味着向传统主客二元范式的回归，反而仍然走在超越主客对置的道路上。这乍一听着实有点奇怪，其原因就在于作为领悟姿态和领悟视角的主体性观念，不再是那种与客体性观念相对而言的，而那种主体性观念恰恰是由于实体性与主体性的绑定所导致的，亦即，主体性与客体性的区分乃是一种实体形态的区分这种视域所导致的。当然，这里面的观念是交织复杂的。就超越主客对置的思想道路而言，以往的主体性哲学已然取得了巨大成就。我前面提到过，近代以来哲学的主体性观念有两种典范，一种是意识主体性，一种是生存主体性。

---

① ［德］海德格尔：《哲学的终结和思的任务》，《面向思的事情》，陈小文、孙周兴译，北京：商务印书馆，1999，第75页。

所谓生存主体性在生存论现象学中表现得更加典型,尽管生存论现象学带有消解传统主体性观念的意图,但如果从领悟的姿态和视角来看,使用"生存主体性"这个语词并非全无道理。生存论现象学对于"人"的理解和把握便带有我所说的姿态和视角特征,人首先不是一个自在的实体性存在者,如果说是一种主体性存在者,也只是一种生存主体,自始就与他人、他物以及自己处于一种源始的关联中了,这种关联与其说是一种世界要素的整合,毋宁说是世界要素的整合得以可能的生存论前提。甚至可以说,意识主体性便开启了这种可能性,尤其是在意识现象学中,意识的意向性特征也表明了主体与世界的源始关联,现象学在对世界的悬置中,所悬置的与其说是世界本身,毋宁说是对于世界的态度,自然主义的设定在现象学还原中被悬置起来,从而才能发现人与世界关联的源始可能性。

儒家心性学同样蕴含了生存主体性的可能视域,心性观念也蕴含了一种领悟姿态和领悟视角。这需要"切转"对心性的理解和把握方式,不再视之为形而上的实体或其功能,而是一种人与世界关联的"窗口"或"通道"。从人与自己的关联而言,心性蕴含着时间性的领悟,从人与物和人与人的关联来说,心性具有超出自身的情境化意蕴。这不仅表现在个别性、特殊性的心灵感受中,即便是所谓形而上的心性本体亦然,例如,我对阳明心学有过一种可能的解释,仁心(良知)具有时间性和情境化的结构。①在此意义上说,心性作为一种主体性观念,可以理解为一种生存主体性观念。

从这个视角更加能够凸显向着前主体性的"返源",以及进一步的"立相"只是领悟姿态的切转,而不是实体形态的变化。

---

① 杨虎:《阳明心物说的存在论阐释》,山东大学 2014 年硕士学位论文。

就"返源"向度而言，前主体性的视域不过是对此的进一步"无化"，以此观之，则日常的生活世界即本源生活情境，并不是说在这之外或背后还有一个前主体性的境域；就"立相"向度来说，常态生活领悟的视域不过是对此的进一步"存在者化"，亦即，虽然人与世界相向构成，或者说人在生存中展开着意蕴——"世界"，但是也可以进一步存在者化、对象化观之。

主体性观念不可避免，更加确切地说，主体性姿态和主体性视角不可避免，只要我们生活着，就已然在主体性之中了，换句话说，我们的日常生活总是在某种主体的姿态和视角中相续不已。因此，生活领悟、存在领悟必然有"立相"的向度，其中最重要的就是主体性挺立的问题。就其相关的理论问题而言，涉及主体性与自身性，个体性与普遍性，自我性与他者性，主体间性、交互主体性等层面。随着近代以来主体性问题被以专题化形式提上哲学的中心议程，人类哲学史上对这些问题的思考和研究不断深化，贯穿于其中的一条思想主线就是主体性观念的"中心化"与"去中心化"。前者是指以主体性观念为基础或绝对根基的形上学主张，后者则是对此主张的修正甚至拒斥。大体上，近代以来哲学的主体性转向朝着中心化的方向开展，而后现代主义哲学则对此有所修正。其中关涉的根本问题是，主体性观念是否能成为人类生活及其观念系统的绝对根基。人类生活和观念的众多面向在哲学问题中被分类为诸如认知、伦理等问题域，几千年来，人们总是希望一劳永逸地解决这些问题，一直在尝试找到一种绝对的地基，一切问题域的展开都有赖于它才是可能的，尽管它并不能直接解决所有的具体问题。

这种基础主义的思想道路从哲学的开端发展至今，虽然每个时代的观念范式有所不同，但对此的探索总是第一位的。这是"第一哲学"亦即传统形而上学的任务，从"存在"到"思维"，再到

"语言",哲学中心议题的变化实质上就是第一哲学所追寻的观念基础的更新。按照一般的理解,近现代哲学经过了两次大的转向:近代哲学的认识论转向和当代哲学的语言学转向。众所共知,德国古典哲学之后出现了既不同于近代认识论哲学也不同于当代语言论哲学的情感论哲学(克尔凯郭尔)和意志论哲学(叔本华、尼采),认识、情感和意志三者同样都是关乎人之主体性的事情,因此,所谓的认识论转向应该更加一般性地理解为主体性转向。如果说,古代哲学的中心议题是其他"存在者整体"(世界、上帝);那么可以说,近现代哲学的中心议题则是人的诸能力(知、情、意)及其统一性——主体性,而当代哲学的中心议题则是广义的"语言"——包括言说、诠释、符号等在内的诸"生存方式"。

由此可以说,主体性转向意谓哲学的思考重心从其他"存在者整体"转向了人的主体性。人的主体性在发挥理性、发现情感和发动意志诸活动中体现出来,近现代哲学可谓是穷究了人的诸能力,首当其冲的是对理性能力的探究,因而才有所谓近代哲学的"认识论转向"。我们今天关于近代哲学的共识基本上是黑格尔在其《哲学史讲演录》中所总结的:"近代哲学的出发点,是古代哲学最后所达到的那个原则,即现实自我意识的立场;总之,它是以呈现在自己面前的精神为原则的。中世纪的观点认为思想中的东西与实存的宇宙有差异,近代哲学则把这个差异发展成为对立,并且以消除这一对立作为自己的任务。因此主要的兴趣并不在于如实地思维各个对象,而在于思维那个对于这些对象的思维和理解,即思维这个统一本身;这个统一,就是某一假定客体的进入意识。"① 近代哲学以意识主体性为基点,以思维和存在、

---

① [德]黑格尔:《哲学史讲演录》第四卷,贺麟、王太庆译,北京:商务印书馆,1978,第5~6页。

主体和客体的对立为背景,致思于主体如何通达客体,更确切地说,致思于意识是如何把握主客统一的。

近代哲学致力于此的途径有二,即通常所说的经验论和唯理论,在某种意义上说二者都是在"意识"的范围内寻找通达实在的路径。经验论从感觉经验(其实就是感觉意识)出发,它所能切中的只是感觉经验中的"观念"而非"实在"。因此,"知识超不出经验"这一经验论原则的彻底贯彻终于走向了不可知论。而唯理论探究主体的理智能力,试图从观念中推出实在,终于走向了独断论。如此一来,经验论和唯理论得到的是同样的答案:我们所知道的只是我们的"经验"、我们的"观念"。这也就不难理解,几乎所有的经验论者和唯理论者都认为,最高层次的知识是"真观念"或"直觉知识"而非"事实的知识"。康德试图融通二者而打造一个能够兼容"经验的实在性"和"先验的观念性"的认识论体系,因此做出了"自在之物"和"现象"的划界,在某种意义上彻底宣告了"实在"(事物自身、世界、上帝)的"不可知"。黑格尔则试图从精神自身的运动消除主体和客体的对立,把握思维和存在的统一,即"精神现象学"之路:真理是精神的诸现象、意识的诸形态的全体,在这个历程中客体不断转化为主体,自在的存在不断转化为"为意识"的存在。在思维和存在的统一道路上,绝对通过自我意识显现其精神化历程,这同时也是人的主体性挺立的过程。①

随着近代以来主体性形而上学的确立,使"人是万物的尺度"这一古老的哲学命题获得了观念的充实意义,"人"这一特殊的存在者从世界中脱身而出,成为世界图景的中心和根基,哲

---

① 杨虎:《绝对的显现与主体性的挺立:〈精神现象学〉的二重奏》,《宜宾学院学报》2015年第9期。

学终于可以底气十足地宣称:"人成为存在者的尺度和中心。人是一切存在者的基础,以现代说法,就是一切对象化和可表象性的基础,即 subiectum[一般主体]。"①人超然地置"存在者整体"于其掌控之中,世界、实在的可理解性必须通过人之主体性而来,主体性哲学在对人类生活和观念之地基的追寻上达到了无以复加的地步,于是,作为第一哲学的形而上学就把主体性视为"事情本身":"作为形而上学的哲学之事情乃是存在者之存在,乃是以实体性和主体性为形态的存在者之在场状态。"②

后现代主义对主体性哲学的批判主要表现为主体性的"去中心化"思想道路。实际上,在主体性的中心化历程中,已然伴随着去中心化的可能性,例如,哈贝马斯曾认为黑格尔试图克服主体性,尽管这在他的形而上学中并未完成,但黑格尔是"第一位意识到现代性问题的哲学家"③。哈贝马斯在对黑格尔和海德格尔的批判性疏解中,致力于对主体性中心化原则所带来的现代生活危机的消除,从"主体性"到"主体间性",从"主体理论"到"交往理论",从"个体理性"到"交往理性",这些思想观念不能说与现代性哲学的话语系统无关。这也从侧面说明了为什么主体性的中心化思想道路蕴含着去中心化的可能性,主体性观念作为存在领悟、生活领悟的一种样式,它本身有其挺立的过程,因此必然面临着自身确证的问题,而这种确证的疑虑必然蕴含着自我解构的可能性,换句话说,建构和解构是一体两面的事情。

---

① [德]马丁·海德格尔:《尼采》下,孙周兴译,北京:商务印书馆,2002,第699页。
② [德]海德格尔:《哲学的终结和思的任务》,《面向思的事情》,陈小文、孙周兴译,第76页。
③ [德]于尔根·哈贝马斯:《现代性的哲学话语》,曹卫东译,南京:译林出版社,2011,作者前言第51页。

当我们沿着中心化或基础主义的道路,将主体性原则推到极致,它被视为一切生活和观念的绝对根基,但实际生活经验告诉我们,在生活的诸多面向中这一原则并不具有决定意义。一方面,实际生活经验有其前主体性的领悟方式,虽然生活事件需要通过主体性的视角显现,但这并不意味着主体性的领悟方式之决定意义。这正是我在"返源观"中所谈到的存在与情境的领悟,这与我所说的日常生活的主体性姿态和视角并不冲突,固然生活总是在主体性视角中相续不已,这同时也意味着生活总是在"观法之切转"中相续不已。另一方面,在主体性显露的生活情态中,生活也不是全然按照主体性原则展开的。

假如我们完全拒斥主体性,同样是不可取的,从我们的认知到价值,在实然的生活中主体性的视角不可或缺。举例来说,我们都知道牟宗三先生为了建构"执的存有论"或者说"知性的存有论",提出了"良知坎陷"说,认为无执心要自觉坎陷为识心,从而才能使对象的普遍性相呈现。很多人质疑无执心为什么要自觉坎陷?我们在理论层面上当然可以有此疑问,而实然的生活总是在广义的"执"与"无执"中跳出跃入,从这个角度说,"坎陷"反倒是常态生活的实际显现。同样,这对于伦理生活、价值生活而言也是至关重要的,没有主体性的"人"如何能过一种伦理生活、价值生活呢?因此,虽然我们需要正视主体性的去中心化道路对于交往理性、交互主体性等问题的探讨,但是不能进一步走向拒斥主体性的道路,这是不能切中实际生活的。

尤其是在当下的儒家哲学和中国社会的现代性建构中,建构主体性势在必行,因为它关乎现代价值和生活希望,我们仍然要汲取现代性哲学的基本思想资源。以个体自由、启蒙理性等观念为价值导向挺立主体性,这可以说是一种当下的"天命领悟"。儒家讲天命下贯之性,而天命领悟在不同的生活境域中是不同的,天命领悟就是对生活境域的一种观念显示。如果说传统社会有其特定的天命领悟，那么现代社会也有其相应于当下生活的天命领悟。从生活经验和生存体验的视角说，天命所表征的就是我们置身于其中的生活境域，而这些都进一步体现在人类的主体性观念中，可以说，有什么样的天命领悟，有什么样的生活境域就有什么样的主体性。

在这里，我们要避免对于"生活境域"做出实体化把握，譬如我们把它视为民族国家及其社会制度、文化无意识的集合；否则的话，人能否挺立主体性，以及建立什么样的主体性将是被这种并不具有"自明性"的生活惯性所决定的事情。生活境域并不是一种既成的实体，它本身是一种"前主体性"境域，是可能生活的相续不已，在这个意义上，正如生活儒学所说："生活是来，因为生活是际遇；生活是去，因为生活是机遇。但是际遇本身就是机遇。在这个意义上，在生活就是去生活。唯其如此，在生活并且去生活乃是生活本身的本源结构。唯其有对生活的这种本源结构的感悟，我们才可能超越而自由。"[①] 固然，人"无始以来"就"在生活之中"，但这不能被理解为一种实体论的决定意义，而应视其为一种"前主体性"境域，惟其如此，人才能"去生活"，不断超越既成的主体性，建构新的主体性。

在现代性的生活境域中，个体自由无疑是最有代表性的价值观念，这是个体主体性的一种表现，从理念到制度，无不充盈着个体自由的天命领悟。这种个体主体性构成了存在领悟、生活领悟的一种姿态和视角，在我们的生活中不可避免地带有个体自由的"前见"。这么说并不是因为现代社会的生活是我们被抛入其中而不得抽身离去的偶然遭遇，而是生活如是、存在如斯的当下

---

① 黄玉顺：《爱与思——生活儒学的观念》（增补本），第263页。

显现。因此，我们不能把儒家哲学和自由观念对立起来，以某种既成的特定理论形态为根据，拒斥自由，这不仅不能切中当下生活，而且不符合儒家的仁爱精神。我们应该面向当下生活，面向事情本身，积极开发儒家思想资源中的自由因素。就此而言，我完全赞同郭萍建构"自由儒学"①的思想意图，这一思想进路在当下的儒家哲学建构中是不可或缺的。

如果说，这就是我们这个时代的天命，那么，这样的天命与其说是一种非本真的或者常态的偶然遭遇，毋宁说就是生活本身、存在本身的如是显现。孔子曾说他"五十而知天命"，又说"六十而耳顺"，他聆听天命却没有增加或减少任何内容，故只是"耳顺"，天命可"知"，惟在于天命本身既是"天之令"，又是对于"令"的本源显示，故人能知命，这种"知"不是把天当作一种实体对象化地把握，而是以"听"的方式领悟之，所以知天命之后而耳顺，这就是本真的聆听。这就犹如庄子在讲"心斋"时所说："无听之以耳而听之以心，无听之以心而听之以气。听止于耳，心止于符。气也者，虚而待物者也。唯道集虚。虚者，心斋也。"（《庄子·人间世》）可以说，天命之本真的聆听，也是一种"心斋"的境地，"听之以气"实则是"听之以虚""听之以无"，听不是某主体在听某对象，而是"听在听"，故听而无所听，大道无声，天命无言。孔子说："天何言哉？四时行焉，百物生焉，天何言哉！"（《论语·阳货》）天以无言的方式传达着命令，这命令并不是在生活、存在之外的另一件事情，由此说来，本源之"语言""道说"就是生活如是、存在如斯的显现。生活、存在的显现不是我们对于某种实体的对象化把握，它是自身可能性的展

---

① 参见郭萍：《自由儒学：儒家政治伦理的现代重建》，北京：商务印书馆，2024。

开，生活显现为"时际性"① 的生活情态，这是因为，生活本身"与时变易"，现代社会的生活境域是生活本身的一种"时际"，亦即当下的显现样式，我们之所以有个体主体性的观念，乃是因为它是当下的天命时际。

天命领悟绝不只是主体性观念的投射，甚至是某种既成的主体性所规定的事情。譬如，我们既不能说当下的天命时际乃是前现代性的社会主体观念之投射，也不能说是当下的社会主体观念之投射，就好像它是已然准备好放映的电影胶卷一样。正如我在前面所说过的，心性、主体性的挺立是一个历程，为了建构新的主体性，必须不断地向前主体性的视域返源，正因此，相比于实体形态的主体性观念，我更倾向于作为领悟姿态和领悟视角的主体性观念。主体性也并不只是一个悬拟的概念或范畴，它首先是一种生活的实情，既然如此，对此必须通过生活领悟、存在领悟进行说明，但正如我一再强调的，这里没有因果性连结，譬如说从本源存在领悟、生活领悟中生成主体性。领悟有其前主体性视域，但与此同时常态领悟总是主体性样式的，二者是自其不同层级和样式而言罢了。

我前面说过，立相观有绝对主体性之观和相对主体性之观，在此需要进一步松绑，这既是两个层级，也是两种姿态，二者之间没有因果性连结。在实体形态的主体性观念中，绝对主体性可以说是相对主体性的形上根据和终极原因。例如，在传统儒家心性论中，心性本体作为形而上的绝对主体性，一切形而下的相对主体性之活动都可以被视为这种内在于其中的绝对主体性的功用和现象，形而上的心性为体，形而下的活动为用，前者是后者的

---

① 杨虎：《情性论：儒家存在论与情感学说》，胡骄键、郭萍主编《儒学通论——历史・原理・现代转型》，第130页。

根据和本质，后者是前者的功用和现象。我说过，要对于心性做出某种新的理解，说到这两个层级的主体性，只是姿态的不同，并不是两种不同的实体或者实体与功用之关系。

在当下谈论主体性观念，不仅关乎现代性的个体主体性是极其重要的，而且一种普遍的、形式的，乃至于形而上姿态的人类主体性也是不可或缺的，人类生活需要这种视角承诺。在人类社会的各大宗教、思想文化系统中，关于人类主体性的表达大多是形上实体论的。这种形上学思想模式落实在实际的社会生活中，往往会带出以某种既成的社会实体作为社会主体根基的思想逻辑，譬如说把某个民族国家及其社会制度和生活形态视作一种抽象实体，以此为根基进一步审视这个民族国家的社会主体，难免会得出这样一个结论：这个民族国家的人只能有什么样的生活，只能成为什么样的人。有不少人习惯于这样一种社会观察模式：一个民族国家的人如果生活在另一个价值观念体系不同甚至截然相反的民族国家中，他会不习惯，他只适合过这里的生活，而不适合过那里的生活。这种观察和论断往往隐含了以某种既成实体为生活根据的思想惯性。

当一个人在没有抉择权的情况下被捆绑在某种既成的社会实体中，当一个人的存在及其价值被宣称和决定之际，这个人并没有真正挺立主体性。因此，在当下生活中建构主体性，必须解开其中的实体形态，既要避免以某种既成的实体作为根据谈论主体性，也要避免把主体性视为现成的实体，以免遮蔽了主体性的新生视域。与此同时，只有在形式上谈论普遍的主体性观念，才能够作为一种公共话语平台表达人类生活的普遍视角，以此兼容各种宗教、思想文化系统的主体性观念。就此而言，立相观的主要任务，一者是在形而上层级建构非实体形态的普遍主体性，一者是在形而下层级建构个体主体性，在观念上承诺人类生活的普遍视角,承诺个体自由。

本源仁爱领悟所烘托的普遍的情感感通活动,可以用来说明主体性观念的姿态和视角特征,主体性不必是感通背后的实体、根据,反倒应当说,主体性只是开启常态生活的姿态和视角。孟子曾说:"万物皆备于我矣。反身而诚,乐莫大焉。"(《孟子·尽心上》)朱子《孟子集注》说:"此言理之本然也。大则君臣父子,小则事物细微,其当然之理,无一不具于性分之内也。""诚,实也。言反诸身,而所备之理,皆如恶恶臭、好好色之实然,则其行之不待勉强而无不利矣,其为乐孰大于是。"①在这里,朱子从性理论"备于我",从伦理到物理都是性理的表现,他在这个意义上理解"万物皆备于我",视之为理之本然。就接下来所说的"诚"的问题而言,"我"的反身视角没有问题,但以形而上的性理为根据,就是一种实体形态的主体性观念。

孟子这句话往往被视为"心性主体即形而上的实体"的经典表达,实则未必不可以有其他理解。这里的"我"可以有两个层级的意思,一是指个体的反身视角,一是形而上的普遍主体性观念。就后者而言,一般把它理解为形而上的心性本体(本然状态),这并没有问题,然而,如果进一步视之为世界的终极实体、终极根据,则未必不可商榷。这里的关键语词是"物"、"备"和"我",赵岐注:"物,事也。我,身也。"②物即事,万物即万事万物之义,备是居有或备知之义,我即身、己之义。人如何做到居有万事万物或备知万事万物呢?显然从主客认知层级来说是不可能的,那么就只有两种可能的解释,一种是在实体论的语境中谈

---

① 〔宋〕朱熹:《四书章句集注》,北京:中华书局,1983,第350页。
② 〔清〕焦循撰,沈文倬点校:《孟子正义》,北京:中华书局,1987,第882页。

论作为形而上根据和终极实体的"大我"居有和备知万事万物，其中的关键就在于实体与主体合一的思想逻辑，亦即，心性本体即宇宙实体。另一种则是着眼于生活感通的解释，万事万物皆不在领悟之外、感通之外，故说万物备于我，这里的我可以被理解为一种普遍的主体性，但并不是万事万物背后的终极实体和形上根据，只是一种人与万事万物感通的"窗口"或"通道"，是生活领悟的一种姿态和视角。冯友兰先生曾说：

> 同天境界，儒家称之为仁。盖觉解"万物皆备于我"，则对于万物，即有一种痛痒相关底情感。程明道说："学者须先识仁。仁者浑然与物同体，义礼智信皆仁也。""此道与物无对，大不足以明之。天地之用，皆我之用。孟子言万物皆备于我。须反身而诚，乃得大乐。若反身未诚，则犹是二物有对，以己合彼，终未有之，又安得乐？"在普通人的经验中，人与己，内与外，我与万物，是相对待底。此所谓"二物有对"。如"二物有对"，则无论如何"以己合彼"，其间总有隔阂，所以"终未有之"。但仁者"浑然与物同体"，他与万物，无此等隔阂。在仁者的境界中，人与己，内与外，我与万物，不复是相对待底。在这种境界中，仁者所见是一个"道"，"此道与物无对，大不足以名之"。与物无对者，即是所谓绝对。①

冯友兰先生在解释"天地境界"时引用了孟子和大程子的相关说法，他的解释是境界形态的，不是实体形态的，凸显了主体

---

① 冯友兰：《新原人》，《贞元六书》（下），北京：中华书局，2014，第688页。

的情感姿态和视角。在仁心感通的境界中，人与天地万物"无对"，故亦可说此主体是一种形而上的主体，超越对待的绝对主体。若说此中的主体性是仁性、仁体也没有问题，但仁性、仁体不是作为天地万物的实体、根据，而是一种对天地万物"痛痒相关底情感"。这是一种人生在世的普遍视角，正如大程子所说"此道与物无对，大不足以名之"，仁心必然蕴含着"无外""无对"的生命境界，万事万物皆在"我"的"牵挂"之中，这于"我"是痛痒相关的。

当孟子说"反身而诚"时，无疑凸显了这种视角性，"诚"的领悟通过"反身"视角显证。"诚"首先是一种情感领悟，在原初意义上先行于主体性的领悟方式。《中庸》有云："诚者，物之终始，不诚无物。"就其作为真、实的意义而言，如果说"诚"是一种情感领悟，那么这种情感领悟先行于主体性的情感意识活动，在"诚"的领悟中，生活是无分别的情境，人与万事万物在此情境中没有主客对待，此中可以说是"无我"的，而在反身之观中，"我"的主体性视角凸显，这描述的是一种居有的姿态，而不是在事实认知或价值把握层面上的完备性。这种居有的姿态在传统心性论中有诸如仁心体物不遗、与物同体、心外无物、心通万物等表述，我们可以把心性称为形而上的主体性、绝对主体性，但未必要进一步对其做出实体化的理解和把握。

形而上的绝对主体性居有万事万物的姿态，表征了一种人类主体性的普遍视角，从观身到观物，从观己到观人，从感身到感物，从感己到感人，人总是对于世界、生活、万事万物有所观，有所感通。在实际生活中，人不是上帝，人是有限性的存在者，然而，人可以居有某种形而上的姿态，从而居有万事万物，居有这个世界，这无须通过向上帝的越度，并不违背人的有限性事实，因为不必把人的主体性视为形而上的根据、终极实体，它只是存在领悟、生活领悟的一种显现姿态,是常态生活的普遍视角。儒家有"人者,天地之心"的说法,也表达了这种普遍视角,当然,也有人把这一观念理解为实体形态的。天地生物本来无心造作,故万物生生又可以说是万物自生,人既为天地万物中之一物,又是天地万物的"发窍处",如阳明先生所说:"盖天地万物与人原是一体,其发窍之最精处,是人心一点灵明。"①人们通常习惯于用"一气感通"解释"人与天地万物为一体",这虽然没有问题,阳明先生也曾有这样的解释,但是还需要进一步凸显主体性的视角,"一体之仁"就蕴含了这种视角,万事万物皆不在仁心感通之外。大程子说:"所以谓万物一体者,皆有此理,只为从那里来。'生生之谓易',生则一时生,皆完此理。人则能推,物则气昏,推不得,不可道他物不与有也。"②大程子认为,人不同于物的地方在于"能推",这里的"推",有推究、体知、感通、推扩之义,我把它总说为推扩之义,人能"推扩"仁心,故能"居有"世界。

就人类主体性的普遍视角而言,感通于天地万物、推己及人、成己成物首先是一种情感承诺,即仁心感通于天地万物,或者说生活和世界并不是"我"之外的事情,而皆是在"我"的"牵挂"之中的事情。从事实和价值指向的观念而言,似乎只有上帝这个唯一的绝对存在者才能"心外无物",人这种有限性存在者不能居有这种视角。这当然有其道理,但情感恰恰是一种突破有限性视角的道路,人居有万事万物既不是以认知化的态度,也不是以自我的意志为根据的经验累积活动,而是一种领悟的姿态。

因此,我在形式上把形而上的主体性视为一种情感主体性。

---

① 吴光等编校:《王阳明全集》(新编本)第一册,第118页。
② 〔宋〕程颢、程颐著,王孝鱼点校:《二程集》,第33页。

这并非全无道理，这与传统形上学的理性主体性（绝对理性、绝对意识等）和意志主体性（意志本体、道德本心等）有所不同。就实际的生活而言，有限性的人既无法决定其意志和理性成为万事万物的形上根据和终极实体，也无法通过其意志和理性居有世界，至少在没有情感参与的情况下。只有情感这种面向生活、开启世界的通道，才是领悟天地万物一体的发窍处。当阳明先生说我的良知、灵明便是天地万物的良知、灵明，天地万物若无我的良知、灵明便也不成其为天地万物时，良知、灵明并不是人和天地万物之外或之上的超越实体，而只是生活领悟的真情实感："盖良知只是一个天理，自然明觉发见处，只是一个真诚恻怛，便是他本体。"①在"心即理"的语境中，仁心之真诚恻怛即天理呈现，此中可见阳明学情理不二、即情即性的思想性格，这对于我们理解一种情感性的主体性姿态和视角不无裨益。

蒙培元先生在阐述"情感理性"观念时，便指出了狭义心学一系的这种思想性格。在我看来，蒙培元先生是现代中国哲学史上，明确提出一种非实体形态的心灵哲学或主体性哲学的哲学家之一。不仅如此，他把心灵的内容或主体性的结构界定为"情感"或"情理"。蒙培元先生曾对中国哲学心性论做出这样的评论："中国哲学讲'本体心'或'心本体'，但这不是实体意义上的本体，而是指本体存在或存在本体，它是本源性的，但又是潜在的，没有实现出来的。它要实现出来，则必须通过'作用心'，或呈现为'作用心'。由作用而显其本体，或由功能而显其本体，本体必然表现为作用或功能，这就是中国哲学的'本体论'。对此，熊十力先生曾有过精辟的论述，但他没有同实体论划清界限。后来，牟宗三先生也大讲'心体'与'性体'，却完全走上了实

---

① 吴光等编校：《王阳明全集》（新编本）第一册，第92页。

体论。"①应当指出，在现代新儒学尤其是道德实体论的思想模式流行之前，人们对于心性论未必不可以有其他理解，但道德实体论模式对于当代中国哲学的思想视域形成了决定性的影响，一些新的可能性便难以显露。关于熊十力先生和牟宗三先生的思想范式，我前面也有相关的评论。我这里想补充的一点是，在传统儒学的思想视域中，心性论确乎有实体论模式，不过，与此同时也有非实体形态的思想道路之可能，尤其是在狭义的心学一系中，这种可能性是存在的。

当我们面向人类之外的其他存在者时，甚至，假如有一天，当我们遭遇来自地外文明的某种高维生命时，并不能以人类的意志和理性决定他们或它们的生活，我们首先做、实际做的事情，就是情感的显现活动、情感的感通活动。人的情感显现、情感感通是绝对无待的，是从自身出发而不待于他者、他物的，这当然是一种形式化的领悟视角，不带有事实和价值的判定。也正因此，人虽然不是上帝，但是可以拥有这种绝对的视角而不越度，"人"不是居有事实和价值内容的绝对实体，只居有一种形式的、普遍的主体性视角。自情感感通的无外、无对说其为形而上的绝对主体性，对于人来说，"存在者整体"不可"知"，只可"观"，只可"感"。

从形式的、普遍的情感承诺，到具有事实和价值内容的认知和意志活动的开展，构成了从绝对主体性到相对主体性、个体主体性的切转。相对主体性重在对于生命差异性的描述，个体主体性重在对于生命自觉性的描述，前者系于一般理性意识，后者系于自由意志。而在根本上来说，它们都带有情感性特征，并不是完全独立的理性和意志。在这个问题上，我赞同蒙培元先生的思

---

① 蒙培元：《心灵超越与境界》，北京：人民出版社，1998，第 11 页。

想,他在对意志、欲望和认知的分析中,一以贯之地着眼于它们与情感的源始性关联,着力揭明其中的情感性特征。例如,他认为:"如果说,从情感到欲望,构成儒学理论的一条通道,通向生命的最底层,即生物性层面;那么,从情感到意志,则构成儒学理论的另一通道,直接通向生命的最高层,即善和自由。把情感同意志、意向联系起来,形成一种特殊的意志学说,即情感意志学说,这是儒学的又一特征。"① 与"情感理性"观念相比,"情感意志"观念更具原创性,这是因为,在传统哲学范式中,情感与理性的连结,以及意志与理性的连结更加常见。

在实际生活中,每个人在社会政治层面的自由需要制度的保障,这与人所处的生活境域不无关系,正如徐复观先生所说:"人格的完成,同时必须人权的树立。"② 不过,这并不妨碍在生活领悟中,每个人都能建立主体性,每个人都有欲求,包括自由意志。就人的欲求问题而言,有物理层面的欲求,有自由层面的欲求即自由意志,如古人所说的口目之欲和仁义之志。孟子曾描绘过一个极具生命张力的"舍生取义"的情境,人的可贵之处就在于,当二者发生冲突的时候,他能够超越物理法则,做出自由的抉择。据《孟子》记载:

> 孟子曰:"鱼,我所欲也;熊掌,亦我所欲也,二者不可得兼,舍鱼而取熊掌者也。生,亦我所欲也;义,亦我所欲也,二者不可得兼,舍生而取义者也。生亦我所欲,所欲有甚于生者,故不为苟得也;死亦我所恶,所恶有甚于死者,

---

① 蒙培元:《情感与理性》,北京:中国人民大学出版社,2009,第186页。
② 徐复观:《儒家思想与现代社会》,北京:九州出版社,2014,第50页。

故患有所不辟也。如使人之所欲莫甚于生，则凡可以得生者，何不用也？使人之所恶莫甚于死者，则凡可以辟患者，何不为也？由是则生而有不用也，由是则可以辟患而有不为也。是故所欲有甚于生者，所恶有甚于死者，非独贤者有是心也，人皆有之，贤者能勿丧耳。一箪食，一豆羹，得之则生，弗得则死。呼尔而与之，行道之人弗受；蹴尔而与之，乞人不屑也。万钟则不辨礼义而受之。万钟于我何加焉？为宫室之美、妻妾之奉、所识穷乏者得我与？乡为身死而不受，今为宫室之美为之；乡为身死而不受，今为妻妾之奉为之；乡为身死而不受，今为所识穷乏者得我而为之，是亦不可以已乎？此之谓失其本心。"（《孟子·告子上》）

我们习惯于对"舍生取义""杀身成仁"这种在世俗生活中很难遭遇的事件表示质疑，甚至以此否认这种观念可以充当实际的生活信念和精神原则。实际上，这是因为把这种精神原则理解为一种参与性、构成性的行为规范所导致的观察，孔子所说的"杀身成仁"、孟子所说的"舍生取义"只是一种指引性原则，在生活领悟中一个人不仅要遵循物理法则行事，而且可以超越物理法则做出自由的抉择，这样的生活信念和精神原则并不是一种具体的伦理规范。正如孟子所说："人之所以异于禽于兽者几希"（《孟子·离娄下》），这大概是人和动物区别的唯一方向，也正因此显得更加可贵。

在日常生活中，尽管人像其他动物一样遵循着物理法则，但是在人而言，即便是"食色"这样的本能欲求层面，其间仍然有着种种比较和选择，正如孟子所说，相较于鱼而言，大多数人对熊掌的欲求更高，在这两种欲求发生冲突或可供选择时，大多数人会选择对自己而言更高的欲求。甚至，人吃饭穿衣并不只是一种单纯的抵抗饥饿感和冷冻感的本能行为，而可以是一种艺术创作的生命活动。由此可见，即便在需要遵循物理法则的生活行为中，人也不只是单纯依赖本能生活，而可以有自我超越的生命活动，更何况，人不仅有物理欲求，而且有自由和自主的意志。

以"生"和"义"为例，如果说"生"表征了人类乃至于一切生命存在最幽深的物理欲求，那么"义"则代表了人类最高尚的自由欲求，二者都属于人的"欲求"，甚至都可以说是人的"自然欲求"，亦即自然如此的生命欲求。在日常生活中二者未必发生冲突，然而一旦发生冲突，那么这将构成人生中最有张力的生活情境。在这种情况下，孟子提出"舍生取义"，这不是一种不通"情理"的说教，譬如告诉我们说"你应当为了道义而舍弃生命"，孟子论述"舍生取义"的理据是"所欲有甚于生者，故不为苟得也"，亦即"义"的欲求更甚于、更高于"生"的欲求，在人的诸多"自然欲求"中，"义"更甚于"生"。这种阐明方式非常独特，与其说是一种价值的设准方式，毋宁说是对于生活领悟的一种描述方式。如果一个人的生命自觉达到了这种境地，亦即在物理欲求和自由欲求处于极致张力的情境中做出抉择，哪怕他最终向物理欲求低下了头，这种抉择的过程依然是有意义的，依然是那种完全没有抉择或者不能抉择的生活所不能比拟的。

这正是"万物皆备于我"在个体反身视角中的意义，当我面向自己时，自觉其无待而自足。这恰恰与他者或他物无关，一者，我的存在价值是无待而自足的，不依赖于他者的馈赠或恩赏；一者，我的无待而自足并非通由对他者和他物的超越和主宰而来。我是一个有限性的存在者，但在我的反身视角中，这具有真实意义，所谓"反身而诚"是也，在进一步的生命抉择中，我可以超越物理欲求行事。既然无论在何种境域中，人都有自我抉择的可能性，那么人就要为自己的生活负责，在这个意义上说，人是绝对自由的，当然，这不是在说任意而为的事情，因为多数情况下的"任意"恰恰是一种物理欲求层面的生命活动。尽管现实的生活境域，比如社会制度、文化无意识等，这些对我的既成存在方式造就了难以估量的影响；但是，至少就"我"对"自己"的意义而言，如果我不能够建立自由意志，成长为一个真正的个体，那么这属于孟子所说的"不为也，非不能也"（《孟子·梁惠王上》）。

迄今为止，人们仍然在自由意志和决定论之间争议不断。人到底是否具有自由意志？这个问题当然是复杂的，涉及"自由"在心理层面、精神层面、社会文化层面的语境。然而就人的情欲也有超出物理法则的层面而言，人当然有自由意志，这并不是一种先验设准，而是一种生活实情，这是人的"情感意志"。也就是说，这在生活中具有反身的情感确证性，自由意志通过个体情感的呈现方式得以确证，《大学》在论述"诚意"时便以"恶恶臭、好好色"为例，说明人的意志与情感的关联。然而，需要注意的是，这样的说明方式只是针对一般情感和意志而言的，并不涉及它们与道德、伦理之间的关系问题。我们看到，传统儒学经常以这种比喻的方式说明"好善、恶恶"和"为善去恶"的道德、伦理导向问题，实则二者之间并不具有必然性的推导关系，亦即自由意志不必然导向道德行为，这是因为在个体情感显现中的自由意志不可能完全排除质料性内容，在这一问题上我们与康德的思路是不同的，"情感意志"不仅不排除情感内容，而且不必通过道德律令才能得到认识和实现。当然，情感、意志确乎是道德、伦理的基础，如果我们主张一个人要为自己的行为负责，为自己的生活负责，那么就必须承认他有自由意志。

当我说，个体的无待而自足观念乃是我们这个时代的"天命领悟",这好像是在说直到我们这个时代,才凸显了个体主体性观念。的确如此。我以为,其中,人类社会发展和生活经验中的文化无意识是一个重要的因素,文化无意识当然也是生活境域和生活领悟的一种表现方式,虽然它本身是无所谓价值质性的,但是当我们把它作为一种专题对象省思时,就需要从积极与消极两个向度看待。一方面,文化无意识构成了社会生活的基本生活情态和生活领悟,人生在世无疑受到了这种"约定俗成"的生活惯性所带来的巨大影响,它对于社会发展和人格成长无疑具有一些积极作用;与此同时,文化无意识也有可能给人格成长带来消极的一面,这种生活惯性也会带来对于人的限制,乃至于构成观念上的"牢笼",犹如阳明先生所说:"破山中贼易,破心中贼难。"①

在日常生活情态中,人们所宣称的自由或意志自主性,实际上可能是文化无意识在个体心灵中的虚假影像,例如,在传统文化中,人们常说道德抉择在于自己的本心,主流的思想理论总是告诉我们,我们之所以能够做什么,乃在于我们的本心如此、良知如是。可是,这些观念真的经过每个个体的确证了吗?还是往往只是一种对于人们来说习惯于不作批判而现成接受的社会文化观念呢?我认为,只有当每个人真正在情感上确认自己的欲求、意志时,当一个人真正直面自己的情欲时,他才有可能真正挺立自己的主体性。当然,个体的情感、意志如何能够在社会公共生活中成就普遍的意志自由和公共理性,这需要严格的伦理学、政治哲学的探讨。

总之,无论是居有形而上姿态的普遍主体性,还是相对的个体主体性,都离不开情感视角,其间也不存在因果性关联,

---

① 吴光等编校:《王阳明全集》(新编本)第四册,第1255页。

只有非实体形态的"观法之切转"。人能够居有某种形而上的姿态，不是因为人是形而上的实体，而是由于仁爱感通无外。一个人能否挺立自己的主体性，不由其所生活于其中的社会实体所决定，关键在于能否真诚地朝向自己的情欲、意欲。人生在世总是有所"观"，有所领悟，凡有领悟皆意味着主体性的新生。《庄子》曾描述了一种在"观"之中生命得到新生的情境：

> 支离叔与滑介叔观于冥伯之丘，昆仑之虚，黄帝之所休。俄而柳生其左肘，其意蹶蹶然恶之。支离叔曰："子恶之乎？"滑介叔曰："亡。予何恶？生者，假借也；假之而生生者，尘垢也。死生为昼夜。且吾与子观化而化及我，我又何恶焉？"（《庄子·至乐》）

《至乐》篇前后这几段都是在讲生死一如，不悦生、不恶死的道理，这一段文本的直接语境也是如此。不过，我觉得这里有更加深刻的隐喻。滑介叔在"观化"之际，左臂上突然长了一个瘤子，他把这件事情理解为"观化而化及我"，这虽然是就身体的变化而言，实则表征了整体生命情态的转化。这样的理解虽然超出了文本的直接语境，但是契合庄子追求生命转化的思想宗旨。我曾对此评论道："在这里，'观化'乃是观其'自化'的生活领悟、存在观法，'我'观化而'化及我'，实则是观而'无我'从而在'化'中赢获新的'我'，亦即，'化'掉了既成的主体性而生成了新的主体性。"[①]举凡一切生活情态，哪怕那些看似庸常的

[①] 杨虎：《存在观法之切转——庄子"环中"隐喻的"齐物"历程》，《国学论衡》第十四辑，北京：社会科学文献出版社，2023。

生活情态，人总是在不断超越既成的主体性，生成新的主体性，这种超越固然是主体性的实际生命活动，也可以说是前主体性的领悟，或者说唯有在前主体性的领悟中，才有主体性新生的可能视域。

当我们在自觉"作为一个人"并且"成为一个人"的生活朝向中，既不必执持一种形上实体论的主体性观念，更不需要自我系缚在某种既成的社会实体和文化无意识当中。至少，在生活领悟中，在观念和信念上，一个人能够成长为他自己，成长为一个有自由意志、独立人格和生命尊严的人。相比于物理形态的变化，这种观念革新和生命转化更为艰难，我们需要有"冲决网罗""冲破牢笼"的勇气和决心。然而，亦可以说，在朝向前主体性领悟的视域切转中，在重新挺立主体性、建构真实的主体性之际，生活本无"网罗"，生活本无"牢笼"，凡一切阻碍相都没有自性、没有实体，故而说"观法切转无转相"，犹如谭嗣同所说："然真能冲决，亦自无网罗；真无网罗，乃可言冲决。故冲决网罗者，即是未尝冲决网罗。"①

---

① 〔清〕谭嗣同：《仁学·自叙》，《谭嗣同集》，长沙：岳麓书社，2012，第312页。

六、观法切转无转相

前主体性之观，本无"能观""所观"，即无相之境；绝对主体性之观，其所观是形而上存在者和存在者整体，是总相之境，正如我所强调的，这只是一种"姿态性"的"居有"，而不是实体形态的把握；相对主体性之观，其所观是形而下存在者和存在者领域，是别相之境。狭义地说，此中——观、境相应所成之智，即是——领悟，广义地说，观、境、智不二，而皆可以"领悟"言之。凡此种种，皆是生活领悟、存在领悟之样式，只要人生活着，便有种种观境。此中观境，指向人的生活意义而言，便有种种生活境界，或者按照通常的表述称为人生境界。生活境界或者人生境界，相应于三重观境之切转，而有其变化。

生活领悟、存在领悟的三重显现和切转，我称之为"一源三观"（the same thing with three gradations of comprehension）。所谓"一源"者，种种观境皆是生活领悟、存在领悟的样式，而非超出生活乃至隔绝生活的事情。所谓"三观"者，生活领悟、存在领悟有不同的层级和样式，有相对主体性之观，其所观为别相之境；有绝对主体性之观，其所观为总相之境；有前主体性之观，相应于无相之境。此中并无实体形态的区隔，观法切转无转相。既如此，则应进一步说：所以谓"一源三观"者，一别一切别，一总一切总，一无一切无。① 如此，则于种种观境，既不历次第，也无须断除。

（一）一源三观

一生活领悟即具一生活境界，或者说一生活领悟即一生活境界。我在本书开篇就说，生活即领悟，若无领悟便无所谓生活。于此又可以说，凡生活必有其境界，生活领悟不同则境界不同，境界的变化就是生活领悟的切转，亦即"观法之切转"，这也是其实际意义的显现。

我所说的境界既不是指心理主义的个人主观的认知层次和修养状态，也不是指外在于个体领悟的自在的存在者领域。当我们说一个人的境界时，这当然是属于个体领悟的事情，否则只能是一种假定的"理论物"，与此同时，境界作为一种生活领悟、存在领悟，又是超出个体心理感觉层面的。境界不惟可以用来表征一个人的认知层次和修养状态，而且根本上是说的生活领悟、存在领悟。此外，既然领悟背后"一无所有"，运作背后别无实体，那么境界的变化也不是实体形态的转变，譬如从一个存在者领域转变为另一个存在者领域，境界的变化即领悟的切转。

显然，我这里谈的是作为存在论的境界论，不是心理学层

---

① 虽然语境不同，但是这一表达受到了智者大师区分"一心三观"和"次第三观"的启发。智者大师说："若一法一切法，即是因缘所生法，是为假名，假观也。若一切法即一法，我说即是空，空观也。若非一非一切者，即是中道观。一空一切空，无假中而不空，总空观也。一假一切假，无空中而不假，总假观也。一中一切中，无空假而不中，总中观也。即《中论》所说不可思议一心三观，历一切法亦如是。"（《摩诃止观》卷五上）

面的修养境界问题。就存在论而言的境界论主要有实体形态和非实体形态两种思想道路,前者把境界看作是某种形而上的实体或绝对主体的作用、表现;后者把境界视为存在领悟、生活领悟的显现样式。在后者的语境中,所谓形而上的实体或绝对主体,归根到底只是其中一种境界,并且不是境界的终极根据和终极形态。

传统哲学的境界论作为形而上学的一个环节,往往与本体论/存有论和工夫论处于思想逻辑的关联中,简单地说,本体是根据,工夫是通达本体的方法和途径,境界的朝向就是本体的复归。我曾把这种思想模式称为"因位模式":"其所成之'果'并非别有一个'果位',其仍然是本有之'因位',此即所谓'复'、'逆觉'的问题。"①这里有两点需要说明,其一,说境界是一种"复归",就其一般方向而言没有问题,在传统形上学中这是指朝向本体的复归。我们同样可以说,一般而言的境界方向即朝向本源领悟、前主体性之观的"返源"和"复归"。不过,这只是观法之切转的一个向度,实际上,从前主体性之观到主体性之观的切转,亦即"立相"也是领悟的一个向度,这个向度不能说不是一种境界的显现向度。也就是说,在普泛的用法中,境界这个观念应当涵摄一切领悟样式,而不是意谓朝向某种特定状态的复归。这是因为,境界不是指单纯的主观修养状态,果真如此的话,则可以说当我们有了一定程度的修养,并且是正向的或朝向高阶状态的修养,才可以谈论境界;然而,境界是对于生活领悟、存在领悟的描述——正如我在本书第二讲中所阐明的这两个语词的使用语境,则不可以说没有经过修养的状态,甚至朝向低阶状态的方向

---

① 杨虎:《阳明心物说的存在论阐释》,山东大学 2014 年硕士学位论文。

不能显现某种境界。

着眼于此，我坚持这种普泛的使用语境。在这一问题上，我赞同冯友兰先生"四境界"说的理解方式，不仅有所"觉解"的，有"意义"的生活有境界的显现，而且没有觉解的生活也有其相应的境界，他称之为"自然境界"。日常生活的"立相"向度也是不无重要的，这不仅是生活的实际显现，同时也是在观念上不可或缺的承诺，我们有时候恰恰需要自觉地过一种有相的乃至于低阶状态的生活，姑且不论境界总是在生活相续中不断切转，很多时候这样的自觉反倒是不容易的，这不能说不是一种领悟方式和生活方式，因此不能说不是一种境界的显现。

其二，就复归方向而言的境界，并不是以形而上的实体或绝对主体为根据的，不是以本体的复归为终极形态的，复归是朝向前主体性之境的复归，形而上的实体或主体只是这一向度中的一种层级和样式。由此两点，我所说的境界不同于传统形上学语境中的境界论，相应于本论一贯的思想道路，相较于实体形态的境界论，我更倾向于一种非实体形态的境界论。这里有两层意思：第一，境界论的旨归不是向某种形而上实体的复归；第二，境界的层次不是自在的存在者领域的区分甚至隔绝。

在现代中国哲学史上，唐君毅先生的"心通九境"论是实体形态的境界论之典范，蒙培元先生的心灵境界论是非实体形态的境界论之典范。

首需明确的一点是，唐君毅先生所说的"心灵境界"是广义存在论的，确切地说是本体论、存有论的，而不是指心理学层面的心灵感受或修养状态："总而论之，要在言此整个之世界，不外此生命存在与心灵之境界。"①此"境界"是"境"而有"界"，是关乎"存在者领域"和"存在者整体"的，是一种形而上学体系。在唐君毅先生的思想理路中，以生命存在之心灵为基石，通由心境感通的三向活动，显体、相、用三大以成九境，又可约为客观境、主观境和超主客境。遮诠地说，心境感通不是一般而言的创生关系和认知关系②，这是因为，虽然在传统哲学的思想理路中也有心境感通的观念，但是说心境"相互为用"，至少在传统心性论的基础上，进一步强调了这种相互构成的作用。表诠地说，心境"俱起俱现"构成了世界的"意蕴"，唐君毅先生说："此在西哲之说，唯海德格之说略近。其谓人之存在于世界，乃人先自开朗，而后发现世界于前，亦发现其自身之存在于世界。……此一世界，与此心灵之开通而感通之事俱起。"③唐君毅先生的哲学思想与海德格尔的生存论确实有其相通之处。④我在前面说过，这是在主体性之观中所能达到的极致意境，亦即主体和

---

① 唐君毅：《生命存在与心灵境界》，北京：中国社会科学出版社，2006，第 545 页。
② 唐君毅先生说："言境为心所感通，不只言其为心所知者，乃以心之知境，自是心之感通于境，此感通中亦必有知；但知之义不能尽感通之义，知境而即依境生情、起志，亦是感通于境之事故。""言境为心所感通，不言为心所变现。心所变现者，自是心之所通及。然此主体之心，通及客体之境时，此境即自呈现其'性相'于此心。此中，境亦可说有呈现其性相之'活动'或'用'，而后此境与其性相，方得呈现以'存在'于心；而通于境之心，亦必因此而自变为以'呈现此境之性相'，为其'性相'之心，此心又必有此自变之'活动'或'用'，乃有此所变成之心之呈现以'存在'。故此中有心境相互为用之义，不能只言心变现境。"参见唐君毅：《生命存在与心灵境界》，第 3 页。
③ 唐君毅：《生命存在与心灵境界》，第 51~52 页。
④ 杨虎：《论唐君毅与海德格尔的存在之思》，《宜宾学院学报》2015 年第 7 期。

对象的相向构成。

本来，唐君毅先生的心境感通论蕴含了一种走向非实体形态的境界论和存在论的可能性，然而，他最终还是把心境感通活动安置于主体的心灵根据之上，我曾对此评论道："不无遗憾的是，唐先生却特别强调'人之开门见山'、'我开门而见'，即在这里，'人'、'我'这样的主体性存在者始终是先行的，故'心开'终究先行于'境现'"①。并且，心灵境界最终以形而上的实体为依归，在心灵感通的综观活动中，最终依体、相、用而见一神境、空境和天德流行-尽性立命境，这是超主客境，实际上就是实体与主体合一之境，亦即实体形态的绝对主体性之境。因此，心灵境界之终极形态呈现为形而上的心灵、心性本体之"用大"的天德流行-尽性立命境。

尽管都是在言说"心灵境界"，而且都是在广义存在论意义上谈论"境界"，蒙培元先生明确指出，境界不是实体形态的，他认为在唐君毅先生的心灵境界论中"实体论与境界论的区别没有显出来"②。其理据在于，心灵不是实体，境界是心灵的自我超越，是一种存在状态和存在方式。这与传统形上学把心灵或心性进行形上实体化的理解和把握方式截然不同，可以这么说，这一思想理路在注重心之"灵明"作用和功能的同时，并不预设作用、功能背后的实体。

基于这一思想方向，蒙培元先生认为心灵境界就是心灵超越的呈现："心灵境界既然不是实体，也不能用实体论去解释，那么，它究竟是什么？我们说，它'不是什么'，境界是一种状

---

① 杨虎：《论唐君毅哲学中的"感通"与"心灵"》，《理论月刊》2015年第7期。
② 蒙培元：《心灵超越与境界》，北京：人民出版社，1998，第74页。

态,一种存在状态或存在方式。这种状态既是心灵的自我超越,也是心灵的自我实现。说它是'超越',是对感性存在而言的;说它是'实现',是对潜在能力而言的。超越到什么层次,境界便达到什么层次,实现到什么程度,境界便达到什么程度。所以,每个人的境界是不同的。但是,不管达到什么层次,什么程度,都不能离开生命存在的现实,只能在现实中展示其意义,也只能在现实中发生其作用。这就是所谓的'极高明而道中庸'。'高明'即境界,'中庸'即平常事。境界很高的人,并不是进入另一个世界,他也是平常人,做平常事,但是他的所作所为,虽是平常事,却具有不平常的意义,不仅如此,它还有不平常的作用,而且是能够看得见的。它不仅能够使人的"人格"得到提升,而且能够使事物得到改变,产生某种实际效果。"[1]我赞同在实际生活领悟、实际生活显现中谈论境界的思想方向,境界不是生活之外的事情。我认为,谈论一种存在论的境界论,正如蒙培元先生所说,一个人的境界"能够使事物得到改变,产生某种实际效果",这是我极为赞同的。显然,这么一种强判断,在不经分辨的情况下,容易与实体形态的心性本体论相混淆。我以为,在不预设实体形态的心灵、心性的前提下,就存在领悟、生活领悟的切转而言,这是可以理解的,领悟不同,则其生活情态不同,这就是境界的变化,既然境界不是主观的心理感受,那么说到实际生活情境的变化自然没有问题。

总体而言,蒙培元先生的心灵境界论与他所提出的"境界形态的哲学"是一致的,他一方面说境界是存在方式,是关乎"存在"的,一方面说中国哲学的存在论不是实体形态的,而是境界

---

[1] 蒙培元:《心灵超越与境界》,第 413 页。

形态的。这是从不同向度说同一件事情，谈境界论就是在说存在论，谈存在论也是在说境界论，这并不是两件事情。在这一问题上，蒙培元先生受到了其师冯友兰先生的直接影响。冯友兰先生曾说："中国哲学有一个主要底传统，有一个思想的主流。这个传统就是求一种最高底境界。这种境界是最高底，但又是不离乎人伦日用底。这种境界，就是即世间而出世间底。这种境界以及这种哲学，我们说它是'极高明而道中庸'。"① 显然，这里所说的最高境界就是天地境界，而天地境界又不在人的生活之外，这种哲学形态是"极高明而道中庸"的。

当冯友兰先生把境界问题视为中国哲学的根本传统时，视之为"一个传统"时，所表明的并不仅仅是中国哲学的一类思想内容，而是一个特征，普泛地说是一种"哲学形态"，亦即蒙培元先生后来所宣称的境界形态的哲学。在这个意义上，我们能够更深刻地理解冯友兰先生所说的一段话："形上学的功用，本不在于增加人的对于实际底积极底知识。形上学的功用，本只在于提高人的境界。它不能使人有更多底积极底知识。它只可以使人有最高底境界。这就是《新原人》中所谓天地境界。人学形上学，未必即有天地境界。但人不学形上学，必不能有天地境界。"② 在这个意义上说，在"新理学"的思想体系中，相比于"正底方法"，通由"负底方法"的境界进路才是更加切近实际生活领悟的。因此，在新理学中，并不存在着本体论与境界论的问题领域之区分，如果说新理学有其本体论建构，也只是一种形式化的本体论，而其实际的生活领悟、存在领悟，毋宁说就是境界。

---

① 冯友兰：《新原道》，《贞元六书》（下），北京：中华书局，2014，第765页。

② 冯友兰：《新原道》，《贞元六书》（下），第938页。

我最认同冯友兰先生和蒙培元先生的地方在于，他们都是就实际生活领悟而言境界的变化。在冯友兰先生的论说中，境界即人对于"意义"的"觉解"，每个人皆有其独特的"境界"或"意义世界"，就人相通的意义世界而言，有自然境界、功利境界、道德境界和天地境界四个层次。这四个层次表征了境界的高低，说到境界的高低也没有问题，这绝不只是一种主观感受和价值评判，而指涉了生活的实情。至于说到人需要提升境界，这也没有问题，否则的话对于境界的描述也是无意义的。然而，我想进一步指出，境界的变化，亦即生活领悟、存在领悟的切转，包括从低到高的方向和从高到低的方向这两个向度，而不只是其中的一个向度。我这么说，也不违背"极高明而道中庸"的原则，至少其中蕴含了这一可能视域。

冯友兰先生对"极高明而道中庸"做了一个形式的界定："对于本来如此底有充分底了解，是'极高明'；不求离开本来如此底而'索隐行怪'，即是'道中庸'。"① "极高明"意味着"觉解"，"道中庸"表明了"行为"或"事情"，二者相应地指向了"本来如此底"，这说的是生活的本来面目、宇宙人生的实相，人对于宇宙人生的觉解即对其实相的觉解，而所行的事情亦即宇宙人生的实相，无论人与人之间所行的事情是同一件事情，还是不同的事情，只就其所行的事情对自己而言，皆是朝向其本来面目的。于此说，生活的本来面目、宇宙人生的实相就是"日常底事"，觉解之即所谓"本来如此底"，故亦无须离却日常生活，无须断除日常生活。

我以为，这一讲法不仅有儒家"中庸"思想的底色，而且受到了般若学"世间即出世间"思想的启发和影响，按此，

---

① 冯友兰：《新原人》，《贞元六书》（下），第615页。

我们可以从形式上肯认,一个居有"天地境界"的人所行的事情仍然是日常的、世俗的,而不是断离日常生活的。既然如此,我们可以进一步说,只就日常生活中所行的事情,即可通达天地境界,则境界固然有层次的区分,却无实体形态的隔绝,故能由此切转观法,在肯认日常生活境界的同时通达天地境界。冯友兰先生说:"古代儒家中,只有孟子及《易·系辞》的作者说到人的天地境界。但其所说,远不及道家及后来底佛家所说底多且详。……禅宗所说'担水砍柴,无非妙道',虽都很圆通,但总尚有一间未达。担水砍柴,尚无非妙道,何以事父事君,反不能是妙道?此一转语,便转到道学家。明道说:'居处恭,执事敬,与人忠,此是彻上彻下语,圣人元无二语。'由此观点看,在天地境界中底人,即至末见至本。道德底事,对于他亦有超道德底意义。以仁义自限者,其境界固低于天地境界,但在天地境界中底人所做底事,亦可以只是在道德境界中底人所做底事。由此观点看,则所谓方内方外的对立亦已不存。对于圣人,方内之事,即是方外之事。洒扫应对,即可以尽性至命。"[①]暂且不论这里涉及的儒、道、释境界的分判问题,以及其中需要商榷的细节,仅就这里的思想方向而言,可以看出,冯友兰先生对于离却、断除"境界"的做法并不认同。由此,我们是否可以再下一"转语":一个居有"天地境界"的人是否可以自觉地,甚至在某种情境中需要自觉地行道德境界中的事情,甚至行功利境界中的事情呢?

诚然,正如我所说,虽然种种境界并无实体形态的区隔,但是这一转语似乎仍然显得过于强烈。我们且看在冯友兰先生的境

[①] 冯友兰:《新原人》,《贞元六书》(下),第 700~701 页。

界论中是否有这种可能性。这首先会面临的一种诘难便是：一个人已然处于天地境界之中，何以又自觉地行低阶境界中的事情呢？对此，我认为，所有境界中的事情都可以说是"道中庸"的，这可以是同样的事情，而就同样的事情表现出的境界层次有所分别，故而说有所谓"道德境界中的事情"，有所谓"功利境界中的事情"，等等，实则本无所谓不同境界中的事情。在此前提下，我们说一个人通达了天地境界，这并不意味着他断离了之前的低阶境界，恰恰相反，高阶境界能够融摄低阶境界。因此，一个人从高阶境界向低阶境界的自觉切转是可能的，而且这种切转同样不是有所断离的切转，用我的话说，这是一种无相之切转，是"观法切转无转相"的切转。

在此，我们必须避免对于境界做出实体形态的划分，否则很容易做出"断离"的理解和把握。假设有实体形态的境界区隔，才可能导致说一个人自觉地从高阶境界向低阶境界的切转是不合法的。这让我想到，很多人批评牟宗三先生"良知坎陷"说的一个论点是：良知明觉作为无执心，为什么要自觉坎陷为有执心，以及既然无执了，又怎么能再次有执呢？从思想模式上看，这与我刚才所设想的质疑方式如出一辙。我在前面提到了，生活总是在"执"与"无执"中跳出跃入，这是生活相续中的实情，不唯如此，我在这里的回应也同样适用于这一问题。实际上，假如说这一向度是不合法的，那么，相反的向度也同样是不合法的，因为基于同样的模式，则从低阶境界朝向高阶境界提升，其中的实体区隔同样是不可越度的。由此，则势必会弱化其实际生活意义。

基于这一思想方向，我在冯友兰先生的论说中，至少发现了这一转语的可能性。按照冯友兰先生的意思，天地境界中的人做日常生活中的事情，如孔子所说"从心所欲不逾矩"一般，在这个意义上可以说是"超自觉"的。然而，这种"超自觉"却不可以说与"自觉"相反对，不可以说不能融摄"自觉"："在天地境界中底人，有最深底觉解，有最大底眼界，所以不以利害介意，但他却又非不知一般人都是求利避害底。他求'万物各得其所'，所以他虽不以利害为利害，而却亦为一般人兴利除害。譬如，对于一个小孩子，一块糖是一个很大底引诱，于不应该吃一块糖时，他需做一种特别有意底选择，需要一种努力，然后他才能不吃。但成人于不应吃一块糖时，真可以弃如敝屣，并不需作一种特别有意底选择，并不需要一种努力。但他仍非不知，一块糖可以使一个小孩子有很大底快乐。所以他能吃一块糖与否，对于他虽是无关重轻，但他知如与他自己的小孩一块糖，其行为可以是慈。他如亦与别人的小孩一块糖，'幼吾幼以及人之幼'，其行为可以是义，可以是仁。如他的行为是行义行仁，他的行为是道德行为，他的境界是道德境界。如'幼吾幼以及人之幼'对于他底意义，是如《西铭》所说：'慈孤弱所以幼其幼'，则他的道德行为，又有超道德底意义，又是赞化，他的境界是天地境界。"①由此可以说，一个居有、通达天地境界的人其行事虽然可以说是"超自觉"的境界，却也可以融摄"自觉"的境界，尽管这仍然是"不造作"的行事。此中可见，高阶境界可以融摄低阶境界，而同时居有，切转无碍，以其无实体区隔故，非断离故。

我想进一步指出，冯友兰先生所说的"超自觉"的"天地境界"，其实质仍然是某种绝对主体性的观境。人"居有"这一形而上的姿态，而有"同于大全"或者说"同天"之体验，

---

① 冯友兰：《新原人》，《贞元六书》（下），第697页。

这其实就是关乎"存在者整体"的绝对主体性之观。冯友兰先生说：

> 在天地境界中底人，自同于大全。"体与物冥"。"我"与"非我"的分别，对于他已不存在。就所谓"我"的"有私"之义说，他是无"我"底。但自同于大全者，可以说是"体与物冥"，亦可说是"万物皆备于'我'"。由此方面说，自同于大全，并不是"我"的完全消灭，而是"我"的无限扩大。在此无限扩大中，"我"即是大全的主宰。①

这里指出"大我"超出了相对主体性的视域，表明了天地境界乃是一种形而上的绝对主体之观境，这就是通过"负底方法"对于大全的居有。我认为，冯友兰先生说大我是大全的主宰，并不是就其实体形态而言，而是一种姿态性的居有，在此意义上可以说，相应于"正底方法"并不建立"实际"的内容，"负底方法"于人的生活而言更不曾增加任何内容。因此，人在生活之中切转观境，亦即变化其境界，实无阻碍。这也从侧面印证了我前面所说的绝对主体性之观只是从居有的姿态和视角而言，并不是对于存在者整体的实体化把握，所谓的绝对主体性并不能等同于形而上的实体。甚至，在冯友兰先生的论说中，"绝对"观念其实就是一种情感性的观境："同天境界，儒家称之为仁。盖觉解'万物皆备于我'，则对于万物，即有一种痛痒相关底情感。……在仁者的境界中，人与己，内与外，我与万物，不复是相对待底。在这种境界中，仁者所见是一个'道'，'此道与物无对，大不足

---

① 冯友兰：《新原人》，《贞元六书》（下），第691页。

以名之'。与物无对者，即是所谓绝对。"①在这个意义上说，这种绝对主体性就是一种情感主体性，唯有在情感的感通中，人才能居有一种形而上的姿态和视角。

总体来看，冯友兰先生的境界论没有突破主体性的观境，没有切入前主体性之观境。生活儒学也明确地把"天地境界"归为一种形而上层级的观念。为了理解生活儒学的境界论，必须明确"观念的奠基"和"观念的生成"这一区分：

生成：①生活感悟→②相对存在者→③绝对存在者
奠基：①生活本源→③形而上学→②形而下学
境界：①生活感悟→②相对存在者→③绝对存在者→①生活本源②

生成关系与奠基关系中的形而上层级和形而下层级顺序是相反的，这是因为，生成关系着眼于生活领悟的发生层序，一个人首先是一个相对的、有限性的存在者，其次才有形而上的追寻，有形而上的领悟。与此相应，境界与观念的生成是一致的，生活的境界就是如此，唯一的区别就在于："观念的生成关系到形而上的绝对存在者为止不再推进，而只是就此回过头来解释形而下的相对存在者，这正是原创时期或轴心时期发生的事情，唯其如此，人们才会'遗忘存在本身'，或者'遗忘生活本身'；而境界的追求则继续可以推进，由形而上学重新回归生活本源。"③

---

① 冯友兰：《新原人》，《贞元六书》（下），第 688 页。
② 黄玉顺：《爱与思——生活儒学的观念》（增补本），成都：四川人民出版社，2017，第 168 页。
③ 黄玉顺：《爱与思——生活儒学的观念》（增补本），第 169 页。

据此，生活儒学提出了自发境界、自为境界和自如境界，分别对应着生活感悟、形而下存在者和形而上存在者以及生活本源的视域。自发境界是指一个人在自然而然的生活感悟中所表现出的生活情态，这类似于冯友兰先生所说的"自然境界"。自为境界是说一个人切入了主体性的生活情态，乃至于达到了一种形而上的境界，亦即我前面所说的绝对主体性之境。在生活儒学的视域中，冯友兰先生所说的"功利境界"、"道德境界"和"天地境界"都属于自为境界，天地境界乃是一种形而上的观念层级。自如境界是说一个人经过了自我超越，居有一种形而上的境界之后，又回归了生活本源之境，其生活情态是自如的。

冯友兰先生认为自然境界中的人没有"觉解"，就其自然而然、自己如此而言，确乎如此。不过，"没有觉解"也可以有两种意义上的理解，一种是尚未达到觉解的生活领悟，一种是超出觉解的生活领悟。显然，冯友兰先生是在前一种意义上使用的，而后一种意义则又意味着一种前主体性的生活领悟。正如冯友兰先生和黄玉顺先生均提到的，最高的境界往往和最低的境界其生活情态是相似的，区别就在于有没有达到觉解，以及达到觉解之后的超觉解。黄玉顺先生说："所谓的'达到最高境界'，其实就是生活着——纯真地、质朴地生活着。如此说来，这不是又回到了那个最低的境界去了吗？不是又回到了自发境界，或者'自然境界'了吗？当然可以这么说。这就是老子所说的'复归于无物'。所以我常说：最高的境界，就是回到最低的境界。但是，这里还是有个区分：这个最高的境界却又跟那个最低的境界有本质的不同，这个不同就是有无'觉解'。"① 冯友兰先生也说："自然

---

① 黄玉顺：《爱与思——生活儒学的观念》（增补本），第186页。

境界与天地境界，又都似乎是浑沌。"①不过，冯先生所说的天地境界之"浑沌"状态是"大无我"而"有大我"的状态，在本质上是一种绝对主体境，这与生活儒学所说的本源生活情境是不同的，在自如境界中的人，其生活情态不是绝对主体性之境，而是前主体性之境。

总体而言，生活儒学的境界论相应于其存在论，旨在解开传统形上学对于生活本源的遮蔽，呼唤向生活本身的回归。这一"回归"并不是朝向某种实体形态的存在者领域回归。照我的看法，一个通达自如境界的人，他的生活情态也可以是自发的和自为的，区别就在于他已然经过了自觉、自为的超越，而已然"赢获"的自如境界并不是某种存在者领域，因此也可以说是"无所得"的，故而他仍然可以在自发、自为和自如境界中不断切转。人作为可能性的存在者，其生活领悟和生活情态，随着生活的"时际"显现而切转不已。孔子曾说颜回"其心三月不违仁"（《论语·雍也》），颜回已然居有仁的领悟和境界，并不意味着他就永远处于此境界中，就好像"境界"是一个盛装东西的密封盒子一般，好像一个人切入了某一境界就如同进入了一个密封的盒子一般，恰恰相反，其生活领悟和生活情态仍然是切转不已的。

当然，一个人曾经居有某种境界，和他从未居有这境界，这是有所不同的，这是真正构成个体境界差异的事情。一个曾经居有自如境界的人，哪怕他此刻的行事表现为自发境界，这也和一个从未居有自为境界和自如境界的人有所不同。一个曾经居有"天地境界"的人，哪怕他此刻的行事表现为"功利境界"，这也和一个从未居有道德境界和天地境界的人有所不同。从"觉解"

---

① 冯友兰：《新原人》，《贞元六书》（下），第611页。

的角度或者"领悟"的视域看，一个曾经居有自如境界的人，他自觉了解或领悟其境界是"自发境界"抑或"自为境界"，而一个从未居有自为境界和自如境界的人，他没有自觉了解这件事情；一个曾经居有天地境界的人，他自觉了解其境界是"自然境界"、"功利境界"或"道德境界"，而一个曾经居有"道德境界"的人，他自觉其境界是"自然境界"或"功利境界"，对于从未居有过这些境界的人，他没有自觉了解。在这个意义上仍然可以说，虽然一个人或人们所做的事情可以是一样的，但其意义是不同的。与此同时，这并不排斥说：人可以自觉地从高阶境界向低阶境界切转。

我坚持这种境界的双向切转，亦即，境界不仅有"返源"向度，也有其"立相"向度。譬如说，一个人切入了前主体性的生活情态，亦即自如境界，他仍然可以在某种情境下，自觉地、有所期备地建立主体性的生活情态，亦即切入一种自为境界。尽管如此，这对于他和一个从未居有自如境界，尚处于自为境界中的人来说，其意义是不同的，这在根本上并不违背"极高明而道中庸"原则。在这个意义上说，这种从高阶境界向低阶境界的自觉切转，其"自觉"和"有所期备"实则又可以说是"不自觉"的、"无所期备"的，这是"无所转"之切转，是无相之转。譬如说，一个"自如境界"中的人，他可以自觉地建立"自为"的"道德境界"之生活情态，这于他来说是自觉的、有意识的，又可以说是自然而然的。当一个人面向社会公义事件时，他秉持现代性的公民精神行事，这固然是一种自觉的、主体性的生活情态，但也可以同时是前主体性的生活情态，因为这不出于己而系于事。否则的话，假如一个人宣称自己居有"自如境界"，然而他在面向社会公义事件时"麻木不仁"；那么，实际上这个人连"自为境界"都没有达到。正如我一再强调的，生活境界的层次不是实体形态的区隔，故而生活境界的切转不是断离的方式，境界有高低而无隔绝，境界的提升不是对于日常生活的隔绝，乃至于从高阶境界向低阶境界的自觉切转，也不是真的"堕落"，究竟无碍。

总之，若就人的生活意义指向而言，生活境界有自发境界、自为境界和自如境界。境界有高低而无隔绝，故而双向切转无碍，这系于事而非出于己，既"无所得"亦"无所失"，故而境界的切转是无相之转。若就观境、领悟之相与无相而言，则可以图示如下：

……无相⟷别相⟷总相⟷无相……

两边的虚线表示在生活相续中，观境切转不已，凡生活领悟和种种观境的切转在根本上都是"无相"之转。相应地，在无相、别相和总相这三重观境之间的双向箭头表示，观境的切转是两向无碍的。就其相应于人生境界而言，分别对应生活儒学的境界论以及观念层级，可以列表格如下：

观境	生活儒学的境界论	观念层级
前主体性之观-无相之境	自发境界	生活感悟
相对主体性之观-别相之境	自为境界	相对存在者
绝对主体性之观-总相之境		绝对存在者
前主体性之观-无相之境	自如境界	生活本源

人自发地生活着，这就是无相之境，是一种前主体性之观，尽管这与超越自为境界的自如境界毕竟有所差别。一个人作为相对存在者，到居有绝对存在者的姿态，乃至于最后复归生活本源，

其观境从别相之境到总相之境,最后复归无相之境。一个人的境界通达"绝对存在者",这是一种绝对主体性之观,其所观为总相之境,这是一种姿态性的居有,不是实体形态的执定。

我以为,当一个人切入了更本源的观境,当一个人居有了更高的境界之后,便可以在不同观境、不同境界之间切转无碍,其间并无观念的发生层序可循。这与生活领悟、存在领悟之间只有切转而没有因果性的连结,没有实体形态的隔绝是一致的。如此,则种种观境不历次第,无须断除,既不是历经前一观境才可见后一观境,也无须断除前一观境才可见后一观境。在日常生活情态中,有何种观则有何种境,种种观境自然有其分别。我所说的"一源三观",并不是对此的反对,而是旨在说明,生活领悟、存在领悟的切转是无相之转、无碍之转。若说本源的生活领悟、存在领悟是前主体性之观,则一切领悟方式,相对主体性之观、绝对主体性之观莫不是前主体性之观,若说本源的生活情境是无相之境,则一切生活情境,别相之境、总相之境莫不是无相之境。此中不历次第,无须断除,是谓"一源三观"。

在日常生活中,每个人只需就其所能为、所当为行事,则其所成就的人生境界即自如境界,其所切入的观境即无相之境。这犹如阳明先生所说:"盖所以为精金者,在足色而不在分两;所以为圣者,在纯乎天理而不在才力也。故虽凡人而肯为学,使此心纯乎天理,则亦可为圣人;犹一两之金比之万镒,分两虽悬绝,而其到足色处可以无愧,故曰:'人皆可以为尧、舜'者以此。"①阳明先生以精金足色比喻,说明人人皆可以成圣,姑且不论其中蕴含的心性本体论问题,其思想方式值得肯定,虽然人是有限性

---

① 吴光等编校:《王阳明全集》(新编本)第一册,杭州:浙江古籍出版社,2010,第30页。

的存在者，而且每个人的生活情态有所不同，但是这不妨碍皆有其就自己而言的自足和圆成意义。

（二）无相之转

在日常生活中，一个人如何通达种种观境，成就其自足的生活境界，这是一个广义的工夫论问题。我在这里仍然着眼于领悟的机制问题，而不涉及具体的工夫条目和修证方法问题。说到具体的工夫条目和修证方法，古人有非常细致和系统的讲法，比如未发之际有何种工夫可做，已发之后又该如何做，又，身、心工夫有哪些条目，等等。就我目前的观念而言，我倾向于说：行住坐卧，皆是工夫。我们的日常生活，我们的知行活动莫非工夫。当然，我承认有一些专门化的工夫，不过，工夫这一观念可以普泛化地理解。我之所以这么说，有两层缘由。

其一，在传统哲学语境中，工夫与本体、境界是一体相关的。本体既是工夫的根据，也是工夫的目标，一个人通过做工夫所达到的终极境界，其实就是朝向本体的复归。在这种定向的语境中，我们可以说会有一些专门化的工夫，有一些特定的理念和条目，这是其方向所决定的。譬如说，我们不可能通过故意作恶、肆意侵犯他人自由的方式证立良知本体，虽然良知本体就其作为形而上本体而言可以说是"无善无恶"的，但是毕竟良知的开显需要"为善去恶"的"格物"工夫，而这又需要通过"正心""诚意"工夫发挥其实际的效用。就此而言，当然不能说我们在生活中的一切行为都是证立本体的工夫，或者说复归本体的工夫。不过，传统形上学本体论的思想模式也决定了，修证工夫也好，生活事件也罢，一切都是本体的功用和现象。在这个意义上说，做工夫就是普泛的生活事件，正如阳明先生所说："若鄙人所谓致知格物者，致吾心之良知于事事物物也。"①当然，一些专门的、特定的工夫有其独特的意义和价值。

其二，超出传统哲学工夫论的语境，着眼于生活领悟和生活境界的切转，可以说领悟本身就是工夫，做工夫不是说一定要在领悟之外别立一套特定的工夫。我前面说，向着本源生活领悟和自如境界的"返源"，只是领悟的一个向度，其中固然涉及境界提升的方向，然而生活领悟的"立相"向度，同样属于生活本身而不能自外。因此，我倾向于说，工夫的指涉面向就是生活显现的种种面向，如说返源观是一种工夫，则立相观也是一种工夫。譬如说，一个生活在现代社会中的人，他自觉地挺立其主体性，塑造自己的公民人格，这难道不是在做工夫吗？我们无须，也没有资格要求他一定要在未发之际如何、已发之后又如何，一个人果真能成为合格的现代公民的话，这已然不容易，可以说已然做了很多工夫。这关乎伴随着生活方式变迁的工夫论转向问题，关乎生活领悟、生活本身的多重面向问题。

就工夫论转向问题而言，主要表现在工夫践行的内容方面，而其实质是生活方式和生活领悟的转变。对于古人来说，可能需要做"格物""致知""正心""诚意"诸多工夫，这些还不是那种细致的条目，而是工夫的进路。表面看来，或者说在很多人的理解中，古代社会与现代社会在工夫层面所表现出的不同就在于前者有践行，而后者没有践行。实际上，现代社会也可以说有其工夫践行，只不过，践行的内容有所变化。比如我提到的古人的这些工夫进路，同样可以体现在现代人的生活当中，而其内容则可以有所不同。若说"格物"，如读书、做事，莫不是格物工夫，古人对此已有说明。例如，我认为在朱子的格物论中，格物既有

---

① 吴光等编校：《王阳明全集》（新编本）第一册，第49页。

"知"的方面，也有"情"的方面，更有"意"的方面，而不单单具有所谓道德的意义。我把这些向度的格物活动，在根本上视作一种感通活动。①同样，现代人读书、工作，乃至于一切日常生活，作为一种主体性的生命活动或感通活动，也包含这些方面，也可以说是一种格物工夫。再如说"诚意"工夫，从阳明心学开始就彻底凸显了其中的个体观念倾向，更切近现代性的生活。这些工夫的进路并非完全不能适用于现代社会。只不过，我们需要非常谨慎的一点是，传统修证工夫的很多具体条目，不能直接照搬到现代生活中践行。

在这个意义上，我们不能说古代社会有工夫的践行，现代社会没有工夫的践行，只能说伴随着生活方式和生活领悟的转变，工夫的践行有其不同的表现。因此，在现代生活语境中谈论工夫论问题，必须考量生活方式和生活领悟的转变。在此意义上可以说，首先构成现代语境中工夫论问题的观念不是那些具体的工夫条目和修证方法，而是工夫论的转向。我们首先领悟到生活的时际显现，着眼于此才可能有种种相应的工夫。我们之所以有"现代社会不注重工夫践行"这种印象，和诸如说"现代社会缺乏道德伦理"等观念一样，一方面是因为割裂了知行关系，一方面是因为掩盖了古今变迁的视域。我们可以说一切都是生活领悟的事情，工夫不是别立一种与理论相对的实践方法，同样，生活领悟包含古今生活方式的转变，现代人的工夫自然有其不同于古人的地方。

如果说，传统社会和现代社会需要的工夫观念在某些方面是可以达成一致的；那么，这就是工夫对于生活的意义，而且不能

---

① 杨虎：《论感通与格物——朱子格物论的一种阐释》，《中国文化论衡》第 7 期，北京：社会科学文献出版社，2019。

是就特定的，只能是就最普泛的目的而言：一个人应该"成为一个真正的人"。在传统儒家心性论中，工夫是复归本体的方法，是提升境界的方法。本体和境界观念，就其最普泛的意义而言都是朝向人自身的实现，例如传统儒学所说的性理本体观念，"与天地万物为一体""体物不遗"等境界观念，这些都被视为"人"本自具足的，而在现实生活中因种种因素（如气禀、私意等说法），这些都被遮蔽了，所以人需要做种种去蔽、解蔽的工夫。同样，如果说现代社会中的人需要做什么工夫，就其生活意义的指向而言，那么同样是人自身的实现。如何成长为一个真正的人，在传统社会生活方式中有种种相应的理念，在现代社会生活方式中也有其相应的理念。

着眼于非特定的、最普泛的理念，也可以说是底线的理念而言，现代人最需要的就是自由，与此相关的是独立、自尊等人格理念。在现代性的生活领悟中，一个人要具有自由、独立、自尊的人格，才可能成为一个真正的人，而不只是一个广泛意义上的"存在者"。不管所置身于其中的社会制度和文化无意识是怎么样的，人们总是可以有自由的领悟。

这不仅是指意志的自主抉择，而且包括理性的自觉判断和情感的自然发动。这种意义上的工夫就是生活领悟的切转，亦即观法之切转，它同样包括返源和立相这两个向度，一方面，我们领悟到生活相续的时际显现，由此而悬置被强加给我们的观念牢笼，这是返源向度；一方面，在主体性视角中，提升我们每个个体的意志自主性和理性自觉性，并在日常生活的情感感受中验证其切身性，这是立相向度。

就领悟的立相向度而言，人们需要做的普泛工夫就是在观念上挺立自己的主体性，在日常生活中建立自己的人格。这和别人告诉我们诸如应该做什么事情，需要做什么工夫，有哪些修养方法，等等，是完全不同性质的。在这个意义上可以说，现代社会中的人，最需要做的工夫就是"启蒙"，更加确切地说是"自由启蒙"或"自主启蒙"。尤西林把启蒙划分成"施动型"和"自主型"这两种类型，并认为现代性的启蒙奠基于康德哲学，是主体的自主启蒙。①这一洞见是极为重要的，启蒙必须通过个体主体性的视角进行，是一种"生存主体性"② 活动。康德说："启蒙运动就是人类脱离自己所加之于自己的不成熟状态。不成熟状态就是不经别人的引导，就对运用自己的理智无能为力。当其原因不在于缺乏理智，而在于不经别人的引导就缺乏勇气与决心去加以运用时，那么这种不成熟状态就是自己所加之于自己的了。"③未启蒙状态是由于缺乏独立、自主运用理性的决断力所致，而理性决断是可以训练的，导向的是批判精神，这在现代性的塑造中具有重要的作用。

在中国思想史上，也有"发蒙""启蒙"这样的观念，甚至蕴含了"自主"的意味。蒙的一般含义是指某种不成熟状态，如蒙稚、蒙愚等语词所表达的意思，"因病而药"，"蒙"就同时有了教育、培养的含义，这就是发蒙、启蒙的基本意思，亦即解开一个人的不成熟状态，而使得他达到一种成熟状态。蒙的本义是一种藤蔓植物，假借为"萌""稚"，表示幼稚、无知，又引申为蒙蔽、暗昧等义。④《周易》说："蒙，亨。匪我求童蒙，童蒙求

---

① 尤西林：《康德"自主启蒙"与现代社会互动机制》，《中国社会科学》2024 年第 2 期。
② 参见本书第五讲第二节。
③ ［德］康德：《答复这个问题："什么是启蒙运动？"》，《历史理性批判文集》，何兆武译，北京：商务印书馆，1990，第 22 页。
④ 黄玉顺：《易经古歌考释》（修订本），上海：上海古籍出版社，2014，第 41 页。

我。初筮告，再三渎，渎则不告。利贞。"（《周易·蒙》）这句话是说求筮者找我占吉凶，初次告知他结果后，如果他心存疑虑，还要再次、三次地问我，则不再告知。从筮占原则说，初次告知求筮者吉凶之后，再而三地追问，是一种亵渎神灵的行为，因此不再告知。尽管这是在谈论人神"交通"的事情，可以说这种"启蒙"是一种"天启"，但是，这里也可以引申出一个思想原则，那就是启蒙的自主性，首先表现在"匪我求"亦即不是传达神意的筮人去问童蒙，而是童蒙主动来问，其次表现在"再三不告"，如果一个人他自己犹疑不决，再三告知也没有意义。就筮占而言，从无知到觉知，固然是神意的传达和接收，这也是所谓"诠释"的原初语境，但在这个过程中人需要自己决断，这也蕴含一定程度的"自主"意味。

自主启蒙不仅需要自主决断或批判精神，而且需要情感感受的指引和相应的生活契机。譬如，对于一个长期生活在极权社会中的人来说，在社会制度和文化无意识的限度中，他很难自觉地突破这些观念的牢笼，并且往往成为编织这个虚妄网罗的群体成员之一，而在某些契机中，他通过观察其他社会中的人的生活，在生活感受和情感指引中激发自己的生活意欲，从而在领悟中、在观念上对于自由的生活有所向往，有所诉求。一个人在通过理性的见解改变自己观念的过程中，情感感受是不可或缺的，再者说，一个人做出自主决断本身就是一种广义的情感活动。在这个意义上，我愿意使用李海超提出的一个观念"缘情用理"[1]加以说明，这是李海超关于情感与理智关系的核心观念，他认为情感是一切活动的机缘和价值开显的源泉，但情感的机缘并不意味着

---

[1] 李海超：《情缘论：中国情感主义哲学史纲》，北京：中国社会科学出版社，2024，第237页。

任意而为，它同时强调理智的谋划，从而实现情感的价值指引。人的自主启蒙也需要"缘情用理"，我们在生活的契机中，在情感的激发和指引下，运用理性能力，实现自我的启蒙。我以为，这是我们在当下生活中，最迫切需要做的"工夫"。在一般意义上说，这也是建立主体性，建构"自我"观念的生命活动。

就广义的工夫论指向而言，生活领悟的"返源"和"立相"两个向度都是不可或缺的。在现代性的生活中，自我挺立主体性，建立自由、独立的人格，过一种有尊严的生活，这是当下的生活意欲。我们一方面需要做"返源"工夫，切入前主体性视域，观一切阻碍相实则无相，并不能决定个体的本真生活；一方面需要做"立相"工夫，自觉地在生活相续中挺立新的主体性。

生活总是在"返源"和"立相"的两向切转中相续不已，这两向观法贯穿于存在、工夫和境界诸问题。生活不会全无领悟，领悟不能全无切转，我们总是在不同的观境中跳出跃入。我说"一源三观"，生活领悟、存在领悟"一无一切无""一总一切总""一别一切别"，不历次第，无须断除，这听起来似乎不需要"切转"。然而，就其向度和层级而言，领悟总是在不断地切转，也需要切转，譬如我们固然可以说苦无相、恶无相，由此进一步说于苦、于恶中见真实，但绝不可以说不应断除苦，不应断除恶，而应当说需要断除苦、需要断除恶，比如一个人由恶向善的观境切转，这是有其真实意义的。这是无相之转，没有实体形态的隔绝，故而不是实有的断除方式，究竟没有阻碍相可执，这和我所说的"无须断除"并不矛盾。也可以说，以"不断除"的方式断除，断除而实"无所断除"，无相可执之故，观法切转无转相，因无相故可以切转，因无相故切转无碍。

人虽有限，而生活究竟无定着之相可执，对于个体而言固然有种种具体的生活境域，而生活本身究竟无阻碍相。一切都在生活之中，一切都在领悟之中。这绝然不是在说诸如"岁月静好"之类的无原则性的生活态度，而是在说源于仁爱领悟，我们在世生活而不舍万事万物，在实际生活中不断成就个体自由和事物自如的生活境界。我们可以在生活相续的任一契机中切转观境，究竟都是无相之转，不惟返源观是无相之转，立相观也是无相之转，事情本身之当如何则如何，不出于己而系于事，无住于相则相即无相。

人生在世，哀乐相生，真妄随转，皆生活之流动如斯，存在之法尔如此。我们无法"实有"地掌控一切世间的性相，唯有在仁爱的生活领悟、存在领悟中，在生活相续的观境切转中，找寻存在的意义，成就自己的生活。

附录

论观心与感通

　　感通论贯穿于儒家哲学主线之中，儒家心性论的主流思路揭明了感通之于心性开显的意义，即感通是心性本体的自身开显机制，却遮蔽了更加本源性的感通领悟。感通就是本源事情，心灵是感通的呈现处，而非感通之根源，可以说"不感无心"。生活本身自感自通而开显着人物遭际的先行可能性，人心在原发的生活感触中生成；人总是在生活的"相忘"和"相视"中跳跃，在主客相视中，人心感受阻碍而有求其通之意向，其所能赢获的最大可能性就是"通过阻碍"而"居有"某事物——人与事物皆得其真身呈现于此。于此说，感通即无碍：无碍是感通之分析的同一，在感通的可能性中先行分析出无碍；感通是无碍之综合的同一，在感通中具体实现无碍的状态。在实际的人心呈现中，感通与阻碍相伴相随，人心即病即药，这一两向虚设、双向回环是有其真实意义的。在"绝待"的"观法之切转"中，观"心"即"无心"，"见"（现）天地万物之因缘整体无碍；观一心即万心，人心皆有其本源情感显现之根源，不待而与他心相即，见人我无碍；观一念即万念，观这"人间世"的一切境界皆"在感通之中"，见物己无碍；从而，在存在观法上为个体奠立积极的生活姿态。生活相续而感通不已,观心切转虽"无所转"而有其发生契机,必就感通中任一心念而言,并在实际的感通历程中具体实现出来,于此说感通无碍的先行可能性与其实际显现的双向印证。

一、不感无心

一般性地说,在中国哲学中,感通观念用以表示"事物"(人、物、理、事等)发生某种勾连活动及其呈现状态。与此相关的观念还有交感、感动、感触、感应等,就其细微的区别而言,交感侧重于感之"交"(交互),感动和感触偏重于感之"动",感应指示感与应的一体相续,正是勾连活动使得这些观念具有一般性关联。

在既有的儒家哲学中,感通观念多用在表达主体情感活动的语境中,但实际上,在主体性层面谈感通活动,不必限于情感活动,可以有其知、情、意三个向度,而最终奠基于本源的仁心自感自通。[①] 儒家哲学对感通的情感向度之重视,对于阐明心性本体的"呈现"具有决定性意义,例如牟宗三先生在谈到《周易》之"感"时便称之为"存有论的感(ontological feeling)"[②],自主体一面说,这就是"本情"、仁心感通。顺便指出,"本情"也

---

① 我认为,感通论不仅蕴含了存在论,也有其工夫论向度,传统哲学的格物工夫论便可以理解为一种主体性层面的感通活动,因其有知、情、意三向活动,而有格物的知识、情感、伦理三个向度,这最终奠基于本源的仁心自感自通。参见杨虎:《论感通与格物——朱子格物论的一种阐释》,《中国文化论衡》第 7 期,北京:社会科学文献出版社,2019。

② 牟宗三:《周易哲学讲演录》,台北:联经出版事业公司,2003,第 63 页。

是为了与康德在实践理性领域极力排除的——作为"质料"的——情感意识相区别而说的。这对于揭明仁爱情感的本源奠基性是有其积极意义的，因为在本源层面谈感通，就是仁爱情感的显现活动。

从中国哲学的主线来看，感通论有两个直接的来源①，一是《孟子》系统，一是《周易》系统。就《孟子》系统来说，尽管孟子没有直接提到"感通"，但孟子从怵惕恻隐的情感显现立论心性的可能与证立，蕴含了后世仁心感通论的思想可能性；相较而言，《周易》蕴含的感通观念并不偏重于情感显现以及人心活动，而多就天道之阴阳运行机制言。宋明儒学之后，四书系统与《周易》系统融贯起来，以心性融摄天道的主体性形上学趋势越来越明显，相应于此，《周易》所蕴含的感通观念就被收摄进心性论中，以体用论模式把握"寂感"，以"寂"为心灵本体，以"感"为心灵的作用。其思想逻辑的完成，是把感通理解为某种心灵本体的自身开显活动，其思想理路是，感通根源于某种心灵，可以标识为：无心则不感。

《周易》的感通观念，直接指示的是阴阳交感与万物会通的活动或机制。《周易·系辞上传》说："《易》无思也，无为也，寂然不动，感而遂通天下之故。"这里是说，《周易》所揭明的易道不待思虑和造作，通过阴阳交感会通天下万事万物以达其情实。感而遂通与寂然不动是对感通之道的两向描述，"寂然不动"是对"无思、无为"的进一步描述，易道不由造作，运作自然而"感而遂通"，一面就其不由造作言寂，一面就其能运万物说感。在此，寂、感既不是指示静和动两种状态，也没有体与用、形上

---

① 就其更加古老的渊源来说，至少在《尚书》中可以看到某种天人感应、人神感应的痕迹，我们这里不做专题讨论。

与形下之分。从《周易》"感而遂通"的语境引申出广义的感通观念，有时用来表示人与事物发生勾连的活动及状态，例如说人感通于鬼神；有时用来表示事物发生勾连的活动及状态，例如说天地交感；等等，不一而足。当后世儒家以心性体用论来融摄寂感观念，就把感通归属于人心活动的层面，而以人心的本然状态或某种心灵本体为根据。这里以情感为例，小程子和朱子（中和新说）都以未发、已发论性和情，认为未发是性，已发为情。在这里，性和情、未发和已发不是指两个阶段，而是指心之体和心之用两个层面，性是"寂然"之"体"，情是"感通"之"用"，这正相应于朱子视感通为"气之动"："先祖世次远者，气之有无不可知。然奉祭祀者既是他子孙，必竟只是一气，所以有感通之理。"① 但是，由于在朱子不能即实际的人心直接言性，人心的感通活动并不直接是心灵本体的自身开显，而只能是某种泛义的表现样态，这与朱子论性不可见，须以情感显现反推性体，但性与情不能为一的思路相应。

感通是某种心灵本体的自身开显活动，这一思想逻辑在阳明、龙溪、牟宗三先生等人的哲学建构中完成。与小程子、朱子不同，阳明、龙溪、牟宗三先生等人对于感通的理解更加体现了"体用一源""体用不二"，相应于即实际的人心言心灵本体的思路。阳明说："寂然感通，可以言动静，而良知无分于寂然感通也。动静者，所遇之时，心之本体固无分于动静也。理无动者也，动即为欲，循理则虽酬酢万变而未尝动也；从欲则虽槁心一念而未尝静也。动中有静，静中有动，又何疑乎？有事而感通，固可以言动，然而寂然者未尝有增也。无事

---

① [宋] 黎靖德编，王星贤点校：《朱子语类》，北京：中华书局，1986，第 37 页。

而寂然，固可以言静，然而感通者未尝有减也。'动而无动，静而无静'，又何疑乎？无前后内外而浑然一体，则至诚有息之疑，不待解矣。未发在已发之中，而已发之中未尝别有未发者在；已发在未发之中，而未发之中未尝别有已发者存；是未尝无动静，而不可以动静分者也。"①阳明认为本心本体不分动静，不分寂感，本心寂然即在感通之中，感通并不是别有一心，而即本心之感通。阳明心学通贯未发与已发、寂与感，说人心感通不碍本心寂然，说心体寂然亦不可说它没有感通，良知本心是即寂即感的。龙溪也说："心即是寂然之体，意即是感通之用。常寂常感，常感常寂，更无有不得时也"②，意是实际的人心发动，从"体用显微只是一机，心意知物只是一事"③的思想逻辑来说，意之感即心之寂，实际的人心感通即心性本体的自身开显，这是直接的如一，而非反推的证立。牟宗三先生认为阳明学的本心良知之天理"即存有即活动"④是不无道理的，牟先生立论仁心觉情、仁心感通，也是通贯心理，即主体即实体，即实际人心即心性本体而言的。在牟宗三"两层存有论"中，无执的存有论是智的直觉创造"物之在其自己"之物，这就是良知明觉感应之物，亦即仁心感通中物之如相的现身。

在这种思想理路中，实际的人心感通活动固然可以说是本心本体的自行运作、自身开显，但感通仍然是根源于某种心灵的活动，换言之，没有某种心灵则没有感通活动之可言。我则认为，不感则无心，亦即，感通活动先行于心灵，心灵是在感

---

① 《传习录中·答陆原静书》，《王阳明全集》（新编本），杭州：浙江古籍出版社，2010，第69～70页。
② 吴震编校整理：《王畿集》，南京：凤凰出版社，2007，第69页。
③ 吴震编校整理：《王畿集》，第1页。
④ 牟宗三：《心体与性体》，台北：联经出版事业公司，2003，第63页。

通活动中生成的。我无意于纠缠一种类似"先有鸡还是先有蛋"的"理解悖论"或者说"获知存在者悖论"①，问题并非如此，这是就感通领悟的观念层序，不是就单纯的时间发生和形式因果而言。

首先，我们要区分"心灵有感通能力"和"感通活动根源于心灵"。我们可以说，人心因其"灵明"（心灵之"灵"），能够感通天地万物并"感通着这一感通"，例如阳明说："天地鬼神万物离却我的灵明，便没有天地鬼神万物了。我的灵明离却天地鬼神万物，亦没有我的灵明。"②又如唐君毅先生说："'灵'则言其虚灵而能通外，灵活而善感外，即涵感通义。"③但从这一前提出发，只能有"心灵有感通能力"的判断，而不能有"感通活动根源于心灵"的判断，尽管二者是可以相容的。其实，阳明和唐君毅先生的说法本身就蕴含了心与境之构成性的思想可能，这至少对于以心灵为感通之根源的思路有某种程度的"宽衣解带"。

其次，人心生成于生活的原发感触，人心感动即生活的触动。

其一，人心有感是一种"被-感"活动。《说文》："感，动人心也。"感是形声字，从心部，但并不妨碍说感是人心被触动的活动。《礼记·乐记》说："人生而静，天之性也。感于物而动，性之欲也。"④依《礼记》所言，人心有感是与物相接被触而动。这一经验化的理解虽然有其限定性，但也显示了人心的"被-感"

---

① 此处借用张祥龙先生语，他用"获知存在者悖论"意指那种现成化的把握方式所带来的理解困境。参见张祥龙：《现象学导论七讲：从原著阐发原意》（修订新版），北京：中国人民大学出版社，2011，第265页。
② 《传习录·上》，《王阳明全集》（新编本），第136页。
③ 唐君毅：《生命存在与心灵境界》，北京：中国社会科学出版社，2006，第1页。
④ 王文锦译解：《礼记译解》，北京：中华书局，2016，第547页。

性。这与人心有感通能力并不矛盾，也无关乎内外之分："感于内者自是内，感于外者自是外。"①

其二，更加深刻地理解"被-感"并不限定于人接触具体的事物而言，而是人在生活情境中"被-感"，感之所感即原发的情感显现，这是人心之动的先行可能性。孟子说："所以谓人皆有不忍人之心者，今人乍见孺子将入于井，皆有怵惕恻隐之心。"（《孟子·公孙丑上》）如果分解地说，"乍见"的当下性描述了原初生活情境的"不经意"性，"非所以内交……要誉"描述了原初生活状态的"不计量"性，"怵惕恻隐"描述了原初生活情感的"不由己"性，这些都是孟子对生活情境的存在论描述。"乍见"而"怵惕恻隐"的生活情境及其原发情感显现是不期然而至的，这不是由主体意识所决定的，不是由人心所选择的，恰恰相反，无此生活感触、情感显现则无人心的呈现。若非此，则孟子之"乍见孺子将入于井"也好，佛陀之"路遇老病死者"也罢，就如偶见风、雨、雷、电，本无所谓痛怵与否，亦无人心之动可言，正是由痛怵的感触说人心之"不忍"，于此"见"（现）本源的仁爱情感、悲悯情感。当然，怵惕恻隐之感触即人心感动之最初一念，并无时间先后之分。顺便指出，孟子的描述透显出，原发的生活感触即情感显现，所以，黄玉顺先生认为本源的生活情境首先显现为仁爱的生活情感是不无道理的。②孟子说，恻隐的感

---

① 朱子这里是针对程子所说"感只是自内感"所说，程子之意有两种可能的解释：一种是从仁心自体感通来说，一切事物都不在仁心感通之外；一种是从感与应的一体结构来说，感本身便包含着应，此心之应亦是感之事。关于第二种，朱子也说过"专于感而言，则感又兼应意"。参见［宋］黎靖德编，王星贤点校：《朱子语类》，第2438页。

② 参见黄玉顺：《爱与思——生活儒学的观念》，成都：四川大学出版社，2006。

触呈现于人心,即仁之"端",对此不外乎可以有两种方向的理解,一是恻隐情感是仁性挺立的根源,如黄玉顺生活儒学所说①;一是恻隐情感是仁性之用,在此方向中,要么以情感反推性体,如朱子《孟子集注》所说:"此直因用以着其本体。"② 要么即情是性,如阳明"良知之真诚恻怛"、牟宗三"本情"说。但无论是哪种理解,都不可否认生活感触蕴含了人心呈现的先行可能性。

最后,本源的感通是生活本身的自行运作,蕴含了人我、物己之遭际的可能性,人与物"俱起俱现"(借用唐君毅语)于生活的自感自通中。但凡人心活动处,生活的原发感触、情感显现总是先行的。见孺子如此,见鸟兽、草木、瓦石亦是如此:"见鸟兽之哀鸣觳觫,而必有不忍之心焉"③,"见草木之摧折而必有怜恤之心焉"④,"见瓦石之毁坏而必有顾惜之心焉"⑤。在根本上说,生活本身是"自观自现"⑥,生活之"见"即生活情境之"现",大程子说:"天地之间,感应而已,尚复何事?"⑦这里所说的感应,不必局限于仁心、理气、心物、内外等向度来理解,着眼于感应本身、感通本身来说,若无感应、感通,则无人物遭际的世界开显之可能。阳明"山中观花"、唐君毅先生"开门见山"

---

① 参见黄玉顺:《爱与思——生活儒学的观念》,成都:四川大学出版社,2006。
② 〔宋〕朱熹:《四书章句集注》,北京:中华书局,1983,第 329 页。
③ 《大学问》,《王阳明全集》(新编本)第三册,杭州:浙江古籍出版社,2010,第 1015 页。
④ 《大学问》,《王阳明全集》(新编本)第三册,第 1015 页。
⑤ 《大学问》,《王阳明全集》(新编本)第三册,第 1015 页。
⑥ 参见杨虎:《从无生性原在到有死性此在——重读海德格尔的"存在论区分"》,《河北学刊》2015 年第 4 期;《哲学的新生——新基础主义道路:传统基础主义和反基础主义之"后"》,《江汉论坛》2016 年第 10 期,等等。
⑦ 《河南程氏粹言·卷第二》,《二程集》,北京:中华书局,2004,第 1226 页。

的事例便蕴含了这一思想的可能性。据《传习录》记载：

> 先生游南镇，一友指岩中花树问曰："天下无心外之物，如此花树，在深山中自开自落，于我心亦何相关？"先生曰："你未看此花时，此花与汝心同归于寂。你来看此花时，则此花颜色一时明白起来。便知此花不在你的心外。"①

这个事件直接引示的是"心外无物"之理趣。有些学者认为这里不涉及存在问题，只涉及意义和价值问题，实际上，这里就是在谈存在问题，因为阳明并没有否认对方关于花树自在的前提，并直接以明觉感应、心物感通做出回应和解释。在阳明心学语境中，心无分于寂感，心与花"同归于寂"时心知其寂，心与花又一时感通，隐则心知其隐，显则心知其显，所以阳明说"此花不在你的心外"，即不在心灵寂感之外。由此，时间发生上的"看"与"未看"不是决定心与花遭际的理据。在这一语境中，感通不是一种相对主体性的经验感觉，而是形而上心灵的自行运作。②唐君毅先生举了一个"开门见山"的例子与此相类："故今谓心开

---

① 《传习录·下》，《王阳明全集》（新编本）第一册，第118页。
② 我曾就阳明的明觉感应论指出："感-应'之际'、心得其为心的当下呈现之，物亦如其之为物的朗现之，心物正是于此感-应'之际'，感-应'之中'才得其呈现，世界亦是在心物感-应'之际'得其敞开。则天地万物、世界的存在之必然性即当下证成之，故此心是实，山川鸟兽、草木瓦石亦是实。故我们并不需要首先肯认一实体性的超越的心体作为万物的存在论基础，心物之感-应即是世界之敞开的存在论基础。"这一论断或有"过度诠释"之嫌疑，但其所揭明的思想方向正是感应本身、感通本身就是终极奠基性的事情。参见杨虎：《阳明心物说的存在论阐释》，山东大学2014年硕士学位论文。

而境现，亦可是心开与境现俱起。与境现俱起而开后之心，亦存于境，而遍运于境，遍通其境。固不须说先有离心之境先在，心开而后至于其境，而更知之通之也。如人之开门见山，此山虽或先有，然如此之山之境，以我开门而见者，亦正可为前此所未有也。此在西哲之说，唯海德格之说略近。其谓人之存在于世界，乃人先自开朗，而后发现世界于前，亦发现其自身之存在于世界。……此一世界，与此心灵之开通而感通之事俱起。"①唐君毅先生援引为同道的海德格尔也说："此在生存着就是它的世界。"②集中于唐君毅哲学来看，一方面通过感通描述某种形而上心灵本体的自行运作及其境界之运转的机制，一方面又存在着心灵与感通的双向纠缠，在感通中，心境"俱起俱现"，这蕴含着以感通为本源奠基性事情的思想可能，亦即，感通活动给出了人物遭际的可能性，人与物俱起俱现于此。③积极地看，这一纠缠正说明，因人心之"灵"（人心有感通能力），则生活感通得以呈现，因生活感通，则人于生活相续中感动不已，感应相转而相续不已，如小程子所说："感，动也，有感必有应。凡有动皆为感，感则必有应。所应复为感，感复有应，所以不已也。"④当我们从生活的自感自通来领悟之，生活相续即感通不已，一切人与物莫不是"在感通之中"现身，感通活动本身就是原初奠基性的事情。蔡祥元先生提出的"感通本体论"，其思考方向也是感通活动的原初奠

---

① 唐君毅：《生命存在与心灵境界》，第 51~52 页。
② ［德］马丁·海德格尔：《存在与时间》（修订译本），陈嘉映、王庆节合译，北京：生活·读书·新知三联书店，2006，第 413 页。
③ 感通是源始性的心境"俱起俱现"，可以引出"感通即存在""感通故存在"的思想方向，但由于其心灵主体的先行预设而变得更为纠缠。参见杨虎：《论唐君毅哲学中的"感通"与"心灵"》，《理论月刊》2015 年第 7 期；《论唐君毅与海德格尔的存在之思》，《宜宾学院学报》2015 年第 7 期。
④ 《周易程氏传·卷第三》，《二程集》，第 858 页。

基性:"感通现象的背后并无潜在的东西隐含着,感通本身就是本体自身的终极运作。这是感通本体论的思想立足点。"①

我们说感通活动并非根源于心灵,这并不排斥说感通显现于心灵活动的不同层面,如传统感通论从某种心灵的作用或者发用讲感通,即感通显现的两个层面:作为形而上心灵自身运作的感通,如良知之寂感;作为相对心灵之感觉活动的感通,如人心感物而动。

二、无碍则通

如果说,本源生活的显现是自感自通、自感自动,无时不感而无感不通,也可以说不存在通与不通的问题;那么,在主客相视中,人心之感动则有其通与不通的问题。生活相续而感通不已,人心念念相续,有其感而通之事,也有其感而不能通之事。感而不通之际,则有求其通之心,例如我思索感通之道不得,此心感到阻碍,于此有自求其通的意向,一旦"豁然贯通"则此心顺流,即感而通达之。如此说来,本源生活的自感自通无所谓有无意义,而人心因有通与不通的问题,却恰恰造就了意义和价值的可能性。

人求通达的意向往往是在感通活动受到阻碍的情况下激发的,虽然这并不意味着人在没有阻碍感的情况下也有其自觉求通的意向。在本源生活情境的原发感触中,物己、人我不期然而遇,无时不感而无感不通,如"悠然见南山",则我与山俱"现"于此。人总是不断地在生活相续中跳出跃入,一时相忘于江湖,旦暮相

---

① 蔡祥元:《感通本体引论——兼与李泽厚、陈来等先生商榷》,《文史哲》2018 年第 5 期。

视于人海，相忘则无感不通，相视则形色隔绝，当人的主客意识在某种镜像中生成，与这个世界两两相望，而不能不有各种阻碍感。庄子说的一番话颇有意味：

> 仲尼曰："丘也尝使于楚矣，适见独子食于其死母者，少焉眴若皆弃之而走。不见己焉尔，不得类焉尔。所爱其母者，非爱其形也，爱使其形者也。"①

庄子描述的事件是，小猪依偎在死去的母亲的身旁吃奶，不一会突然感到一丝惊慌，然后就逃走了。我认为，这里表达的意思是母亲形体犹在，但没有了爱，便不成其为母亲，正如庄子所说："爱使其形者。"实际上，爱本身就是存在者的家，无爱则无物。由此说来，没有了爱的感通，或者说爱的感通受到阻碍，小猪相望而惊慌逃走。当然，与人不同，小猪是没有主体意识的，但这个道理是显而易见的，人在与他人、他物相视中，或好或恶、或苦或乐，心有所感则有所通达亦有所阻碍，如人见一美色在前，心有好感和乐受，但人欲居有美色而不得，则美色于人即一阻碍，于此，人或者退避三舍，或者冲锋陷阵，但总会要求解除这一阻碍感。

人心感物而动，求其"通"即要解除阻碍，"通过"障碍而到达某处。有所阻碍则不得其通，例如，《尚书》所说的"绝地天通"（《周书·吕刑》）意味着隔断人神交流的通道，把这一权力收归到王（王同时是巫之首）的手里，如此一来，人神之间有阻碍而不能"通"。《周易》说："天地交，而万物通。"（《泰·象

---

① 〔清〕郭庆藩撰，王孝鱼点校：《庄子集释》，北京：中华书局，1961，第209页。

传》)可以说无感则不通,但有感未必通。如果分解地看,感通活动在人心中的呈现总是有所通有所不通的相续。"通过"某种阻碍而到达某处,这同时蕴含着去"居有"某事某物的意味。小猪感通于其母,则可以说"居有"之,即所谓"爱其母者,非爱其形",其母得其为"母"地现身,而无爱则不"得"其为"母"。在此,事物不是以某种既成的东西显现,而是"得"其所是地现身。于是,居有某物与否便等同于事物能否"得其所是"地呈现于此,或者说能否得其真身显现。人在感动中向着某事物而动,事物得其所是地呈现便是此感之"通"的状态。

唐君毅先生提出了感通之真妄的问题,他认为妄境是由于心灵活动在层位、次序、种类之三向中有所混淆而产生,例如人于色境中回忆起声境,而以为是当前境中之声,这就是一种混淆所产生的妄境。唐君毅先生进一步指出:"妄境依此妄心生,与此妄心相应而不相离。"①即知妄,则能转妄,反过来说,若无妄,又如何成真呢?我认为,真与妄是两相虚设或者说双向回环的观念,正如下文所示,这是有其真实意义的,它不得不逼显出"转"的问题,由此,人生才有其意义和价值的可能性。

事物得其真身显现,对于感通之"通"是不可或缺的。以人与鬼神(先祖考妣)感应为例,人有真情则感鬼神之真,鬼神远去却又如在此情境之中现身一般,这是墓不能封、椁不能固的。孔子说:"祭如在。"(《论语·八佾》)这也可以理解为在祭祀中,鬼神得其所是地现身,人心感通如此,则可以说是真心感通,所以孔子强调在祭祀中要保持心中的诚敬:"禘自既灌而往者,吾不欲观之矣。"(《论语·八佾》)孔子之所以不欲观之,是因为当时祭祀先祖考妣的活动"为礼不敬",而

---

① 唐君毅:《生命存在与心灵境界》,第4页。

之所以不把它当回事是由于仁心的缺失、诚敬情感的缺乏，正如孔子所说："人而不仁，如礼何？人而不仁，如乐何？"（《论语·八佾》）朱子便曾与学生从"观禘"直接切入感通问题的讨论："禘是祭始祖所自出之帝。盖远而易忘，人情所不追念者，而乃能感而通之，非仁孝诚敬之至，孰能与此！"①朱子所认同的是，禘体现的是情感的感通，相比于礼，其中的情感是更为重要的，以"仁孝诚敬之至"感而通之，鬼神便得其真身呈现，这也相应于孔子所说的"如在"之境域显现。

感而通达的状态即事物得其真身呈现于此，这听起来似乎预设了某种原本的规定性，感通的目标就是把这种原本的规定性展露出来。其实并非如此，感通作为生活的运作机制，与其说是把事物的"本来所是"展露出来，毋宁说是事物"得其所是"地呈现。于此，我们并不断定事物的"本来所是"，只能对之"存而不论"，否则便不可避免地陷入理解悖论。进一步说，在感通活动中，事物得其所是地呈现，与此相应，感通中的主体也是"得其所是"地展露，人在"通过"而"到达"的感通活动中，也是不断地超出前此的规定性而生成新的主体性。阳明说："以其明觉之感应而言，则谓之物。"② 牟宗三先生认为明觉感应中之物（存在物和行为物）是"物之在其自己"③ 之物，或者说在明觉感应中，物作为"如相"呈现，这一思想方向是我所认同的。但这里应当指出，事物之"如相"是"得其为如"地呈现，"物之在其自己"是"得其为在其自己"地呈现。相应于此，感应中的心灵也是

---

① ［宋］黎靖德编，王星贤点校：《朱子语类》，第617页。
② 《传习录中·答罗整庵少宰书》，《王阳明全集》（新编本）第一册，第83页。
③ 牟宗三：《从陆象山到刘蕺山》，长春：吉林出版集团有限责任公司，2010，第154页。

"得其所是"地展露，阳明说："心无体，以天地万物感应之是非为体。"①关于阳明这句话，通常都着重于"是非"的诠释方向，并进一步把它引向伦理的善恶问题上来解读。但这里也蕴含着更加深刻的思想可能性，亦即在感通活动中，"心无定体，物无定相"②，心得其"体"而不断地超出前此的规定性，生成新的主体性。从主体的层面说，这是人"参赞天地万物"的活动，所以人是"天地之心"，人心是世界之"发窍处"："盖天地万物与人原是一体，其发窍之最精处，是人心一点灵明。"③而从生活的自感自通层面说，生活本身就是"在生活并且去生活"④。

　　事物得其所是地呈现，是即感之真实无妄，而感通无穷，未必都得其"通"而见真实。《周易》说："观其所感，而天地万物之情可见矣。"（《咸·象传》）这里是说，通过体会阴阳交感的道理，可以把握天地万物的情实。牟宗三先生称之为"存有论的感"，以与经验感觉相区别，这是极为深刻的思想方向。我们领悟到，天地万物之情实"见"（现）于感通之中，亦即是天下万事万物皆得其所是地呈现，这即"观其所感"所达到的"通"的状态。我们说"通过"障碍而"居有"某物即"见"（现）事物之情实，在根本层面上，不能对之做出心理主义和感觉主义的理解。在这种理解方式中，所谓"通过"和"居有"只是一个程度的问题，就不能对通与不通做出实质的区分。例如，我感心苦而动，心有执念、阻碍而不能通，忽于一念领悟本源的仁爱、"客观的悲情"（借用牟宗三先生语），

---

① 《传习录·下》，《王阳明全集》（新编本）第一册，第119页。
② 杨虎：《阳明心物说的存在论阐释》，山东大学2014年硕士学位论文。
③ 《传习录·下》，《王阳明全集》（新编本）第一册，第118页。
④ 黄玉顺：《爱与思——生活儒学的观念》（增补本），成都：四川大学出版社，2017，第254页。

这里至少发生了一种"目光的转移",而不只是向着"通"的某种程度的逼近。如果从心理和感觉过程来看,则其所谓"通"与"不通",亦即能否"通过阻碍"(超越执念)而"居有真身"(悲情现身)只存在程度的差别,说"通"则永远只是逼近状态而不能证成,不能从根本上开显"通"的可能性。

为此,着眼于"通"的先行可能性,观其"无碍"则能"观其所感"之"通"。这是为了与心理主义、感觉主义相区别,而不是单纯地预设一种无谓的"本来无碍"——虽然"通过阻碍"的说法与此分属两层,并非不相容。我们仍然是在感通的语境中体会观事物之无碍的意味,如果分解地说,观一物无碍,则感通于一物成为可能,观天地万物无碍,则感通于天地万物成为可能,则通与不通就不只是程度的差别而是先行的区分。仿照牟宗三先生的方式说,我们这里所说的观是"存在论的观"①,而非特定语境的经验观察、心念思维、先验直觉等。

庄子在一种意义上谈到"通"的问题,"观"就蕴含在"通"之中而作为其先行的开显机制。庄子说:"无物不然,无物不可。故为是举莛与楹,厉与西施,恢诡憰怪,道通为一。其分也,成也;其成也,毁也。凡物无成与毁,复通为一。唯达者知通为一,为是不用而寓诸庸。庸也者,用也;用也者,通也;通也者,得也;适得而几矣。因是已。已而不知其然,谓之道。"②庄子提出了"道通为一"的"齐物"思想,齐物不是把万事万物理解为无

---

① 杨虎:《论"生活领悟"与"形式显示"之道路——生活儒学与海德格尔生存论的根本差异》,未刊【今按:此文收录于胡骄键、张小星主编:《生活儒学:研究·评论·拓展——第三届"生活儒学"全国学术研讨会论文集》,成都:四川人民出版社,2020】,撰写于2019年6月。
② 〔清〕郭庆藩撰,王孝鱼点校:《庄子集释》,北京:中华书局,1961,第69~70页。

差别的东西,而是超越价值(善恶、美丑等)的分判,回归到物情平等的语境,在此语境中,事物的存在价值都是各个自足的。这就需要通过超越"物观"的限制而体会到"道观",所以庄子说"唯达者知通为一",达即体悟到道,在"道观"中,纵横、美丑平等,这就是"道通为一"。庄子说:"以道观之,物无贵贱;以物观之,自贵而相贱。"① 在道的观法中,超越了物的价值分判,所以能够观事物皆自足而平等,这是存在的实情,道的观法是"已而不知其然",以其无心之应,故无分别,所以能够观"物无贵贱"。在这里,肯定事物各个自足,虽然不能直接导出"无碍"的思想,但是至少揭示了"观"之于"通"的意义,在此可以说,所谓"道通"者,即"道观"而"物通"。这里必须强调,通过道的观法,观万事万物各个自足而平等,并不是说万事万物都是没有差别的。无差别说的是事物存在规定性的同一,这并不是庄子的"齐物"思想,恰恰相反,庄子正是通过"齐物"来揭明个体乃至于天地万物皆有其独特而自足的存在价值。② 事物的实际规定性是千差万别的,正如孟子所说:"夫物之不齐,物之情也。"(《孟子·滕文公上》)庄子也没有否认这一点,但它不妨碍存在观法上的平等、一如。

庄子从观事物平等论通,为个体与万事万物的存在价值之自足性奠立一种存在观法,虽然不能直接导出"无碍"的思想,但是对于我们引出这一点是有极大价值的。我们进一步对

---

① 〔清〕郭庆藩撰,王孝鱼点校:《庄子集释》,第577页。
② 《齐物论》开篇即通过"天籁"揭明这一点,庄子说:"夫吹万不同,而使其自己也",郭象注和成玄英疏非常精准地概括之:"自己而然,则谓之天然。""咸其自知,岂赖他哉!此天籁也。"其宗旨乃在于揭明个体以至于天地万物皆有其独特而自足的存在价值。参见〔清〕郭庆藩撰,王孝鱼点校:《庄子集释》,第50页。

此进行正面的表达，万事万物皆平等而不相碍（如大小、美丑之分别执取），观其无碍则感通万物。这并不排斥说，人在生活相续的感通活动中总是伴随着各种阻碍感，如人的意欲之得与不得，感物之真与假，观事之是与非等。着眼于感通的先行可能性和目标状态的同一性来说，亦即，感通活动所能赢获的最大可能性便是无碍，而对此的证立不是一种程度的差别，这最大的可能性便是先行的可能性，二者是双向印证的关系。在此，感通即无碍：无碍是感通之分析的同一，在感通的可能性中先行分析出无碍；感通是无碍之综合的同一，在实际的感通历程中具体实现无碍。①

这就是说，以无碍的观法开显实际感通活动中通过各种阻碍的先行可能性，并在实际的感通历程中具体实现出来。我们也可以在这种意义上理解牟宗三先生所说的"物之在其自己"之意味，在仁心感通、明觉感应中，物皆"得其所是"地呈现，在这里，"物之在其自己"仍然是就具体事物而言，只是因其"无碍"故"物无物相"。我们所说的感通无碍不是取消事物的差别，而是肯定物情各别但并不相碍，皆能感而通达之。

---

① 在这里，我提出"分析的同一"和"综合的同一"，借鉴了康德论述"自由意志"和"道德律"之关系的思想方式。虽然问题并不直接相关，提法也并不完全对应，但受教之益不能不明示。康德说："他能够做某事是因为他意识到他应当做某事，他在自身中认识到了平时没有道德律就会始终不为他所知的自由。"这里是说，自由意志使道德律成为可能，道德律使自由意志得到认识（实现）。参见［德］康德：《实践理性批判》，邓晓芒译，北京：人民出版社，2003，第39页。其实，阳明的致良知教也类似于这种思想方式，良知明觉使得致良知成为可能，通过"致吾心良知之天理于事事物物"，则良知又得其具体的实现，这也是良知本体的双向印证。

三、观心切转

如前所说,实际的感通是一种通过阻碍的活动,这里我们要排除两种理解,一种是天地万物本来没有阻碍(则所谓"通过阻碍"就是没有意义的),一种是天地万物本来就存在着阻碍(则所谓"通过阻碍"就是无能为力的)。关于这两种理解,我们只能对之"存而不论"。我们能够断定的是,生活的自感自通不存在感而不通的问题,但在实际的人心呈现中,有所感通,有所阻碍。借用佛家式的说法,凡病处即药,症结在人心,问题的出路也在人心,感通的目标即超越人心的阻碍感,为此就要通由观心透显感通无碍的可能性。虽然"无碍"并不直接等同于"没有阻碍",但因其无碍,才能先行赢获解除阻碍的可能性。无碍显然不是指所有实际感通活动累加而最后呈现的状态,尽管它是在实际的感通历程中显现,必即于感通中的任一心念而言,一方面,感通无碍在实际的感通活动中显现,一方面,感通无碍又不必通过所有感通活动的最终完成才能证立——如此则恰恰导致感通无碍成了一种单纯的设定。

为了说明这一先行开显的机制,我们至少可以有两种可能的思路,其中一种是传统哲学的感通论思路,就心灵的超越而进至某种形而上的心灵来立论感通无碍,例如,大程子以仁心的自体感通说"与物无对"[①] 的境界;再例如,牟宗三先生说仁心必然蕴含着感通无外。另外一种不是向上提升,而是直下地就有情生命的心灵之转化,亦可赢获"与物无对"的境界。观有情生命的

---

① 《河南程氏遗书·卷第二上》,《二程集》,北京:中华书局,2004,第17页。

转化是在生活相续的感通活动中呈现的,并不是外在于此的静态观法。在此,可以从三个层面观心切转,于此见其无碍的先行可能性。

其一,观"心"即"无心",不以"待"观而以"绝"观,观心一念切转,于此"见"(现)天地万物之因缘整体无碍。

在我们日常生活的经验观察中,见一切人、事、物都有其限定相,人心有所能通亦有所不能通,这是一种常态。以人有心(知觉、情识),则见"我、人、众生、寿者相",执其定相则有阻碍而不能感而通达之。虽然说,病就是药,知其无病,则亦无药,但这一两向虚设、双向回环对于有情生命的转化是有真实意义的。为了赢获感通无碍的先行可能性,就需要在某种"观法之切转"①中观一切事物无碍,此转不以"待"观,必"即心"而观其"无心","无心"则"无相"。这一切转是就实际的人心呈现而观其无心,不待于断除、隔绝人心活动。我们这里不讨论"实有与作用"的问题,例如阳明所说的"有心俱是实,无心俱是幻;无心俱是实,有心俱是幻"②和牟宗三先生所说的"实有形态"与"作用形态"。

在此,可以借助智者大师论"待"与"绝"的思想方法来领悟这一点。智者大师在《法华玄义》中以"待妙"与"绝妙"通释"妙"③,"待妙"是指相待于粗言妙,绝妙是不

---

① 参见杨虎:《从无生性原在到有死性此在——重读海德格尔的"存在论区分"》,《河北学刊》2015年第4期;《哲学的新生——新基础主义道路:传统基础主义和反基础主义之"后"》,《江汉论坛》2016年第10期,等等。

② 《传习录·下》,《王阳明全集》(新编本)第一册,第136页。

③ 在《法华玄义》中,智者大师论妙有不可思议和圆融无碍两义,而以圆融无碍为旨归。概括来说,智者大师以"绝妙—待妙"的思想方法,开本门十妙、迹门十妙,又依心法、佛法、众生法显示妙义,本门、迹门又各依照这"三法妙",建构了一个完整的"妙"论系统。

待于粗言妙，正如智者大师所说："只唤妙为绝，绝是妙之异名。"妙即无碍，这需要通由"绝"亦即超越相待之无分别智来透显。我曾经从"三法绝待""三谛绝待""本迹绝待"三个层面论述"绝待"思想的决定性意义："如果在领会"绝待'的时候，仍然执持着一种'与××相隔绝''断除××而××'的思维模式，就没有真正切入绝待的思想视域，仍然停留在相待的思想视域中。"①观心即无心不是待于"断除心念"或者"隔绝情识"，而是于实际的人心活动观其一念切转，此转亦须说是"绝待"之"转"，即"无所转"之"转"，不是知礼大师所批评的"背面相翻"（《十不二门指要钞》）。在有情生命之心念相续中，感于一切人、事、物之通或不通，皆由一念切转而当下无碍，事物虽然物情各别，皆"得其所是"地现身，于此先行开显超越人心之阻碍感的可能性，并在实际感通中人心念念相续的历程中具体实现出来。

其二，观一心即万心，不以"别"观此心，于此"见"（现）人我无碍。

虽然这里不是探讨我心与他心感通的心理发生机制，但是问题的形式不得不相似。例如，我心感孺子乃至于草木瓦石而动，如何可说他心感孺子乃至于草木瓦石皆有其"顾惜怜悯"的情感显现？摆脱这一思想怪圈的希望恰恰就在于，这一发问本身毋宁说就是对问之所问的揭明，亦即，正是由于人的主体性是在本源的仁爱情感中被给出，我心自恻隐，他心自恻隐，我并不判定"我之恻隐"与"他之恻隐"是相同的，而只说其相即无碍。于此，一心与万心

---

① 杨虎：《观妙——圆融观法与"妙生万物"的思想方向》，未刊【今按：本文已刊载于《现代哲学》2022 年第 2 期，文字略有差异】，撰写于 2018 年 12 月—2019 年 1 月。

"物情不同",这是我们所承认的,但一心即于万心,不以分别观此相即,皆有其仁爱情感之根源和实际显现。比如,观此心痛苦弥漫,豁然一念感悟本源的仁爱情感、客观的悲情,于此一念转痛苦为悲情,不以分别观此心而与他心相即无碍。

在根本层面上说,这虽然与之并不冲突而反倒为之奠基,但并非由我心与他心同感共应,亦即某种"同感"或者"同情"所致。舍勒区分过同感的几种相关现象:"首先,应区分四种完全不同的事实:(1)直接的同感,如'与某人'共同感受同一种悲伤。(2)'参与某种情境的同感':'为'他的欢乐而同乐和'与'他的悲伤而同悲。(3)单纯的感情传感。(4)真正的体验性感觉。"①其中,后两种不属于真正的同感现象,第三种传感现象是指受到某种氛围的感染,不包含着对于他者的情感体验,而第四种一体感在舍勒看来是传感现象的极端化情况。在舍勒判定的两种同感现象中,第一种是相互参与的同感,例如父母双方相互感受着丧失子女的悲伤,其适用情境是有限定的。第二种是对于他人感受的意向性再体验,在这里,我只是体验着他人的感受,但我并不同样地感受着原本的他人之喜怒哀乐,但通过这一同情感,他人的感受变成了我的意向指涉,而参与到共同体验中。

本源仁爱情感的显现并不依赖于这种同感、同情——却可以说先行开显着同感、同情的可能性,例如,孟子"乍见孺子将入于井"之怵惕恻隐的呈现,并不依赖于我心与孺子之心的同感共应,不是因为我感受着孺子的怵惕而怵惕恻隐。再例如,佛陀揭示有情生命之苦的根底性,观心一念切转,即见此心苦感源于本源的悲悯情感,而不待于我心与他心同感共应,观世间老、病、

---

① [德] 马克思·舍勒:《同情感与他者》,朱雁冰、林克等译,北京:北京师范大学出版社,2017,第 12 页。

死相，皆有"我能免不"（《毗婆尸佛经》）一问，如果说，见世间老、病相尚存我能幸免的奢望，那么，面临死亡之际则彻底地把个体生命逼回了自身而有"我"之苦感，苦感不是对他人之死的直接感受或者再体验，既不是相互参与的同感，也不是对他人苦感的意向指涉。于此苦感一念切转，即反身自现或者说唤醒了本源的悲悯情感。① 我心与他心不待，我心自我心，他心自他心，皆不待而自"顾惜怜悯"。

其三，观一念即万念，不以"历"观而念念相即，于此"见"物己无碍。

在实际的感通历程中，念念相续感动不已，如果分解地看，一念感物而应则有一事，无此感应则无此事，对此，我们只能说念念感应相续则事事相续，既不能斩断感应相续，也不能跳出感应相续而说事之全体。如果非分解地看，则观心一念，不待渐次而全体俱现，不以渐次观其感应相续，一念即万念，即于一念观物己无碍，则万念皆无碍。一念感应全体不以渐次取舍，不以好掩恶，不因善舍恶。观"人间世"的善恶、美丑、是非皆是感应中之事，天下无一事在感应之外。我自不能免于这"人间世"的存在遭际、生活际遇，正如庄子所说："绝迹易，无行地难。"（《庄子·人间世》）然而，人间世的一切不是生活片段或者说生活相续的总和，所以不能于念念相加处把握之，必就感应之一念领悟"存在之为遭际""生活之为际遇"。一念领悟既然不待渐次，则同时肯认物情各别，善自善、恶自恶，皆得其所是地呈现，不因善舍恶，更不因恶弃善。观这人间世的恶相，心有厌恶而取舍弃态度，但观心一念切转，领悟到它亦不在感通之外，但这不是

---

① 杨虎：《悲，所以在》，未刊，撰写于 2016 年 3 月；《论悲悯的现身——"佛陀之问"的一种阐释》，未刊，撰写于 2017 年 9 月。

说要应于恶而从之。这里旨在说明，人间世的一切境界皆是我们所"牵挂"的事情，一切都是"在生活之中"，一切都是"在感通之中"，"在存在观法上安立一种'即物'以'妙物'的积极姿态，这样才能更好地担负起我们每个个体作为主体的责任，不断努力创造个体自由与事物自如的生活处境。"①

总之，人总是在生活的"相忘"和"相视"中跳跃，人或其"有心"或其"无心"，或其一心感通或其一心阻隔，或其一念顺流或其一念滞碍，如何"观"则有何种"见"（现），病与药的两向虚设、双向回环之关键就在于"观法之切转"。而其发生契机是不可执定的，如果我们把观心切转的发生契机执定在某一时某一处，则难免有净、不谛，以绝待观心，不别不历，其发生契机必即于任一心念而言。比如，观此心之痛苦不一而足，一念感悟无悲则不苦，无爱则不痛，即于此念转个体的痛苦为"客观的悲情"，并在心系有情的感通历程中具体实现出来，于此说感通无碍的先行可能性与其实际显现的双向印证。

本文撰写于 2019 年 5—6 月，以《论观心与感通——哲学感通论发微》为题名，刊载于《北京理工大学学报（社会科学版）》2020 年第 2 期。本书收录的是我的原版文字，与发表版本有些差异，以这里的原版为准。

---

① 杨虎：《观妙——圆融观法和"妙生万物"的思想方向》，未刊【今按：本文已刊载于《现代哲学》2022 年第 2 期，文字略有差异】，撰写于 2018 年 12 月—2019 年 1 月。

论"生活领悟"与"形式显示"之道路

生活儒学与海德格尔生存论有深度的思想因缘,但二者的思想道路及其展现历程有着不同的意境。"形式显示"是海德格尔生存论的根本道路,它是生存的"指引-充实",展现为时间性的显示机制,在生存时间性的"到时"中将人的生存处境"重现"和"发动"起来。

"生活领悟"是生活儒学的根本道路,在生活儒学阐发的存在、情感和境界的观念系统中"一以贯之"的事情就是生活领悟的层级性展现。这两种"道路"的差异在于,其一,生活领悟不以"人"的生存领会为先行观念,而形式显示体现在"人"的生存领会和生存结构中;其二,形式显示揭明了先于一切现成把握方式的原初"关联结构",而生活领悟指向的是先于一切"关联"或者"关系"的"无化之境";其三,生存的显示机制是"时间性"的回旋构成,而生活领悟的展现机制是"无间性"的层级性运作。

生活儒学的观念系统有其推进的可能性,通由"观仁"亦即仁爱领悟的"自观自见(现)"道路,依循"观法之切转"的运作机制,一方面凸显生活领悟的层级性展现,于此说"切转"亦是"无所转"之转;一方面明证生活本身之"情即是境",亦即在"观仁"中,"情显"即"境现"。

一、论题的引入

近些年来，涉及生活儒学与海德格尔生存论的比较，除了十多年前的一组讨论①，目前尚未见有其他专题性讨论。我将从二者的基础观念"生活"和"生存"引入这一问题的讨论。生活儒学提出：

> 生活儒学的"生活"观念绝非海德格尔的"生存"概念。海德格尔既然把生存理解为"此在"（Dasein）的生存，那么，此在就先行于生存；他又把此在理解为一个存在者，虽然是一种特殊的存在者；于是，某种存在者就成了生存的前提。这样一来，所谓"生存"也就不再是生活儒学所说的"生活"了。因为：生活儒学之所谓生活，并不是此在的生活，亦即不是任何存在者的生活。这是我尤其要强调的生活儒学的一个基本观念：作为大本大源的生活本身，先行于此在，先行于人，先行于任何存在者。没有生活，就没有任何存在者。②

这里主要表达了三层意思。其一，关于生活"观念"与生存"概念"，这里出现的"概念"和"观念"之不同，并非不经意的

---

① 张志伟：《关于海德格尔与中国哲学之间关系的几点思考——对黄玉顺〈生活儒学导论〉的批评》，《四川大学学报（哲学社会科学版）》2005年第3期；黄玉顺：《论生活儒学与海德格尔思想——答张志伟教授》，《四川大学学报（哲学社会科学版）》2005年第4期。
② 黄玉顺：《论生活儒学与海德格尔思想——答张志伟教授》，《四川大学学报（哲学社会科学版）》2005年第4期。

语词使用，而是一种自觉的区分。这是因为，生活儒学认为海德格尔哲学语境中的"生存"还是一个关于存在者的存在之界定，生活不是存在者化的概念而是本源的"观念"①，或者说"本源性的生活领悟"。其二，此在的生存论进路与"存在论区分"是自相抵牾的。海德格尔说："我们必须搞清楚存在与存在者之间的区别。这一区别不是随意做出的，它毋宁是那样一种区别，藉之可以首先获得存在论乃至哲学自身的主题。它是一种首先构成了存在论的东西。我们称之为存在论差异，亦即存在与存在者之间的区分。"②海德格尔认为，"存在论区分"是存在论的首要环节，存在不同于存在者，因此不能以把握存在者的方式把握存在本身，但他又冀图通过以"此在"为存在特征的"特殊的存在者"重新发问存在问题，这就是此在的生存论进路。其三，生活儒学的基础观念是生活本身，生活本身先行于一切人和物的观念，这与海德格尔揭明存在本身为存在者奠基的意图是一致的，但生活本身的开显不依赖于任何存在者的生活，这与海德格尔从"人的生存"逼显存在意义的生存论进路是不同的。

应当指出，这里的概括是非常精炼的，但也由此容易给人造成一种过于简单化的印象，好像只是在"生活"和"生存"的观念构造上甚至仅仅是在语言表达上做文章。实际上，关于生活本身的"生活本源论"③，生活儒学做出了系统的存在论描述，在其中可以看出它与生存论进路的不同，但这一工作往往受到忽视而

---

① 黄玉顺：《汉语"观念"论》，《爱与思——生活儒学的观念》（增补本），成都：四川人民出版社，2017，第187页。

② [德] 马丁·海德格尔：《现象学之基本问题》，丁耘译，上海：上海译文出版社，2008，第19页。

③ 黄玉顺：《生活本源论》，《爱与思——生活儒学的观念》（增补本），第210页。

难以作为具体论证出场。集中于"生活"和"生存"的诠释厘定生活儒学和海德格尔生存论的不同意境,这一方式的实际领受效应是非常有限的,有鉴于此,我们不妨从生活儒学和海德格尔生存论的根本"道路"出发,以期更加有效地领受。

这一想法受到了海德格尔的启发,海德格尔中后期特别强调"道路""路",尤其是"语言"的"道路":"语言是存在之家,因为作为道说的语言乃是大道之方式。"①其实,这也适用于海德格尔前期思想,例如下文将要展现的"形式显示"也是某种"道说"的方式,通过"形式显示"的"概念"(语言),可以把先行于人对"现象"的"异己化"、对象化把握方式的原初经验显示出来。在东方思想意境中,"道"包含了"说"和"路"的意味,道以"自说自话"的方式开辟着自身的"路",这与海德格尔说语言是大道的运作有异曲同工之妙。这里不对语言(道说)做专题讨论,而仅仅从"道路"作为"道"的运作方式说明,道以道路的方式展现自身,道路不断地构成着道,道路是思想与方法的相应构成;道路既是观念的进路,也是生活的衍流,道路是生活与观念的自身同一。

二、生活儒学和海德格尔生存论的根本"道路"

如果说,生活儒学的根本道路是"生活领悟";那么,海德格尔生存论的根本道路则是"形式显示"。

(一) 生活领悟:生活儒学的根本"道路"

在生活儒学中,"生活领悟"是可以与"生活本身"等同使

---

① [德]海德格尔:《在通向语言的途中》,孙周兴译,北京:商务印书馆,2004,第269页。

用的观念，因为"生活本身"并不是某种存在者化的东西，就是指本源的生活领悟："生活显示为生活感悟——显示为生活情感、生活领悟。"①生活本身显现为生活领悟，这决定了生活领悟的本源性，生活领悟并非我们对生活的对象化理解和把握，本源的生活领悟是情感性的，所以又称之为"生活情感"，这是生活儒学的根本"道路"。

首先，生活领悟既是生活儒学的基础观念，又是生活儒学观念系统所赖以展开的根本方法。生活儒学提出："生活即是存在，生活之外别无所谓存在。"② 对存在问题的追问不能脱离生活，但生活不是存在者化的东西，如果以一种主客化的方式把握和理解，恰恰是对生活本身、存在本身的遮蔽，这就需要一种生活自身开显的方式，我们用"生活领悟"这一观念来表达。就其奠基性作用而言，生活领悟必然是超越主客架构，超越对象化认知的："生活领悟不是一种所谓'认识'，因为认识总是在'主—客'架构下才能发生的事情，然而生活领悟先行于'主—客'架构。认识总是对存在者的认识，而生活领悟却是对存在本身的领悟。"③ "生活领悟"描述的是，把握生活本身、存在本身的唯一方式，就是生活本身的自身领悟。然而，这么说反倒会带出很多疑问，其中最重要的是，我们的日常生活领悟与所谓的本源生活领悟是一回事吗？对这一问题的回答就包含在对生活领悟之为生活儒学观念系统展开的根本方法的揭明中。

---

① 黄玉顺：《论生活儒学与海德格尔思想——答张志伟教授》，《四川大学学报（哲学社会科学版）》2005 年第 4 期。
② 黄玉顺：《生活本源论》，《爱与思——生活儒学的观念》（增补本），第 220 页。
③ 黄玉顺：《爱与思——生活儒学的观念》（增补本），第 45 页。

生活儒学的观念系统是由"观念的层级"撑开的,我曾经指出,所谓观念的层级,其实就是"生活领悟的层级性显现"①,或者说"生活领悟的层级性观念"②。生活儒学提出:

> 我们全部的观念,全部的精神生活,都不外乎这样的观念层级:
> 一般的表达:存在 → 形而上存在者 → 形而下存在者
> 儒家的表达:生活情感 → 形上之性 → 形下之情③

我们将会在下文看到,生活儒学的观念系统就是按照这三个层级展开的,无论是本源生活、存在本身,还是形而上存在者和形而下存在者都是生活本身的层级性显现,是生活领悟的层级性观念。以儒家情感论进路为例,本源的仁爱情感是本源层级的生活领悟,仁体、仁性观念表达的是形而上层级的生活领悟,道德情感、道德意识则属于形而下层级的生活领悟。如果说,一切观念都是生活领悟的展开样式,那么,我们的日常生活领悟也是生活领悟的一种展开样式。例如,我们关于道德生活、伦理生活的领悟就是一种形而下层级的生活领悟,在狭义的语境中说,这自然不同于本源的生活领悟,但不能说二者完全不相干,一切关于生活的领悟皆以本源的生活领悟为基础,反过来说,本源的生活领悟又展现在各种生活领悟之中。

其次,生活领悟既是观念的事情,又是生活的事情,一切生

---

① 杨虎:《论易学哲学的现代转型》,《中州学刊》2017年第8期。
② 杨虎:《论变易的三重显现:不易·简易·交易——黄玉顺"变易本体论"的一种启示》,《当代儒学》第11辑,桂林:广西师范大学出版社,2017。
③ 黄玉顺:《爱与思——生活儒学的观念》增补本,第50页。

活都是观念（领悟）的事情，而一切观念（领悟）也都是生活的事情。既然我们关于生活的日常领悟属于生活领悟的某个层级和样式，则"生活领悟"这一观念就不是一个单纯理论化的"概念"，而是有其真实生活牵引意义的观念。在此，我援引章太炎先生在谈到一个与本文论题并不相干，但其深刻意味却是至关重要的说法："于概念中，立真如名，不立神名。非斤斤于符号之差殊，由其有执、无执异尔。"①章太炎先生指出，从表面上看，佛家之"真如"与神性化宗教之"神"好像只是名相、言辞的区别，但其实不然，这里体现的乃是"无执"与"有执"的生活态度的根本差异。关于生活领悟，我们也要如此体会其深刻意味，它不是单纯理论化的事情，生活领悟就体现在生活的"事件与自觉"② 中，如果说，有何种生活样态就有何种生活领悟；那么，也可以反过来说，有何种生活领悟则有何种生活样态。即便从主体性存在者来说也是如此，人的生活总是关乎某种生活领悟的，其或远或近、或真或假，人总是以这样或那样的方式领悟和经历自己的生活。

（二）形式显示：海德格尔生存论的根本"道路"

海德格尔生存论的根本道路是"形式显示"，亦即通过形式显示的概念将人的生存处境"显示"和"发动"起来的思想方法。张祥龙先生指出："形式显示是理解海德格尔哲学的方法论钥匙。为了应对那托普对现象学反思方法的批评，海德格尔摒弃了事后反思的方法，继承和深化了胡塞尔以时晕及时流为根的发生

---

① 章太炎：《建立宗教论》，吴铭峰编：《章太炎论学集》，北京：商务印书馆，2019，第94页。
② 黄玉顺：《事件与自觉：生活与儒学——谈民族性与现代性问题》，《儒学与生活——"生活儒学"论稿》，成都：四川大学出版社，2009，第302页。

学的思路。"①张祥龙先生从海德格尔应对现象学方法的反思性困境出发，对海德格尔的"形式显示"思路及其对于前期生存论进路所起到的关键作用做了系统阐释。孙周兴先生选编、节译了海德格尔早期关于"形式显示"的相关论述，并做了集中的引论，其中有两点是至关重要的：第一，海德格尔关于"前理论的东西"的区分，它包括"原始的东西"和"真正的体验世界"②；第二，揭明这些"东西"的方法是"形式显示"或者说"形式显示着的概念"③。这决定了海德格尔早期走向此在的生存论之必然性，这里做出如下几点说明。

首先，形式显示在思想与方法"之间"。根据张祥龙先生的考辨，那托普认为胡塞尔现象学的"反思性描述"截断了现象学体验之流，为了赢获"前反思性"的体验，海德格尔的思路是："找到那样一种人类的原初体验，这种体验本身就是可领会的，也就是毋须事后的、体验流之外的反思就可以得到理解，而且还可以得到语言的表达。"④这种体验的表达方式便是形式显示的概念，例如海德格尔所使用的实际性、实际生活经验、此在、生存等。鉴于海德格尔对"方法"的警惕，一如他对"理论"（理论物）的警惕，我们说"形式显示"在思想与方法"之间"，与其说它是关于某种"思想理论"的"方法"，毋宁说它是生命实际的"道路"。

---

① 张祥龙：《海德格尔的形式显示方法和〈存在与时间〉》，《中国高校社会科学》2014年第1期。

② ［德］马丁·海德格尔：《形式显示的现象学：海德格尔早期弗莱堡文选》，孙周兴编译，上海：同济大学出版社，2004，第18页。

③ 孙周兴：《编者前言》，［德］马丁·海德格尔：《形式显示的现象学：海德格尔早期弗莱堡文选》，孙周兴编译，第8页。

④ 张祥龙：《海德格尔的形式显示方法和〈存在与时间〉》，《中国高校社会科学》2014年第1期。

其次，形式显示在观念与生活"之间"。在海德格尔看来，现象学对现象的阐明必须从形式显示的方法入手，因为"现象本身就只能在形式上得到显示"①。但是，海德格尔指出，以往对现象的"形式化"把握方式仍然是一种非本真的"关联意义"，并且遮蔽了"原始的实行"②。与之不同，形式显示就是要揭明前理论化的"关联"并将其保持在"实行"中，因此，一般性地说，形式显示包含现象学的"指引－充实"结构，分解地说，"关联"属于"指引"，而其"实行"则是一种"充实"，正如海德格尔早期所说："'形式'给出践行的'开始特性'（Ansatzcharakter），导致对所指示的东西进行原始的充实。"③

海德格尔认为，传统哲学追求普遍之物的"普遍化"进路掩盖了具体的处境，例如关于历史的普遍本质掩盖了生命实际的历史性，关于存在者之区划遮蔽了存在的意义。借助于胡塞尔关于"总体化"与"形式化"的区分，海德格尔指出，"总体化"是指"种类的普遍化"④，其实就是一种从具体概念到普遍范畴的级序上升，它是依照事实的种类进行的。与之不同，"形式化"并不取决于事实的种类，不是通过级序上升得出的，而是在意向指涉、立义行为中"构形"的。海德格尔认为，无论是"总体化"的"排序"还是"形式化"的"构形"，都是一种普遍化，前者是直接性的，后者是间接性的。因此，海德格尔进一步提出："在

---

① 海德格尔：《形式显示的现象学：海德格尔早期弗莱堡文选》，孙周兴编译，第72页。
② 海德格尔：《形式显示的现象学：海德格尔早期弗莱堡文选》，孙周兴编译，第69页。
③ ［德］海德格尔：《对亚里士多德的现象学解释——现象学研究导论》，赵卫国译，北京：华夏出版社，2012，第31页。
④ 海德格尔：《形式显示的现象学：海德格尔早期弗莱堡文选》，孙周兴编译，第67页。

'形式显示'中，'形式的'一词的含义是更为原始的。……它在合乎姿态的理论因素之外。"① 形式显示在于解开掩盖生命实际的理论化倾向，而在"实行"中揭明现象的"关联意义"。海德格尔对"实行"的强调，凸显了形式显示在观念与生活"之间"的特征，既借鉴了"形式化"的"形式关联"方向，又强调其具体的、亲身性的"实行"意义，例如，"生存"这样的形式显示概念，就是显示人与自己的"关联意义"，显示自己作为一种"能在"的处境，这一关联意义的"实行"，就是个体"去经历"自己的存在。

最后，海德格尔的形式显示道路必然导出前期的生存论。海德格尔提出，在体验中的"前理论的东西"包括"原始的东西"和"真正的体验世界"，孙周兴先生指出："这个'前理论的'、'前世界的''原始的东西'毫无疑问就是他后来所思所言的'存在'了。"② 而"世界性质的东西"则是属于实际生命体验，海德格尔称之为"实际生活经验"或者"实际性"③，等同于后来使用的"此在"概念，这些都是形式显示的概念。如果说，前者是对"存在意义"的追问，后者则是对"生命实际"的追问，对这两者的追问便构成了海德格尔前期思想的主题，而最终汇聚在《存在与时间》之中。通过形式显示的道路，对存在意义的追问便通过生命实际的发问进行。海德格尔后来指出，这一发问的不同寻常之处在于，其所问乃是其自身的存在，它是亲身性的、个体性

---

① ［德］马丁·海德格尔：《形式显示的现象学：海德格尔早期弗莱堡文选》，孙周兴编译，第69页。
② 孙周兴：《编者前言》，［德］马丁·海德格尔：《形式显示的现象学：海德格尔早期弗莱堡文选》，孙周兴编译，第4页。
③ ［德］马丁·海德格尔：《存在论：实际性的解释学》，何卫平译，北京：人民出版社，2009，第1页。

的生活"实行"。在此之前,海德格尔便说:"实际性(Faktizität)是用来表示'我们的''本己的'(eigenen)此在(Dasein)的存在特征。"①此在作为实际生活经验是亲身经历自身者,此在的存在特征乃是一种"向来我属〔Jemeinigkeit〕的性质"②。如果说,对存在意义的追问不能像对存在者的追问那样,必须通由此在、实际性的生存显示;那么,此在的生存论之存在论进路就是不可避免的,所以海德格尔早期把存在论界定为"实际性的解释学"③。海德格尔一方面讲"存在论区分",一方面又讲"解释学循环",这一"循环"从根本上说便是"此在的生存"与"存在本身"之循环,海德格尔宣称:"决定性的事情不是从循环中脱身,而是依照正确的方式进入这个循环。"④由此,此在的生存领会之"先行"就是不可避免的。

(三)"生活领悟"与"形式显示"的不同意境

从以上对生活领悟和形式显示的勾勒可以看出,二者在致思方向上具有共通性,可以概括为:二者都旨在揭明前存在者化和前理论化的原初生活状态,它先行于各种存在者化的生活理解和把握方式,因此,所谓"揭明"就是让原初生活状态以自身领悟、自身解释的方式显示出来。在生活儒学,原初的生活状态被表达为"生活本身的本源情境"⑤,本源生活情境以生活领悟自身

---

① [德]海德格尔:《存在论:实际性的解释学》,何卫平译,第7页。
② [德]马丁·海德格尔:《存在与时间》(修订译本),陈嘉映、王庆节合译,北京:生活·读书·新知三联书店,2006,第50页。
③ [德]海德格尔:《存在论:实际性的解释学》,何卫平译,第5页。
④ [德]马丁·海德格尔:《存在与时间》(修订译本),陈嘉映、王庆节合译,第179页。
⑤ 黄玉顺:《生活本源论》,《爱与思——生活儒学的观念》(增补本),第233页。

的方式显示出来：本源的生活领悟是"先行于任何存在者的本源情境中的事情"①；在海德格尔，原初的生活状态被表达为此在、"实际生活经验"，它以形式显示的方式进行自身领会和自我解释的活动。不过，生活领悟和形式显示道路仍然有其不同的意境，主要表现为三个递进的思想环节。

首先，本源的生活领悟并非有待于"人"或者说某种存在者的先行领会，而形式显示体现在"人"的生存领会和生存结构中。生活儒学之所以不赞同海德格尔的生存论进路正是基于这一理由："生活作为真正的本源的事情，绝不是'谁的生活'，不是任何主体性的人的生活。主体性的"谁"是生活本身"给出"的，而不是相反。"②生活儒学强调生活本身的前主体性特征，生活领悟自身的方式并非通由某种存在者的生存领会进行，不是此在的生存领会，而此在这一形式显示的概念确实凸显了人与自己的存在之"关联"和"实行"意义，这是一种以先行把握某种存在者的存在逼显存在本身、生活本身的方式。

我们说生活领悟乃是"生活领悟自身"，一种质疑便随之而来：如果不通过人的亲身性领悟，我们是如何领悟到"生活本身"的呢？我们可以通过两种发问方式的对比说明这一点。第一种发问方式是：如何领悟生活本身？于是，问题便又可以分解为：第一，"谁"在领悟？第二，领悟到了"什么"？这一发问结构就是：谁→领悟→什么？那么，这里就是一种主客式的把握方式，就遮蔽了原初的生活领悟。第二种发问方式是：生活如何领悟？这里的把握方式不以"谁"在领悟为先行，生活领悟不是某种主

---

① 黄玉顺：《汉语"观念"论》，《爱与思——生活儒学的观念》（增补本），第 206 页。

② 黄玉顺：《论生活儒学与海德格尔思想——答张志伟教授》，《四川大学学报（哲学社会科学版）》2005 年第 4 期。

体性存在者对生活之"什么"的把握。这里存在着一种"观法"的问题,我们关于生活的领悟,其实就是"生活领悟自身",自其不同"观法"说罢了。

其次,生活领悟是先行于一切"关系"或者"关联"的作为"无化之境"的生活本身的自身解释,而形式显示则是某种"关联结构"的自身解释。

不可否认,无论是生活领悟还是作为形式显示概念的生存领会都体现了一种"自身解释"的特征。海德格尔指出,解释不是对事物的专题化把握(理论化认知),而是生存领会的自身筹划、自我言说:"领会在解释中有所领会地占有它所领会的东西。领会在解释中并不成为别的东西,而是成为它自身。在生存论上,解释植根于领会,而不是领会生自解释。解释并非要对被领会的东西有所认知,而是把领会中所筹划的可能性整理出来。"①这一解释首先指引着生存处境中的现象之"关联",包括"周围世界,公共世界,本己世界"②,即人与物、人与人、人与自己的先行关联结构。虽然生活儒学也使用了诸如"共同生活"这种类似语词来表达,但与之不同,"共同生活"描述的是一种"无分别相"或者说"无化之境",是"无人""无物"之境,不是对人与人、人与物之关联结构的先行阐明。这里可以直观地展示二者不同的思路:

海德格尔生存论:原初关联结构→主客把握方式
生活儒学:"无化之境"(生活本身)→人的主体性→人物之关系、关联

---

① [德]马丁·海德格尔:《存在与时间》(修订译本),陈嘉映、王庆节合译,第173页。
② [德]海德格尔:《对亚里士多德的现象学解释——现象学研究导论》,赵卫国译,第82页。

"→"表示奠基层序和奠基方向,二者有其明显的区别。生活儒学不是通过某种先行关联,而是在"存在观法"上以一种"无物之观"为主客把握方式奠基,即"本源之观":"生活领悟却是在'无物'的层级上、在先行于任何存在者的本源情境中的事情。物、存在者恰恰是在这种领悟中才获得生成的可能。在这种本源之观中,我们固然在'看',但这并不是认识论意义上的观察,甚至也不是所谓'现象学的看'。"①在这里,尚未出现人和物的观念及其关系结构,当人的主体性生成之后,才有"人与人"和"人与物"的关系结构可言。这里的关键区别就在于对"关系"或者"关联"的领悟,海德格尔视其为"原初经验"的结构,而生活儒学则认为一切"关系"或者"关联"都已然是存在者化的事情,因而对"原初经验"采取了一种彻底的"无化"之"观"。

最后,生活领悟的展现机制是"无间性"的观念层级的运作,而形式显示的机制则是"时间性"的统一"到时"。②

上文说到,海德格尔认为存在意义的追问只能从以"此在"为存在特征的存在者之存在进行,而"只要存在进入此在的理解,追问存在的意义就是追问存在本身"③。于是,存在的意义就是此在的生存本根性——"操心"之为时间性。海德格尔说:"我们把如此这般作为曾在着的有所当前化的将来而统一起来的现象称

---

① 黄玉顺:《汉语"观念"论》,《爱与思——生活儒学的观念》(增补本),第206页。
② [德]马丁·海德格尔:《存在与时间》(修订译本),陈嘉映、王庆节合译,第374页。
③ [德]马丁·海德格尔:《存在与时间》(修订译本),陈嘉映、王庆节合译,第178页。

作时间性。……时间性绽露为本真的操心的意义。"① "生存""操心"的形式显示机制就是"时间性",是曾在、将来与当前的绽出和统一到时。与之不同,生活领悟的展现机制并不强调这种回旋式的"统一到时",而是就"当下性"进行阐明:"所谓'当下',其实就是生活儒学所说的'生活'或'存在'之谓。"②生活领悟的展现机制是当下性的层级性之运作,表现为生活本身、形而上存在者和形而下存在者的层级性领悟之历程。这与以上所指出的两点区别是相应的,生活儒学的"当下性"即"无间性",先行于存在者的时间性领悟,是直下地就"无化"之生活本身而不是以"关联结构"言说之,海德格尔所说的"当前"则是人的时间性领悟,是在其与曾在、将来的"关联结构"中言说的。

三、生活领悟的层级性展现与生存的时间性显示机制

(一) 生存的时间性显示机制

海德格尔首先对人的生存进行存在论分析,其次通过时间性的显示机制"重现"此在的生存论分析,这两个环节凝聚于人的生存("操心")时间性中。海德格尔说:"此在的存在论结构整体的形式上生存论上的整体性须在下述结构中来把握:此在之存在说的是:先行于自身已经在(世)的存在就是寓于(世内照面的存在者)的存在。这一存在满足了操心这个名称的含义,而这

---

① [德] 马丁·海德格尔:《存在与时间》(修订译本),陈嘉映、王庆节合译,第372页。
② 黄玉顺:《"时间"观念何以可能——从"无间性"到"有间性"》,《河北学刊》2014年第4期。

个名称则是用于纯粹存在论生存论意义上的。"① 人的生存整体性必须通由时间性结构来把握:"先行于自身"植根于"将来","已经在世"植根于"曾在","寓于世内存在"植根于"当前"。不仅如此,时间性结构是曾在、当前、将来的回旋绽出和统一到时,举任一而显三。由此,人的生存结构便可以在时间性的机制中显示:

> 领会首要地奠基于将来(先行与期备)。现身情态首要地在曾在状态(重演与遗忘)中到时。沉沦在时间性上首要地植根于当前(当前化与当下即是)。然而领会也是向来"曾在"的当前;现身情态也作为"当前化的"将来到时;当前也从一种曾在的将来"发源"和"跳开",并且由曾在的将来所保持。在这里就可以看到:时间性在每一种绽出样式中都整体地到时,即:生存、实际性与沉沦的结构整体的整体性,也就是说,操心之结构的统一,奠基于时间性当下完整到时的绽出统一性。②

人的生存现象的每一环节都奠基于时间性的统一绽出和到时,也唯其如此,人的生存现象才能构成海德格尔所说的整体性的生存论结构,海德格尔所说的现象的关联意义和实行意义只有植根于生存的时间性机制才能从其自身得到显示。如果分解地说:

其一,人的生存领会植根于"将来"的时间性。在人的生存

---

① [德] 马丁·海德格尔:《存在与时间》(修订译本),陈嘉映、王庆节合译,第 222 页。

② [德] 马丁·海德格尔:《存在与时间》(修订译本),陈嘉映、王庆节合译,第 398 页。

领会中，人与自己的"关联"和"实行"得到自身显示，人作为能在，总是有所"先行"地领会自身并在向着自身可能性的筹划中"去生存"，领会的"先行结构"包括"先行具有、先行视见和先行掌握"①，这是生存筹划的形式显示结构，它植根于时间性的"将来"："在一种生存可能性中有所筹划地领会自己，这事的基础是将来，即从当下的可能性来到自身，而此在向来就作为这种当下的可能性生存。将来在存在论上使这样一种存在者成为可能：这种存在者是以有所领会地在其能在中生存的方式存在的。"②

其二，人的生存被抛性植根于时间性的"曾在"，海德格尔通过对"畏"和"怕"的分析说明了人的现身首先是情绪性的或者说情感性的，人或者本真地现身于此，或者以某种非本真的变式现身于此，但无论哪种样式，这一被抛境况被真正地带给自己是由"曾在"绽出的："唯当此在的存在按其意义来说是持驻地曾在，才可能在生存论上〔把此在〕带到'它存在且不得不存在'这一本己的被抛境况面前，不管这一被抛境况是本真地有所绽露还是非本真地有所遮盖。带到人们自身所是的被抛存在者面前，这事并不才刚创造出曾在，而是曾在的绽出才使以现身方式发现自己这件事成为可能。"③人发现自己是本己性的存在者，哪怕是一种非本真的本己性，而且一向不得不在"此"，这一被抛境况通过生存时间性的"曾在"显示出来。

---

① ［德］马丁·海德格尔：《存在与时间》（修订译本），陈嘉映、王庆节合译，第 176 页。
② ［德］马丁·海德格尔：《存在与时间》（修订译本），陈嘉映、王庆节合译，第 383 页。
③ ［德］马丁·海德格尔：《存在与时间》（修订译本），陈嘉映、王庆节合译，第 387 页。

其三，人与人、人与物的先行关联通过生存时间性的"当前"显示出来。人与人的先行关联即"共同存在"，人与物的先行关联即"周围世界"，寓世存在和沉沦于世的"常人"状态都属于这种关联。海德格尔把非本真的当下称之为"当前化"①，它和本真的当下作为"当前"的时间性把人与人、人与物的生存关联中本真的和非本真的样态显示出来，在此，本真样式和非本真样式一同归属于人的生存现象，本真的生存样式"并不是任何漂浮在沉沦着的日常生活上空的东西，它在生存论上只是通过式变来对沉沦着的日常生活的掌握"②。

在海德格尔对生存时间性机制的存在论描述中，"将来"是占据首要地位的，正如海德格尔所说："将来在源始而本真的时间性的绽出的统一性中拥有优先地位。"③ 从形式显示的角度说，生存时间性机制不仅是为了把生存现象的"关联意义"显示出来，而且是为了生存的"实行"，或者说将人的生存处境在"重现"中"发动"起来。正因为这是一种不同于线性时间观的回旋构成式的生存时间性，所以人的生存现象的"实行"才是可能的，人作为一种可能性的存在者，着眼于"将来"之领会、筹划，在"将来"来到"过去"的"重现"中，绽出本真的"当前"。也正是在这个意义上，海德格尔把时间性称为"到时"："时间性使生存论建构、实际性与沉沦能够统一，并以这种源始的方式组建操心之结构的整体性。操心的诸环节不是靠任何积累拼凑起来的，

---

① [德] 马丁·海德格尔：《存在与时间》（修订译本），陈嘉映、王庆节合译，第385页。

② [德] 马丁·海德格尔：《存在与时间》（修订译本），陈嘉映、王庆节合译，第208页。

③ [德] 马丁·海德格尔：《存在与时间》（修订译本），陈嘉映、王庆节合译，第375页。

正如时间性本身不是由将来、曾在与当前'随时间之流'才组成的一样。时间性根本不是'存在者'。时间性不存在，而是'到时候'。"①在生存时间性的"到时"中，人的生存处境得以"重现"和"发动"起来，海德格尔所说的"先行的决心""良知的呼声""向死而在"等都是对此的具体显示，通过生存处境的发动，人在"去生存"之中不断成就自己的本真本己性。

（二）生活领悟的层级性展现历程

生活领悟展现为观念的层级，这确实受到了海德格尔生存论的启发，但在学理格局上又与之有所不同。海德格尔曾说："存在问题的目标不仅在于保障一种使科学成为可能的先天条件（科学对存在者之为如此这般的存在者进行考察，于是科学一向已经活动在某种存在之领会中），而且也在于保障那使先于任何研究存在者的科学且奠定这种科学的基础的存在论本身成为可能的条件。"②生活儒学据此认为："海德格尔实际上提出了人类观念的这样一种层级：存在观念（生存领会）→形而上存在者观念（哲学）→形而下存在者观念（科学）。"③ 关于这一判断，我并不完全认同，这里指出：其一，海德格尔确实是想要以此在的生存论为传统形而上学、传统存在论奠基；但是，其二，海德格尔的奠基方式是以"人与存在之先行关联"（生存领会）取代传统哲学形而上学的作为"'最普遍的'概念"④ 的存在理解，在此体现的

---

① ［德］马丁·海德格尔：《存在与时间》（修订译本），陈嘉映、王庆节合译，第374页。
② ［德］马丁·海德格尔：《存在与时间》（修订译本），陈嘉映、王庆节合译，第13页。
③ 黄玉顺：《爱与思——生活儒学的观念》增补本，第12页。
④ ［德］马丁·海德格尔：《存在与时间》（修订译本），陈嘉映、王庆节合译，第4页。

仍然是某种"回旋构成"的思路,并不是生活儒学以存在本身为形而上存在者奠基的直贯思路。

生活儒学的思想系统,可以就存在、情感和境界三个问题做出结构性把握,而其中"一以贯之"的事情就是生活领悟的层级性展现。

首先,就存在问题来说,生活儒学与海德格尔生存论的着眼点具有共通性。生活儒学着眼于一切存在者尤其是主体性存在者何以可能的问题,海德格尔生存论着眼于揭明在人的现成化把握方式之先的原初存在经验,其实质也是为主体性进行存在论的奠基。海德格尔认为,传统存在论的存在理解是指在场物的在场性、在场状态:"为存在者提供根据的形而上学思想的特性乃在于,形而上学从在场者出发去表象在其在场状态中的在场者,并因此从其根据而来把它展示为有根据的在场者。"①传统形而上学存在论就是为存在者奠立"根据",而对存在者之把握方式便是海德格尔所说的表象式的、当前化的。海德格尔认为,存在的意义在于揭明在场状态本身的可能性,这与其前期从生存时间性显示存在的意义的思路是一致的。从"作用"上说,生活儒学的存在领悟是"无"(无化),例如,生活儒学通过对"生活"的观念溯源指出:"本源的生活就是'无分别相',就是'浑沌',这里,草木之生与人之生是一回事,就是生活本身,我称之为'生活本身的本源情境'。这种本源情境就是'浑沌',就是'无',就是'无物存在',完全没有存在者,没有'东西'。"②这里所说的"无物存在"并不是否认事物的存在,而是揭明生活本身乃是一种"无

---

① [德]海德格尔:《哲学的终结和思的任务》,《面向思的事情》,陈小文、孙周兴译,北京:商务印书馆,1999年,第69页。
② 黄玉顺:《爱与思——生活儒学的观念》(增补本),第43页。

化之境"或者说"无相之境",对此的把握方式只能是一种"无化"的生活领悟,在此,主体性和存在者观念尚未生成,只有当存在者观念生成之后,才有一切关系结构之可言,而这些都是生活领悟的某种层级和样式。

其次,本源的生活领悟是情感性的,这与海德格尔生存论有很大的差异。生存领会虽然也包含了情绪性、情感性的领会,例如人的被抛就是情绪性的现身样式,但生存领会在根本上说是时间性,在时间性的"到时"中,情绪性的现身才是可能的。但在生活儒学,情感性的生活领悟本身就具有本源奠基性:"爱,所以在。这就意味着:一切存在者,包括人,都是由爱给出的。而爱本身却不是存在者,而是存在本身。就其是存在而不是存在者而言,爱就是'无物',也就是'无'"①;"生活本身作为存在本身,首先显示为生活情感,尤其是爱的情感。"②本源的生活情感,在儒学语境来说,即本源的仁爱,由此,仁爱观念便赢获了一种不同于以往的理解。我们之所以如此说,乃是为了凸显本源仁爱情感的非现成性、非对象化把握方式。据此,生活儒学一方面建构了儒学的情感存在论,一方面批判了传统儒学的性情论。在生活儒学的视域中,传统儒学的"性-情"论模式就是一种形而上学架构,例如小程子说:"爱自是情,仁自是性,岂可专以爱为仁?"③从主体性的视角来说,"性"是一种形而上的绝对主体性,而"情"是一种形而下的相对主体性,二者都奠基于本源的仁爱情感。生活儒学通过对孔孟儒学的情感论进路的重新揭明,提出

---

① 黄玉顺:《爱与思——生活儒学的观念》(增补本),第49页。
② 黄玉顺:《爱与思——生活儒学的观念》(增补本),第51页。
③ 〔宋〕程颢、程颐著,王孝鱼点校:《二程集》,北京:中华书局,2004年,第182页。

了"情→性→情"① 的观念层级，这同样是生活领悟的层级性展现。

最后，在生活儒学，生活境界的变化植根于生活领悟的运作。生活本身的本源结构造就了人不断地生成新的主体性，并造就了不同的生活境界。生活儒学通过对孔子和冯友兰境界论的判说，提出了生活境界的三个层级：自发境界、自为境界、自如境界。②自发境界是说一个人在自然状态下的生活样式，对应着形而下存在者的生活状态；自为境界是说主体自觉地追寻一种形而上的生活状态；自如境界是超出形而上和形而下的区分，而回归本源生活："回归生活本身，回归纯真的生活情感，也就是说，我们终于自如地生活着。"③其中，自然境界和自如境界的差别，就在于一种是不自觉的生活状态，一种是经过自觉并超越自觉的生活状态，正如冯友兰先生所说："有最高底觉解，而其所行之事，则即是日常底事。"④就做同一件事情而言，经过"觉解"与否的意义是不同的，反过来说，虽然境界是不同的，但其实是就同一件事情而言，这是圆融的存在观法。顺便指出，在海德格尔，如果有生存境界的问题，则可以如此说，人生此在的"实际性"包括本真样态与非本真样态，这是属于生存论、存在论层面的事情，而非伦理、价值的分判，在生存时间性的本真到时中，人把自己带回本真的当下，不断成就自己的本真能在。

---

① 黄玉顺：《爱与思——生活儒学的观念》（增补本），第71页。
② 黄玉顺：《爱与思——生活儒学的观念》（增补本），第170页。
③ 黄玉顺：《爱与思——生活儒学的观念》（增补本），第171页。
④ 冯友兰：《新原人》，《贞元六书》，北京：中华书局，2014，第613页。

四、作为生活领悟的"观仁"之道路

如果说,海德格尔生存论体现了现象学的"回旋构成""居间发生";那么,生活儒学体现了东方式的"当下即是""直下圆顿"。

在生活儒学的视域中,海德格尔生存论对前存在者化领悟之揭明有其重要的思想价值,但存在的意义又通过此在的生存论显示,这一思想进路是不通透的。但是,如果从海德格尔生存论和形式显示的视域来看,生活儒学依循生活领悟的层级性展现所建构的理论系统是否存在着传统基础主义、传统形而上学的问题呢?鉴于生活儒学提出的"观念的层级"带来的直贯印象,我们有理由提出这一质疑,并借此发问导出一些致思可能性。

我认为,本源生活既不是传统形而上学语境中的"最高普遍性的范畴",也不是任何意义上的"形式关联",它所描述的是一种"无化"的生活领悟,这不依赖于存在者领域和形式关联。这里可以引发一种致思的可能性,即作为生活领悟的"观仁"之道路。观仁,就其根本性的"观法"说,观仁是"以仁观仁",即仁之"自观自见(现)"。依循这一道路,一方面凸显生活领悟层级性的"展现机制",一方面明证生活本身之"情即是境",亦即生活儒学所说的"本源生活情境"。这既蕴含了对上面所提出问题的回应,也蕴含了生活儒学基础性学理推进的可能方向。

其实,生活儒学已然透露出来"观仁"的思想意境。在生活本源论层面,本源的生活领悟即"本源之观":"所'观'的乃是情感。本源之观,乃是观情。而情作为生活情感,乃是生活本身的事情。"①这里明确提出了"观情",观之所观乃是生活情感,用儒学的话语表达就是仁爱情感,所以本源之观即"观仁"。但这一说法仍然存在被误解的可能性,因为这里的"观"容易被误读为某种对象化把握方式的"看",所以生活儒学专门区分过"观无"与"观物"②,本源之观是"观无"而非"观物",故观而"无所观"。

我曾区分过"前主体性之观"与"主体性之观",观则有"见",前主体性之观乃是一种"自观自见(现)",故无能观的"主体",亦无所观的"对象",与此同时,"观"作为一种生活领悟,也有其主体性之观的层级展现,由此才能解释生活领悟的一切样式,其"展现机制"可以通由"观法之切转"说明:"观法之切转是这样的双重向度:一是从存在者切入存在视域,即返源观;二是从存在视域转出存在者,即立相观。前一向度开启了存在视域,而后一向度则是其旨归。这大致可对应于现象学的解构和建构之双重向度。"③需要补充说明的是,观是"存在论的观",我有时又直接以"观之切转"名之,亦即"观"本身的切转。在根本上说,观是本源存在领悟、生活领悟,观法之切转即存在领悟、生活领悟本身的切转,这就意味着,存在领悟、生活领悟是有其层级性的。观法之切转的两个向度,分别描述了主体性得以挺立的本源可能性和主体性挺立的发生可能性,亦即着眼于其"可能"与"发生"的存在论机制。

"观仁"在根本上描述的是本源仁爱情感的"自观自见(现)",观者自观,而见者自现也,在此尚未出现主客化、对象

---

① 黄玉顺:《爱与思——生活儒学的观念》(增补本),第 205 页。
② 黄玉顺:《论"观物"与"观无"——儒学与现象学的一种融通》,《四川大学学报(哲学社会科学版)》2006 年第 4 期。
③ 参见附录《论观心与感通》。

化的把握方式。由此，一方面可以阐明，作为本源生活领悟的"观仁"，既是观情也是观境，在观之中，观则有见（现），即本源仁爱情感显示自身为"无化"之境，境不是外加于情的东西，或者由情所"给出"的东西，不说由"情显"才给出了"境现"；另一方面，通由"观法之切转"，可以凸显生活领悟层级性的展现机制。生活领悟的层级性展现机制，其实就是一种"观法之切转"，即如何观则有何种见，如此则可以导出生活领悟的层级和样式。以仁爱情感领悟为例，在前主体性之观中，观仁即仁爱情感的自身显示，这一本源的仁爱情感是主体性挺立的本源可能性；在主体性之观中，观仁之所见是作为绝对相的"仁体"或者"仁性"和作为相对相的"仁德"（道德意识、伦理德目），经此"切转"，可以导出主体性挺立的发生可能性。应当说，"切转"是"无所转"之转，生活领悟虽然有其所谓"层级"和"样式"，但其实是就"同一件事情"而言的。这里不再做出进一步诠释，留待适宜的语境再行阐明。

本文撰写于 2019 年 6 月，以《论"生活领悟"与"形式显示"之道路——生活儒学与海德格尔生存论的根本差异》为题名，收录于胡骄键、张小星主编：《生活儒学：研究·评论·拓展——第三届"生活儒学"全国学术研讨会论文集》，成都：四川人民出版社，2020。

"观仁论"释名篇

我的业师黄玉顺先生建构的"生活儒学"思想系统揭明生活本身先行于一切主体性和存在者,是一切的大本大源。这意味着,对生活本身的把握只能通由本源的生活领悟或者说"本源之观"①,观之所观为"情",这正相应于"生活本身首先显现为生活情感"②。我深受这一思想方向的启发和影响,并进一步"见"到通由"观"的存在论运作机制透显仁爱情感的原初奠基性的思想道路。

本论有见于"观"的存在论性格,以及仁与观的原初性关联,或者更加宽泛地说,有见于"仁爱与观智"的深切关涉,故有"观仁"之说。观仁是"以仁观仁",是仁之"自观自见(现)",亦即仁爱情感的自身显现,这是本源的生活领悟、存在领悟。观仁的存在论进路,以"仁"与"观"为基础观念,"源仁立观"而"自观见仁",以"观法之切转"为运作机制,开"返源观"与"立相观"两向切转,自"返源"观存在、工夫与境界,自"立相"观主体性之挺立及其知识、

---

① 黄玉顺:《汉语"观念"论》,《爱与思——生活儒学的观念》(增补本),成都:四川人民出版社,2017,第205页。
② 黄玉顺:《爱与思——生活儒学的观念》(增补本),第63页。

伦理、价值所行境。凡此种种致思，据以开显个体主体性及其诸生活情态。①

本论所说的观乃是"存在论的观"②，亦即能够对一切主体性和存在者观念做出本源可能性的"系统"阐明，不可止步于特定语境中的"看"（观察审视、感性直观、先验直观）和"念"（心念思维）之观解。自其原初奠基性和普遍包容性"观"之，观所表达的乃是生活领悟、存在领悟，而有其不同的层级和样式，自其横向的样式说，有目之观、知之判、意之念，等等，不一而足，万有皆可"观"，一观则有一见（现），观境相应即成一领悟，万观皆"领悟"；自其纵向的层级说，有形而下的观察审知，有形

---

① "观仁"提出于作者在 2014 年所记"观无·观空·观仁"的语境，正式发表于《论"生活领悟"与"形式显示"之道路——生活儒学与海德格尔生存论的根本差异》一文中，"以仁观仁"也正式发表于此文，参见胡骄键、张小星主编：《生活儒学：研究·评论·拓展——第三届"生活儒学"全国学术研讨会论文集》，成都：四川人民出版社，2020。"返源"与"立相"两向切转的"观法之切转"这一存在论机制和"自观自见（现）"观境的描述，首次发表于《从无生性原在到有死性此在——重读海德格尔的"生存论区分"》（《河北学刊》2015 年第 4 期）一文，并在其后的《哲学的新生——新基础主义道路：传统基础主义和反基础主义之"后"》（《江汉论坛》2016 年第 10 期）、《论易学哲学的现代转型》（《中州学刊》2017 年第 8 期）、《论变易的三重显现：不易·简易·交易——黄玉顺"变易本体论"的一种启示》（《当代儒学》第 11 辑，桂林：广西师范大学出版社，2017）、《论"生活领悟"与"形式显示"之道路——生活儒学与海德格尔生存论的根本差异》（胡骄键、张小星主编：《生活儒学：研究·评论·拓展——第三届"生活儒学"全国学术研讨会论文集》，成都：四川人民出版社，2020）、《论观心与感通——哲学感通论发微》[《北京理工大学学报（社会科学版）》2020 年第 2 期]、《观妙——圆融观法与"妙生万物"的思想方向》（撰写于 2018 年 12 月—2019 年 1 月，未刊【今按：本文已刊载于《现代哲学》2022 年第 2 期，文字略有差异。】）等文章中展现为连续的致思历程。

② 杨虎：《论观心与感通——哲学感通论发微》，《北京理工大学学报（社会科学版）》2020 年第 2 期。

而上的灵明觉照,有本源的生活领悟、存在领悟。

本论之"观仁",其决定义在于仁之"自观自见(现)"。仁爱领悟先行于一切主体性和存在者观念,与此相应,观仁的根本不是"以我观仁",而是"以仁观仁",此非主体观万有之观,亦非心灵本体、绝对主体之"逆觉体证"。观者自观,却非"主体之反身自观",而见者自现,纯是仁爱情感的自身显现,"自观"而"无我","自现"却"无物",仁爱情感以"前反思性"和"前对象化"之无化地依其自身显现,这就是本源的"观仁"领悟。故而可说,"观仁"而"无有能观所观者","领悟"而"无有实领悟可领悟者",但亦可说,因其"无所"而"可所",又"即其所而无所"。

本论双开仁与观,"源仁立观"而"自观见仁"。本源之观即仁之观、仁爱领悟,一切层级和样式之"观"皆源于此,此谓"即其所而无所",观无仁则不立,于此说"源仁立观";仁爱领悟通由"观"显示其不同的层级和样式,此谓"无所而可所",仁无观则不显,于此说"自观见仁"。

自"观"言之,有"前主体性之观",有"主体性之观"。① 主体性之观是指主体性存在者的观察审知、心念思维活动,如目之观、意之念,人对一切形下事件的观察审知、心念思维均属于相对主体性之观;又如心之观、理之观,心之观可上下其说,下说之即"意之念",上说之则为某种形而上的心体之自观,如良知本体的呈现,本体即主体,心体之反观自证、逆觉体证属于绝对主体性之观;理之观者,如邵雍所说"以物观物",其实质是"以理观物",则其所观是"理"而非"物",这也蕴含了"能

---

① 杨虎:《从无生性原在到有死性此在——重读海德格尔的"存在论区分"》,《河北学刊》2015年第4期。

观"之绝对主体性。前主体性之观，纯自"观"本身言其自观自见（现）之活动，主体性存在者是在"观"之活动中证立和给出的，而一切物相也在"观"之中得其现身。如此，则所谓观仁，原非以目、意观仁，亦非以心、理观仁，本源的仁爱情感原非形而下的伦理德目，亦非自始就是形而上的仁体，唯有奠基于本源的"仁情"之自观自见，形而上的"仁体"之呈现才可说，形而下的"仁德"才得以开显其用。

自"仁"说之，仁有其不同的"观念层级"①，有仁德之为用、仁性之为体、仁情之为源，"体用一源"，皆是仁爱情感的显现。通由"观法之切转"的运作机制，开"返源观"和"立相观"两向切转，一向就"返源"观本源仁爱情感，一向就"立相"观"总相"之体以开"别相"之用。观本源的仁爱情感之显现，观形而上的仁体之证立，观形而下的仁德之显用，源仁情证仁性以立仁德，于此说"切转"亦是"无所转"之"转"，是就"同一件事情"而言其不同的显现层级和样式，故"源仁立观"而观源、体、用一如，"自观见仁"由种种观见（现）仁爱本源。

观仁之所观，是无化地显示自身的仁爱情感，此不由主体、不待物相，纯是仁爱情感的自观自见、自感自通②，故说其"无化"，以明其先行于一切主体性和存在者观念，故"无化"者非"实有与作用"之"作用"，而即是仁爱情感、存在本身的自行运作。人与天地万物皆不由己地遭际于仁爱情感的自观自见、自感

---

① 黄玉顺：《爱与思——生活儒学的观念》（增补本），第3页。
② 杨虎：《论观心与感通——哲学感通论发微》，《北京理工大学学报（社会科学版）》2020年第2期；《论感通与格物——朱子格物论的一种阐释》，《中国文化论衡》第7期，北京：社会科学文献出版社，2019。

自通之中,此中又可见仁爱情感的显现即"无化之境"① 的敞显,在此原无人我、物己之分别,在"观仁"活动中,"情显"即"境现",不说由"情显"而"境现",亦不说由"境现"而"情显","情显"是"观"之所见,"境现"亦是"观"之所见。

观仁不但是情感之观,而且是存在之观,仁爱即存在。生活儒学揭明了"本源的生活情境首先显现为生活情感",这就是在说"情即是境"的问题,牟宗三"道德的形上学"揭明了仁心本体的"创造性",此创造作用即在于"仁心感通"或者说"智的直觉",这也是一种"观",确切地说是某种绝对主体性之"观"。尽管他们的思路不同,但都揭明了仁之"观"的广义存在论性格,即"观"为存在者观念奠基的作用。在此,通由"观仁"所要阐明的两层问题是,其一谓在"观"之中,仁爱的显现、仁爱的感通开显着人物遭际的先行可能性,这就是"无化之境"的敞显,于此不能说"主体观之""主体感通之"即创造之,而说人我、物己遭际于这一无化之境,即人无我相而物无物相地现身于此,如此牟宗三先生所说的"物之在其自己"之"物无物相"才是可能的;其二谓经由"观"的"立相"切转,以"反思性"观己,以"对象化"观物,则人、我性显,而物、己相现。

这一"观法之切转"机制是"观仁"领悟的自行运作。观仁的自行运作就是原初奠基性的事情,运作"背后"别无存在,运作即存在。切者,切中、切身之切,如"切己"(程子语)惟"自"知;转者,运转之转,如"心悟转法华"(惠能语),故

---

① 杨虎:《论"生活领悟"与"形式显示"之道路——生活儒学与海德格尔生存论的根本差异》,参见胡骄键、张小星主编:《生活儒学:研究·评论·拓展——第三届"生活儒学"全国学术研讨会论文集》,成都:四川人民出版社,2020。

"切转"者乃"自转",即"观"本身的自行运作,此中开"返源"与"立相"两向切转,返源以观存在、工夫与境界,立相以挺立主体性而开显其知识与伦理所行境界。返源者,返其本源,犹如老子之言"万物并作,吾以观复"之"复",其所复返者即道、即无,自"物化"而"无化",此即返源之谓。立相者,自"无化"而"物化",立性与相,即挺立主体之性、开显万有之相,又但从"相"说即"总相"与"别相",总相即心性本体之自相、绝对相,如《大乘起信论》"一大总相法门体"即谓真如性体自相广大,别相即万有差别相、相对相。

自"返源"观存在、工夫与境界,虽无定相却"有所向",虽有所向而无"所向相"。

首先,观仁爱即存在,仁爱情感先行于主体性,先行于存在者观念。本源仁爱情感的显现是"前反思性"和"前对象化"的"无化"之观。本源的仁爱情感不由主体的"反思"而证知,纯是在其自观自见、自感自动中"当下显现",如"乍见"的"当下"即有"怵惕恻隐"之"不由己"的自感自动,而经由主体的"反思"体察则会打断仁爱情感的自感自动,导出"对象化"的情感意识,经此一转,仁爱领悟便成了主体对他人、对他物的仁情爱意,而可能伴随着诸如"恶、内交、要誉"等等"计量"。于此说,本源仁爱情感的显现具有"当下性""不由己""不计量"的性征,故说以"无化"观仁爱,而敞显人与天地万物"无始以来"遭际于其中的原是一"无化之境"。

其次,观仁之工夫,源仁爱而立三观,以空观仁、以无观仁、以仁观仁。仁、无、空者,儒、道、释分判之基础观念。但从其分说,儒家以"仁"为基础观念,揭明了仁爱领悟先行于一切观念,仁爱是一切之本源;道家以"无"为基础观念,揭明了大道的运作不由造作而自然无为;佛家以"空"为基础观念,即于有情生命之苦揭明其所执原无自性以破其执而求解脱。从其根本境地之融通说，"仁爱是人存在的家"①，观一切有情生命皆是如此，世间之苦难亦皆源于仁爱，无仁、无悲则无苦难之可言，人生虽苦而实无苦相，但拔苦与乐之行愿却有其真实意义，只有仁爱才能拯救有情生命，这是首尾一贯、始终如一的，这就是仁爱之大道的自行运作。此三向皆可以观仁而自相应者，不取其原本语义，而取其意义方向，则有渐别三观，有圆顿三观。渐别三观者，渐者次第，别者分别，先"以空观仁"，见"仁德"之不可恒执，次"以无观仁"，见"仁体"之自然展露，再"以仁观仁"，见"仁情"之安宅万物，于此层层返源，先空次无而后终见仁情自感自通。圆顿三观者，圆者无别，顿者不历，以源、体、用不二，于观仁中从任一观入即具三种观法，观仁情自感自通，即见仁体自然展露，即知仁德不可恒执，一念之几，即空、即无、即仁。

再次，观仁的境界随"观法之切转"而有层次地变动。如何观则有何种见，观境相应，一观一见即成一智（领悟），而终须言观、境、智不二。人生在世的常态是，境界层次的变动一时上升，一时下降，这是双向切转的，但理想的境界层次方向是上升的，这决定于存在观法的"返源"方向。依循观仁之工夫，并观、境、智不二，说观仁的广狭之三重境界。狭义的观仁之三重境界是：仁德损益境、仁体展露境、仁情显现境。广义的观仁之三重境界即人生在世的境界方向与层级切转：自发境界、自立境界、自在境界。冯友兰先生提出了人生境界四层次：自然境界、功利境界、道德境界、天地境界。黄玉顺先生提出的生活境界包括：自发境界、自为境界和自如境界。在此，本论所说的自发境

---

① 杨虎：《论唐君毅与海德格尔的存在之思》，《宜宾学院学报》2015年第7期。

界基于形而下的生活情态，对应于冯先生所说的自然境界和功利境界，以及黄玉顺先生所说的自发境界。自立境界基于心性本体之自立（立其大者）的生活情态，对应于冯先生所说的道德境界和天地境界，及黄玉顺先生所说的自为境界。自在境界基于"前反思性"和"前对象化"的自观自见、自感自通的生活情态，对应于黄玉顺先生所说的自如境界。

  三重境界，重者非他，自相重也，故须说三而为一、一显为三，其中的"观法之切转"是"无所转"之转，观法切转无转相①，是"有向"而"无相"之切转，但此"切转"却是有其真实意义的。正如冯友兰先生所说，人在最高境界中所行的事与其在最低境界中所行的事并无二致，但其意义却是不同的。三重境界的切转是就"同一件事情"而言，境界的切转即人的存在方式、生活情态的变动，从而不断开显个体之人的生活意义。

  自"立相"观知识、伦理、价值所行境界。相的开显系于性的挺立，这须分两层说。其一，知识与伦理的对象是形而下的存在者及存在者领域，例如范畴便是指大的存在者领域②，而知识与伦理的关键都在于范畴表的建构。对形而下事物的把握方式必然是基于主客架构的，因此需要以相对主体性观念为前提。但日常的生活领悟并不自觉、不自知这一点，虽然其生活样式就是对象化的，这一不自觉不自知虽可有某种"实效"，却难以张开核心的形式架构。而其之所以不自觉、不自知究在于不能超出这一观念层级，因此恰恰需要明证一种绝对主体性，超出之而为之奠

---

  ① 杨虎：《观妙——圆融观法与"妙生万物"的思想方向》，撰写于2018年12月—2019年1月，未刊【今按：本文已刊载于《现代哲学》2022年第2期，文字略有差异】。

  ② 杨虎：《哲学的新生——新基础主义道路：传统基础主义和反基础主义之"后"》，《江汉论坛》2016年第10期。

基。其二,这一绝对主体性即心性本体的自我证知,经由"权用"或"假用"之活动成立一相对主体性,从而主客式、对象化的把握方式就是主体自觉自知的。通由绝对主体性之自证,而后始可言"权用"或"假用",则相对主体性得以挺立,知识与伦理所行境界的可能性得以开显。

凡此以上种种说法,据以开显个体主体性及其诸生活情态之方向。个体性是现代性生活的本质性征。个体性表征的是每一个人存在于世其存在价值都是无待而自足的。个体性是一种主体性样式,其意谓有二,一谓"性",即一般主体性,一谓"个",即"这个"。仁爱是人存在的家,一切主体性皆源此挺立,在"观仁"中,经由"返源"与"立相"的两向"切转",返源观仁情显现,立相观仁体证立,自觉"性自满足",权用或假用此性以为此相即成"这个"。"这个"同时蕴含了普遍之性和差别之相,故个体相不同而性自足,此性虽初为普遍,而内在于人权用、假用为相,故亦可说是个别性,在此须说个体性是普遍性与个别性的内在联结点。个体的诸生活情态系于其生命意向或者说生活感通之方向,主体性的感通活动有知、情、意三向[1],故成此三向生活情态,而又有超出这一层级而重重显现者。

就其直接的观感说,个体之三向感通所成境是日常生活的知识所行境、伦理秩序境与自由价值境。就其超出此层级而言之,即通由"观法之切转"观其相应之转,知则超出分别识心而为良知明觉,情则超出伦理德目而为仁心本体,意则超出个体自由而纯是天命不已,于此说心、性、天不二[2],进一步返源,则不复

---

[1] 杨虎:《论感通与格物——朱子格物论的一种阐释》,《中国文化论衡》第7期,北京:社会科学文献出版社,2019。

[2] 杨虎:《心性的牢笼——儒家心性形上学根本传统的一种阐明》,《当代儒学》第十辑,桂林:广西师范大学出版社,2016。

言其"所向"而但说"无相",纯是仁爱领悟、仁爱情感的自观自见(现)、自感自通。反过来说,自立相观之,源仁爱领悟而有良知明觉,故见仁体展露而尽性立命,为主体性的知、情、意三向感通活动奠基,开显个体之知识、伦理与价值诸生活情态。

本文撰写于 2020 年 3 月,收录于崔罡、郭萍主编:《当代中国哲学的情理学派》,济南:山东大学出版社,2021。

参考文献

（一）古籍

〔魏〕王弼注，楼宇烈校释：《老子道德经注校释》，北京：中华书局，2008。

〔宋〕赜藏主编集，萧萐父等点校：《古尊宿语录》，北京：中华书局，1994。

〔宋〕普济著，苏渊雷点校：《五灯会元》，北京：中华书局，1984。

〔宋〕李昉编纂；夏剑钦校点：《太平御览》，石家庄：河北教育出版社，1994。

〔宋〕周敦颐著，陈克明点校：《周敦颐集》，北京：中华书局，1990。

〔宋〕邵雍著，郭彧整理：《邵雍集》，北京：中华书局，2010。

〔宋〕程颢、程颐著，王孝鱼点校：《二程集》，北京：中华书局，2004。

〔宋〕陆九渊著，钟哲点校：《陆九渊集》，北京：中华书局，1980。

〔宋〕朱熹撰，朱杰人、严佐之、刘永翔主编：《朱子全书》，上海：上海古籍出版社、合肥：安徽教育出版社，2002。

〔宋〕朱熹撰，廖名春点校：《周易本义》，北京：中华书局，2009。

〔宋〕朱熹：《四书章句集注》，北京：中华书局，1983。

〔宋〕黎靖德编，王星贤点校：《朱子语类》，北京：中华书局，1986。

〔明〕湛若水：《湛甘泉先生文集》，桂林：广西师范大学出版社，2014。

〔明〕湛若水著，钟彩钧、游腾达点校：《甘泉先生续编大全》，台北："中研究"中国文哲研究所，2017。

吴光等编校：《王阳明全集》（新编本），杭州：浙江古籍出版社，2010。

吴震编校整理：《王畿集》，南京：凤凰出版社，2007。

〔明〕汤显祖著，徐朔方笺校：《汤显祖诗文集》，上海：上海古籍出版社，1982。

〔明〕冯梦龙评辑：《情史》，南京：凤凰出版社，2011。

张建业主编：《李贽全集注》，北京：社会科学文献出版社，2010。

〔明〕黄宗羲著，沈芝盈点校：《明儒学案》，北京：中华书局，2008。

〔清〕戴震撰，张岱年主编：《戴震全书》，合肥：黄山书社，1995。

〔清〕焦循撰，沈文倬点校：《孟子正义》，北京：中华书局，1987。

〔清〕郭庆藩撰，王孝鱼点校：《庄子集释》，北京：中华书局，1961。

〔清〕谭嗣同撰，何执编：《谭嗣同集》，长沙：岳麓书社，2012。

（二）著作

吴铭峰编：《章太炎论学集》，北京：商务印书馆，2019。

熊十力：《体用论》，上海：上海书店出版社，2009。

熊十力：《新唯识论》（语体文本），武汉：湖北教育出版社，2001。

冯友兰：《新原人》，《贞元六书》，北京：中华书局，2014。

朱谦之：《老子校释》，北京：中华书局，1963。

唐君毅：《生命存在与心灵境界》，北京：中国社会科学出版社，2006。

徐复观：《儒家思想与现代社会》，北京：九州出版社，2014。

牟宗三：《佛性与般若》，台北：联经出版事业公司，2003。

牟宗三：《心体与性体》，台北：联经出版事业公司，2003。

牟宗三：《圆善论》，台北：联经出版事业公司，2003。

牟宗三：《中国哲学十九讲》，台北：联经出版事业公司，2003。

牟宗三：《现象与物自身》，台北：联经出版事业公司，2003。

牟宗三：《从陆象山到刘蕺山》，台北：联经出版事业公司，2003。

牟宗三：《才性与玄理》，台北：联经出版事业公司，2003。

牟宗三：《周易哲学讲演录》，台北：联经出版事业公司，2003。

王文锦译解：《礼记译解》，北京：中华书局，2016。

蒙培元：《心灵超越与境界》，北京：人民出版社，1998。

蒙培元：《情感与理性》，北京：中国人民大学出版社，2009。

陈鼓应：《老子注译及评介》（修订增补本），北京：中华书局，2009。

陈鼓应注释：《庄子今注今译》，北京：中华书局，2009。

刘笑敢：《老子古今：五种对勘与析评引论》，北京：中国社会科学出版社，2006。

傅亚庶：《孔丛子校释》，北京：中华书局，2011。

张祥龙：《现象学导论七讲：从原著阐发原意》（修订新版），北京：中国人民大学出版社，2011。

黄玉顺：《爱与思——生活儒学的观念》（增补本），成都：四川人民出版社，2017。

黄玉顺：《面向生活本身的儒学——黄玉顺"生活儒学"自选集》，成都：四川大学出版社，2006。

黄玉顺：《儒学与生活——"生活儒学"论稿》，成都：四川大学出版社，2009。

黄玉顺：《易经古歌考释》（修订本），上海：上海古籍出版社，2014。

郭萍：《自由儒学：儒家政治伦理的现代重建》，北京：商务印书馆，2024。

李海超：《心灵的修养：一种情感本源的心灵儒学》，成都：四川人民出版社，2020。

李海超：《情缘论：中国情感主义哲学史纲》，北京：中国社会科学出版社，2024。

胡骄键、张小星主编：《生活儒学：研究·评论·拓展——第三届"生活儒学"全国学术研讨会论文集》，成都：四川人民出版社，2020。

崔罡、郭萍主编：《当代中国哲学的情理学派》，济南：山东大学出版社，2021。

崔罡、黄玉顺主编：《儒学现代化史纲要》，济南：齐鲁书社，2022。

杨虎、赵嘉霖主编：《情感儒学与生活儒学的思想拓展》，济南：齐鲁书社，2023。

（三）译著

〔南朝梁〕真谛译，高振农校释：《大乘起信论校释》，北京：中华书局，1992。

［古希腊］巴门尼德：《巴门尼德著作残篇》，［加］盖洛普英译，李静滢汉译，桂林：广西师范大学出版社，2011。

［古希腊］亚里士多德：《形而上学》，苗力田译，北京：中国人民大学出版社，2003。

［古希腊］亚里士多德：《范畴篇·解释篇》，方书春译，上海：上海三联书店，2011。

［法］笛卡尔：《哲学原理》，关文运译，北京：商务印书馆，1958。

［英］洛克：《人类理解论》，关文运译，北京：商务印书馆，1959。

［英］乔治·贝克莱：《人类知识原理》，关文运译，北京：商务印书馆，1973。

［英］休谟：《人性论》，关文运译，北京：商务印书馆，1980。

［德］莱布尼茨：《神义论》，朱雁冰译，北京：生活·读书·新知三联书店，2007。

［德］康德：《纯粹理性批判》，邓晓芒译，北京：人民出版社，2010。

［德］康德：《实践理性批判》，邓晓芒译，北京：人民出版

社，2003。

［德］康德：《历史理性批判文集》，何兆武译，北京：商务印书馆，1990。

［德］黑格尔：《精神现象学》，贺麟、王玖兴译，上海：上海人民出版社，2013。

［德］黑格尔：《哲学史讲演录》，贺麟、王太庆译，北京：商务印书馆，1978。

［德］埃德蒙德·胡塞尔：《现象学的观念》，倪梁康译，北京：人民出版社，2007。

［德］埃德蒙德·胡塞尔：《逻辑研究》，倪梁康译，北京：商务印书馆，2015。

［德］埃德蒙德·胡塞尔：《笛卡尔沉思与巴黎讲演》，张宪译，北京：人民出版社，2008。

［德］马克思·舍勒：《同情感与他者》，朱雁冰、林克等译，北京：北京师范大学出版社，2017。

［德］马丁·海德格尔：《存在与时间》（修订译本），陈嘉映、王庆节合译，北京：生活·读书·新知三联书店，2006。

［德］马丁·海德格尔：《尼采》，孙周兴译，北京：商务印书馆，2002。

［德］海德格尔：《面向思的事情》，陈小文、孙周兴译，北京：商务印书馆，1999。

［德］马丁·海德格尔：《现象学之基本问题》，丁耘译，上海：上海译文出版社，2008。

［德］海德格尔：《在通向语言的途中》，孙周兴译，北京：商务印书馆，2004。

［德］马丁·海德格尔：《形式显示的现象学：海德格尔早期弗莱堡文选》，孙周兴编译，上海：同济大学出版社，2004。

［德］海德格尔：《对亚里士多德的现象学解释——现象学研究导论》，赵卫国译，北京：华夏出版社，2012。

［德］海德格尔：《存在论：实际性的解释学》，何卫平译，北京：人民出版社，2009。

［德］于尔根·哈贝马斯：《现代性的哲学话语》，曹卫东译，南京：译林出版社，2011。

［美］迈克尔·斯洛特：《阴阳的哲学》，王江伟、牛纪凤译，北京：商务印书馆，2018。

［日］松本史朗：《缘起与空——如来藏思想批判》，肖平、杨金萍译，北京：中国人民大学出版社，2006。

（四）论文

张祥龙：《海德格尔的形式显示方法和〈存在与时间〉》，《中国高校社会科学》2014年第1期。

张志伟：《关于海德格尔与中国哲学之间关系的几点思考——对黄玉顺〈生活儒学导论〉的批评》，《四川大学学报（哲学社会科学版）》2005年第3期。

黄玉顺：《论生活儒学与海德格尔思想——答张志伟教授》，《四川大学学报（哲学社会科学版）》2005年第4期。

黄玉顺：《论"观物"与"观无"——儒学与现象学的一种融通》，《四川大学学报（哲学社会科学版）》2006年第4期。

黄玉顺：《"时间"观念何以可能——从"无间性"到"有间性"》，《河北学刊》2014年第4期。

尤西林：《康德"自主启蒙"与现代社会互动机制》，《中国社会科学》2024年第2期。

蔡祥元：《"存在"译法是一种误译吗——回应王路先生对"存

在"译法的质疑》,《中山大学学报(社会科学版)》2013年第3期。

赵玫:《朱子思想中的"实体"与"本体"概念》,《学术交流》2018年第3期。

杨虎:《论"生活领悟"与"形式显示"之道路——生活儒学与海德格尔生存论的根本差异》,胡骄键、张小星主编:《生活儒学:研究·评论·拓展——第三届"生活儒学"全国学术研讨会论文集》,成都:四川人民出版社,2020。

杨虎:《"观仁论"释名篇》,崔罡、郭萍主编:《当代中国哲学的情理学派》,济南:山东大学出版社,2021。

杨虎:《情感与存在——"观仁论"之思》,杨虎、赵嘉霖主编:《情感儒学与生活儒学的思想拓展》,济南:齐鲁书社,2023。

杨虎:《论"以仁观仁"》,《当代儒学》第21辑,成都:四川人民出版社,2022。

杨虎:《论"观法之切转"》,《当代儒学》第22辑,成都:四川人民出版社,2022。

杨虎:《观妙——圆融观法与"妙生万物"的思想方向》,《现代哲学》2022年第2期。

杨虎:《论观心与感通——哲学感通论发微》,《北京理工大学学报(社会科学版)》2020年第2期。

杨虎:《现象与物自身的"观法之切转"——在牟宗三与康德"之间"》,《当代儒学》第24辑,成都:四川人民出版社,2023。

杨虎:《存在观法之切转——庄子"环中"隐喻的"齐物"历程》,《国学论衡》第十四辑,北京:社会科学文献出版社,2023。

杨虎:《从无生性原在到有死性此在——重读海德格尔的"存在论区分"》,《河北学刊》2015年第4期。

杨虎:《哲学的新生——新基础主义道路:传统基础主义和反基础主义之"后"》,《江汉论坛》2016年第10期。

杨虎：《从实体论到机缘论的儒家情感存在论》，《当代儒学》第 20 辑，成都：四川人民出版社，2021。

杨虎：《现代新儒家的现代性哲学建构》，崔罡、黄玉顺主编：《儒学现代化史纲要》，济南：齐鲁书社，2022。

杨虎：《论"儒学传统"与"传统儒学"》，《宁夏社会科学》2018 年第 6 期。

杨虎：《情感原则与血亲原则的剥离——儒家与血亲伦理问题再省察》，《宏德学刊》第十七辑，北京：商务印书馆，2024。

杨虎：《情性论：儒家存在论与情感学说》，胡骄键、郭萍主编《儒学通论——历史·原理·现代转型》，成都：四川人民出版社，2023。

杨虎：《绝对的显现与主体性的挺立：〈精神现象学〉的二重奏》，《宜宾学院学报》2015 年第 9 期。

杨虎：《论唐君毅与海德格尔的存在之思》，《宜宾学院学报》2015 年第 7 期。

杨虎：《论唐君毅哲学中的"感通"与"心灵"》，《理论月刊》2015 年第 7 期。

杨虎：《论感通与格物——朱子格物论的一种阐释》，《中国文化论衡》第 7 期，北京：社会科学文献出版社，2019。

杨虎：《论易学哲学的现代转型》，《中州学刊》2017 年第 8 期。

杨虎：《论变易的三重显现：不易·简易·交易——黄玉顺"变易本体论"的一种启示》，《当代儒学》第 11 辑，桂林：广西师范大学出版社，2017。

杨虎：《心性的牢笼——儒家心性形上学根本传统的一种阐明》，《当代儒学》第十辑，桂林：广西师范大学出版社，2016。

杨虎：《阳明心物说的存在论阐释》，山东大学 2014 年硕士学位论文。

跋

对我来说,这本小书完全不干学术,纯属生活领悟,是我对自己十多年来这般观境的暂时描述,自己"姑妄言之"而"姑妄听之"。这是一部不成熟的、"未完成"的著作,自得和自疑时时纠缠而难以根除。

在以往的生活经历中,有三次大的生命感动或震撼瞬间,于我起到了增上缘的作用。一是在我就读哲学专业之前,2010年有天夜里读牟宗三先生的书,被其思想性格深深感动,以至于潸然泪下。尽管我现在对牟宗三哲学持有一些反对意见,但是那种"哲思之道路"对我影响很大。二是2011年我读硕士开始学习哲学,我的祖母杨周氏(1928—2011)于当年冬至日舍报,当时感觉天塌了一般,或许从那一刻起,我切入了哲学的"练习"。三是跟着黄玉顺先生上课,我在不止一处说过,先生的哲思穿透力带给我极大的震撼,每次听先生授课,我都深深感觉"自己从来没有真正思考过"。

黄玉顺先生创构的"生活儒学"思想体系对我的思想道路产生了深刻影响。我今天回顾这十多年来"一以贯之"的思想道路,大体可以分为三个阶段。

第一个阶段是在2012年至2014年,我把一些原初洞见通过学理形式和学术格式初步展示出来了。例如，我在 2013 年 5 月撰写的硕士论文《阳明心物说的存在论阐释》中，提出了一个观念"姿态性的存在论"，亦即一种非实体形态的存在论道路，这始终贯穿于我后来的致思历程。同时，我开始使用"观仁"这一语词，当时是在"观无·观空·观仁"的语境中使用的，这成了"观仁论"的基础观念之一。这些对我来说是决定性的原初洞见。

第二个阶段是在 2015 年至 2016 年，我提出了一些思想观念，如"观法之切转"、"自观自现"、"返源观"和"立相观"等。我今天集中而系统阐明的核心思想观念，大都是那个时期不由自主地蹦到脑海中的。近十年来，尽管因为种种原因而断断续续，但是我始终没有放弃做这同一件事情。

第三个阶段是在 2018 年至 2022 年。具体地说，2018 年底至 2020 年初，我建立了形式上的思想框架，我的思想观念也发生了气质性的切转，观境由"悲"而"仁"，由"悲-观"而"仁-观"，于是有了现在的"观仁论"。本来，在 2015 年、2016 年我向导师黄玉顺先生以及同门郭萍和李海超说，想写本《悲观玄论》。2018 年至 2022 年这几年，我不断尝试运用不同题材谈论这些框架和观念，既是在检验其解释力，也是在不断地自觉摸索。

虽然可能是浅薄的，但是这些学理形式和学术格式的表达确乎是在描述我的切近领悟。坦诚地说，我的核心思想观念不是通过知识推导获得的，而是领悟所至自行显示，用我的方式说，是领悟的"自观自现"。

怀念我的祖母杨周氏。愧受黄玉顺先生的教诲。

杨虎

2024 年 8 月 16 日于兰州寓所